Thomas Schweer · Hermann Strasser · Steffen Zdun

„Das da draußen ist ein Zoo, und wir sind die Dompteure"

AF126502

Thomas Schweer
Hermann Strasser · Steffen Zdun

„Das da draußen ist ein Zoo, und wir sind die Dompteure"

Polizisten im Konflikt mit ethnischen Minderheiten und sozialen Randgruppen

VS VERLAG FÜR SOZIALWISSENSCHAFTEN

Bibliografische Information Der Deutschen Nationalbibliothek
Die Deutsche Nationalbibliothek verzeichnet diese Publikation in der
Deutschen Nationalbibliografie; detaillierte bibliografische Daten sind im Internet über
<http://dnb.d-nb.de> abrufbar.

1. Auflage 2008

Alle Rechte vorbehalten
© VS Verlag für Sozialwissenschaften | GWV Fachverlage GmbH, Wiesbaden 2008

Lektorat: Frank Engelhardt

Der VS Verlag für Sozialwissenschaften ist ein Unternehmen von Springer Science+Business Media.
www.vs-verlag.de

Umschlaggestaltung: KünkelLopka Medienentwicklung, Heidelberg
Druck und buchbinderische Verarbeitung: Krips b.v., Meppel
Gedruckt auf säurefreiem und chlorfrei gebleichtem Papier
Printed in the Netherlands

ISBN 978-3-531-15694-1

Inhalt

Vorwort

Der Titel des Buches stammt nicht von Horst Schimanski, dem Tatort-Kriminalkommissar in Diensten der Duisburger Polizei, sondern von einem wirklichen Polizisten aus der Duisburger Szene. Der Titel könnte allerdings den Leser zu der Vermutung verführen, dass hier die Rückkehr der britischen Rockband *The Police* gefeiert werden soll, der trotz simpel anmutender Kompositionen immer wieder hochgradige Musikalität nachgesagt wird. Der Untersuchungsgegenstand der vorliegenden Studie legt sogar einen Vergleich mit der Rockband nahe: Nicht auf die Bühne und ihr *setting* kommt es an, sondern auf die Musik. Sie allein zählt. Nicht zuletzt lässt sich daraus eine wichtige Empfehlung für die Polizei im Umgang mit ethnischen Minderheiten und sozialen Randgruppen ableiten, wie wir an verschiedenen Stellen zeigen werden: bei der Herausbildung der jeweiligen *cop culture* ebenso wie bei den einzelnen Gruppen, die mit der Polizei in Berührung kommen.

Dass die Polizei die Aufgabe hat, die Bürger vor Schaden zu schützen und ungesetzliche Handlungen zu verhindern, ist selbstverständlich. Nicht so selbstverständlich ist es, die Aufgabe der Polizei darin zu sehen, als Organ der Mehrheitsgesellschaft kulturelle Selbstverständlichkeiten über den Weg der Gesetze und die Methoden der sozialen Kontrolle zu sichern. In jedem Fall hat die Polizei mit den Lebensweisen von ethnischen Minderheiten und sozialen Randgruppen zu tun, die Ausdruck kultureller Differenz sind und zuweilen Be- und Entfremdung oder gar Angst bei den Einheimischen bzw. „Normalbürgern" hervorrufen. Das lässt Ausländer und Außenseiter nicht selten zu Fremden werden und öfter mit der Polizei in Kontakt kommen. So werden Polizeibeamte auch als Repräsentanten eines Staates wahrgenommen und von Gruppen am Rande der Gesellschaft manchmal als ausgrenzend oder gar diskriminierend empfunden.

Die daraus resultierenden Konflikte im polizeilichen Alltag waren Gegenstand eines Forschungsprojekts, das von der Deutschen Forschungsgemeinschaft (DFG) gefördert wurde. Zu diesem Zweck wurden am Institut für Soziologie der Universität Duisburg-Essen zwischen September 2001 und März 2004 eine Reihe von empirischen Untersuchungen zu zentralen Fragen der Polizeikultur und zu einzelnen Gruppierungen im Verhältnis zur Polizei – von türkischen Ecksteher und jungen Russlanddeutschen über Obdachlose und Prostituierte bis zu Drogenkonsumenten und Asylbewerbern – durchgeführt. Im Rahmen der teilnehmenden Beobachtung zeigte sich schnell, dass Polizisten und Polizistinnen während ihres Einsatzes häufig mit Lebensumständen konfrontiert werden, die durch Gewalt, Armut und Hoffnungslosigkeit geprägt sind und Formen abweichenden Verhaltens begünstigen, die vielen Menschen fremd sind. Das alltägliche Chaos fern der bürgerlichen Normalität fasste ein altgedienter *street cop* anschaulich zusammen: „Das da draußen ist ein Zoo, und wir sind die Dompteure". Diese Aussage gab der Studie ihren Namen.

Die Forschungsgruppe des Instituts für Soziologie der Universität Duisburg-Essen nahm dabei nicht nur ein weitgehend unbearbeitetes Feld der empirischen Polizeiforschung unter die Lupe, sondern verfolgte auch ein ebenso wissenschaftliches wie praktisches Ziel. Es ging uns vor allem darum, Formen, Ursachen und Merkmale der Beziehungen zwischen Polizei und sozialen Minderheiten zu erkunden, Alltagskonflikte zwischen den Polizeibeamten und ihrem polizeilichen Gegenüber zu analysieren und auf der Grundlage der wissenschaftlichen Befunde Fortbildungsprogramme und Strategien zu entwickeln, um das Miteinander von Polizeibeamten und ethnischen Minderheiten sowie sozialen Randgruppen zu erleichtern und Konfliktpotenziale abzubauen.

Den Anstoß zu diesem Projekt gaben neben einem langjährigen Interesse der Forschungsgruppe an Fragen des abweichenden Verhaltens und der sozialen Kontrolle die periodisch wiederkehrenden Diskussionen über zunehmende Kriminalität und Gewalt, aber auch verschiedene Vorkommnisse im polizeilichen Verhalten gegenüber Ausländern, die zu heftigen Auseinandersetzungen, aber auch zu Kritik an deutschen Polizisten in der Öffentlichkeit geführt hatten.

Teile von verschiedenen Beiträgen zu dieser Studie wurden im Laufe der letzten Jahre von den Mitgliedern der Forschungsgruppe in Fachzeitschriften, Sammelbänden und Tageszeitungen publiziert sowie in Vorträgen, Workshops und Fortbildungsveranstaltungen einer breiteren Öffentlichkeit nahe gebracht.

Die jetzt vorliegende Publikation umfasst den gesamten inhaltlichen Spannungsbogen des Forschungsprojekts, wobei die verschiedenen Ausprägungen der Polizeikultur und deren Auswirkungen auf den Umgang mit ethnischen Minderheiten und sozialen Randgruppen im Mittelpunkt stehen. Aus der zeitlichen Distanz zur ursprünglichen Untersuchung werden besonders erwähnenswerte Forschungsergebnisse und Erfahrungen entsprechend aufbereitet und einem breiten Publikum auch außerhalb der Wissenschaft zugänglich gemacht – ganz im Sinne der ursprünglichen Absicht.

An dem Zustandekommen des Buches hatten alle Mitglieder der Forschungsgruppe Anteil – die studentischen und wissenschaftlichen Mitarbeiter ebenso wie der Projektleiter. Sie alle sind deshalb Mitautoren des Buches. Ihre Autorschaft wird dem jeweiligen Beitrag, der weitgehend unter ihrer inhaltlichen Zuständigkeit entstand, zugeordnet.

Deshalb möchte ich an dieser Stelle allen Mitgliedern des Forschungsteams noch einmal herzlich Dank sagen, denn ohne sie hätte das Forschungsprojekt weder so viel Freude gemacht und Neugier geweckt, noch wäre die Arbeit so produktiv verlaufen. Mein besonderer Dank gilt auch dem Polizeipräsidenten der Stadt Duisburg, Herrn Rolf Cebin sowie Herrn Georg Mainau und Herrn Peter Schröer als Ansprechpartner für das Projekt beim Polizeipräsidium Duisburg. Viele Beamte und Beamtinnen der Duisburger Polizei, insbesondere beim Einsatztrupp zur Bekämpfung der Straßenkriminalität und beim Wach- und Wechseldienst der Polizeiinspektion Nord, haben uns durch Fairness und Authentizität teilnehmende Beobachtungen von Einsätzen unterschiedlichster Art über viele Jahre ermöglicht.

Der Deutschen Forschungsgemeinschaft danke ich für die Unterstützung dieses Projekts, auch in der Verlängerungsphase. Angela Traumann und Marc Hippler gebührt unser Dank für die kompetente Unterstützung bei der Erstellung des druckreifen Manuskripts.

Duisburg, 1. Februar 2008   Prof. Dr. Hermann Strasser PhD
                                              Projektleiter

Einblick:
Cop Culture und Polizeikultur

Thomas Schweer und Hermann Strasser

Nicht nur die Wirtschaft, der Arbeitsmarkt und die Kultur, auch die Institution der Polizei und deren Einsatzkräfte werden mit den Folgen des tief greifenden Wandels unserer Gesellschaft durch Individualisierung, Globalisierung und Migration konfrontiert. Die Konflikte mit arbeitslosen Jugendlichen, Obdachlosen, Spätaussiedlern, nicht-residenten Ausländern, aber auch mit ethnischen Minderheiten mit Aufenthaltsrecht und deutscher Staatsbürgerschaft haben in den letzten Jahren zugenommen und werden voraussichtlich weiter zunehmen (vgl. Schweer/Zdun 2005a, 2005b). Das gilt vor allem für die Problemstadtteile großer Ballungsräume. Die Öffentlichkeit wird auf diese Umstände vor allem durch medial aufbereitete Ereignisse, wie besonders brutale Gewalttaten oder Äußerungen in Wahlkampagnen, aufmerksam – eine Aufmerksamkeit, die zeitlich begrenzt, emotional aufgeladen und daher der Lösung des Problems wenig dienlich ist.

„Die Palette der Konflikte ist heute wesentlich größer. Also früher gab es Probleme, die ihre Auswirkung hatten. Der Kontrahent, der war dann besoffen, dann wurde ein bisschen rumge…. und rumgeschrien und dann wurde die Geschichte erledigt: Heute, glaube ich, stecken hinter den eigentlichen Auslösern ganz andere Ursachen. Es gab zwar früher vielleicht auch schon Arbeitslosigkeit, aber das war nicht so prägnant. Da wurde dann der Lohntütenball freitagabends gefeiert und die Frau hat dann angerufen, mein Mann spielt wieder verrückt, hat das ganze Geld wieder versoffen, rückt jetzt die Möbel gerade und am Samstagmorgen war das Thema wieder erledigt. Ich glaube, heute steckt viel mehr Potenzial dahinter. Wir haben Arbeitslosigkeit, wir haben eine Perspektivlosigkeit der Jugendlichen, wir haben eine allgemeine schlechte Wirtschaftslage. Im Moment haben wir eine Kriegsgefahr. Es sind also viele äußere Einflüsse, gesellschaftliche Einflüsse, die da mit eine Rolle spielen, das macht auch für den einen oder anderen ganz deutlich eine Ausweglosigkeit, eine Sinnlosigkeit. Und das sind vielleicht auch die Dinge, die da eine Rolle spielen, dass Konflikte auftreten, die aber dann letztendlich auch nicht sauber abgearbeitet werden können, weil die Ursachen der einzelne gar nicht bereinigen kann, und das sind viele, viele Punkte, die vielleicht ganz versteckt irgendwo mit ursächlich sind, die dann in einer ganz konkreten Situation nach oben treten und die Polizei, eine Institution, eigentlich nur die Wirkung letztendlich bereinigen kann oder erledigen muss. Aber die Konflikte, die dahinter stecken, die können wir nicht bearbeiten." (Zitat aus den qualitativen Interviews mit den Polizeibeamten)

Das sind Befürchtungen, die in den letzten Jahren, jüngst auch in Zusammenhang mit dem Abbau der innereuropäischen Grenzen und der zunehmenden Jugendgewalt, immer wieder öffentlich geäußert werden.

Um zu verstehen, wie sie bei der Polizei ankommen und wie die Beamten damit umgehen, müssen wir den Alltag der Polizei näher kennen lernen, die Situationen, die Polizeibeamte typischerweise im Umgang mit ethnischen Minderheiten und sozialen Randgruppen bewältigen müssen. Dazu gehört vor allem, die die Polizei leitenden Normen, Wertvorstellungen und Handlungsweisen zu erkennen sowie die sich daraus ergebenden Probleme zu benennen und Lösungen aufzuzeigen. Zu diesem Zweck begleitete die Forschungsgruppe auch die operativen Kräfte der Duisburger Polizei bei ihren Einsätzen und befragte 245 Beamte zu ihrem alltäglichen Umgang mit türkischen Eckstehern, Aussiedlern, Obdachlosen, Drogensüchtigen, Asylbewerbern und Prostituierten. Die teilnehmenden Beobachtungen wurden in einem Feldtagebuch vermerkt. Zur Erforschung der anderen Seite der Polizeiarbeit befragten bzw. interviewten wir Vertreter der Minderheiten und Randgruppen, um deren Wahrnehmung der Polizei zu erkunden. Darüber hinaus sprachen die Mitarbeiter der Forschungsgruppe mit Mitarbeitern unterschiedlicher Hilfseinrichtungen, die sich um die Sorgen und Nöte dieser Menschen kümmerten.

Die soziale Situation in der Stadt Duisburg

In Duisburg, nach Essen und Dortmund die drittgrößte Stadt im Ruhrgebiet, wohnen eine halbe Million Menschen, wovon rund 75.000 Menschen ausländischer Herkunft sind.[1] Nach einer Untersuchung des Zentrums für Türkeistudien ist Duisburg die *Migrations-Hauptstadt* des Ruhrgebiets, d.h. die Stadt im Revier mit dem höchsten Ausländeranteil. Ungefähr die Hälfte aller Ausländer wohnt bereits seit vielen Jahren in Duisburg.

Die größte Gruppe der ausländischen Bürger stellen die Türken. Aber auch zahlreiche Menschen aus dem ehemaligen Jugoslawien, aus Italien, Griechenland, Polen, den Niederlanden, Marokko, Spanien und anderen Ländern leben hier. Unter ihnen sind viele *Eingebürgerte*, die den deutschen Pass erhalten haben. Darüber hinaus leben in Duisburg zahlreiche Asylbewerber. Sie gehören verschiedenen Nationen und Kulturkreisen an und sind mit den unterschiedlichsten Erfahrungen, Wertvorstellungen, Erlebnissen, Religionen und Erwartungen gekommen. Sie zeigen nicht selten recht unterschiedliche Formen des Sozialverhaltens, die nicht immer mit den Erwartungen der Mehrheitsgesellschaft übereinstimmen.

---

[1]   Einwohnerstatistik der Stadt Duisburg (Stand am 31.12.2007)

Wie die Angehörigen ethnischer Minderheiten gehören Mitglieder sozialer Randgruppen zu den Personenkreisen, die bei den Normalbürgern oft Befremdung, manchmal Ängste und Ablehnung hervorrufen. Dementsprechend stehen sie verstärkt im Blickfeld der staatlichen Ordnungsmacht, der Polizei. Asylbewerbern, Obdachlosen, Junkies und Prostituierten ist gemeinsam, dass ihre Teilhabe am gesellschaftlichen Leben auf Grund ihres sozialen Status und ihrer wirtschaftlichen Möglichkeiten stark eingeschränkt ist. Die prekäre Lage vieler Menschen resultiert nicht zuletzt aus der hohen Arbeitslosenquote, unter der die Stadt schon seit Jahren leidet. Der Strukturwandel, der im Ruhrgebiet Ende der 50er Jahre durch die Absatzkrise im Bergbau ausgelöst worden war, führte zu Schließungen von zahlreichen Zechen und einer Abnahme der Beschäftigtenzahl. Verschärft wurde die Arbeitsmarktsituation ab Mitte der 70er Jahre nicht zuletzt durch Rationalisierungsmaßnahmen und Strukturänderungen in der Eisen- und Stahlindustrie. Insgesamt gingen in der Montanindustrie des Ruhrgebiets bis Anfang der 80er Jahre 500.000 Arbeitsplätze verloren. Duisburg, die „Stadt Montan", verlor in der Zeit vom Anfang der 60er und 90er Jahre ein Drittel seiner Arbeitsplätze. Negativ entwickelte sich auch die Zahl derer, die Leistungen aus der Sozialhilfe beziehen. Immer mehr Menschen sind auf laufende Hilfe zum Lebensunterhalt angewiesen. Besorgnis erregend ist, dass es sich beim weitaus größten Teil der Sozialhilfeempfänger um Alleinerziehende und Kinder bzw. Jugendliche handelt.

Wie auch in anderen Großstädten, ist die Bevölkerung Duisburgs nach Ausländeranteil, Arbeitslosigkeit und Wohnsituation nicht gleichmäßig über die einzelnen Stadtteile verteilt. Insbesondere im Duisburger Norden und in der Stadtmitte haben sich drei Problemzentren herausgebildet. Am bekanntesten ist der Stadtteil Duisburg-Marxloh, der allein schon auf Grund immer neuer Projekte zur Verbesserung der Lebenssituation seiner Bürger zu einem beständigen Objekt des öffentlichen Interesses geworden ist. Daneben haben aber auch die Stadtteile Bruckhausen und Hochfeld mit ähnlichen Problemlagen zu kämpfen, die in der Kommunal- und Sozialpolitik heute unter dem bürokratischen Aufkleber „Stadtteile mit besonderem Erneuerungsbedarf" zusammengefasst werden.

Dass in Stadtteilen mit einer hohen Ausländerquote das Zusammenleben der verschiedenen Kulturen zu Problemen führt, liegt auf der Hand. Nicht selten kommt es zu Konflikten zwischen Einheimischen und Zuwanderern. Ein Teil dieser *Ausländerproblematik* mag auf die Tatsache zurückzuführen sein, dass viele der zugewanderten Bürger bis heute die deutsche Sprache kaum beherrschen. Hinzu kommt, dass viele Bürger keine bzw. kaum kulturübergreifende Kontakte haben. Der Andere bleibt stets ein Fremder.

Arbeitslosigkeit, eine hohe Umweltbelastung und die damit verbundenen gesundheitlichen Risiken sowie eine starke Beeinträchtigung der Bausubstanzen, schlechte Wohnbedingungen und ein relativ hoher Ausländeranteil haben zu dem

schlechten Image beigetragen, unter dem Bruckhausen, Marxloh und Hochfeld
heute leiden. Entsprechend hat sich in den vergangenen Jahren die Bevölkerungsstruktur verändert: Nachdem die einkommensstarken Haushalte abgewan-
dert waren, sind in allen drei Stadtteilen hauptsächlich einkommensschwache
Haushalte bzw. Alleinerziehende, Ausländer, Arbeitslose und Sozialhilfeempf-
fänger zugezogen.[2] Die Viertel wurden zu Sammelbecken marginalisierter, d.h.
sozial und ökonomisch benachteiligter Bevölkerungsgruppen, was wiederum
eine Menge sozialen Sprengstoffs in sich birgt. Gerade innerfamiliäre Gewalt ist
verstärkt in sozial schwächeren Haushalten zu beobachten.

Hinzu kommt eine Fülle so genannter Armutskriminalität, mit der sich die
Polizei täglich konfrontiert sieht. Auch die Menschen in den Randzonen unserer
Städte wollen am Wohlstand partizipieren, die legalen Wege hierzu bleiben ih-
nen jedoch meist verschlossen. „So ist das Gefühl der sozialen Ausgrenzung um-
so lebhafter, je besser die Handelnden kulturell angepasst sind. Diese Spannung,
Merton'schen Typs, zwischen den beherrschenden Einfluss einer Massenkultur
und den Mechanismen sozialer Ausgrenzung, erzeugt verschiedene Arten von
Verhaltensweisen" (Dubet 1997: 226). Eine davon ist der Rückzug in die illegale
Ökonomie, die z. B. im Handel mit Drogen und in der Hehlerei ihren Nieder-
schlag findet.

Die Kultur der Polizei

Mit den Problemen sozialer Marginalisierung und der daraus resultierenden Ar-
muts- und Gewaltkriminalität werden vor allem die operativen Kräfte der Polizei
konfrontiert, die mit schwindenden Ressourcen das wachsende Konfliktpotenzial
unter Kontrolle halten sollen. Wer für welches polizeiliche Gegenüber zuständig
ist und wie mit ihm umgeht, lässt die Institution der Polizei zu einem nicht ho-
mogenen Gebilde werden. Es gibt daher weder *die Polizei* oder *den Polizeialltag*
noch den *typischen Polizisten*.

Wir müssen daher zunächst Licht in das Dunkel der Frage bringen, welche
Handlungsweisen in den verschiedenen Ausprägungen der Polizeikultur zusam-
menfließen und welche Auswirkungen sie auf den Umgang mit ethnischen Minderheiten und sozialen Randgruppen haben. Was die operativen Kräfte betrifft,
lassen sich idealtypisch vier Organisationskulturen unterscheiden: Jäger, Regulatoren, Sammler und Krieger (vgl. Schweer/Strasser 2003).

---

[2]   Speziell in der ausländischen Bevölkerung ist ein hoher Anteil an Empfängern von Arbeitslosen-
und Sozialhilfe zu finden.

Die Mitglieder der Einsatztrupps zur Bekämpfung der Straßenkriminalität sind die klassischen *Jäger* der Polizei. Sie agieren in Zivil, arbeiten in der Regel nachts und verfügen über ein hohes Maß an Autonomie. Den Großteil ihrer Einsätze bestimmen sie selbst. Integraler Bestandteil ihrer Aktivitäten ist die Überprüfung von – in ihren Augen – verdächtigen Personen und Fahrzeugen, wobei die Personen- und Fahrzeugkontrollen nicht nur die Funktion haben, Kriminelle aufzuspüren, sondern auch dazu dienen, Präsenz im Revier zu zeigen. Hiervon versprechen sich die Beamten einen nachhaltigen Präventionseffekt: Potenziellen Gesetzesbrechern soll signalisiert werden, dass rechtsfreie Räume nicht geduldet würden – nach dem Motto: „Die Straße gehört uns!"

Da Aktivitäten der Einsatztrupps nur zu einem geringen Teil von außen veranlasst werden, sind die Beamten dieser Organisationseinheit stärker als die Mitarbeiter des Wach- und Wechseldienstes auf ihre berufliche Erfahrung und Informationen aus dem jeweiligen Milieu angewiesen. Das eigeninitiierte Handeln der Einsatztrupps als klassische „Jäger" ist häufig mit der Folge verbunden, dass sich Stereotypen und eine selektive Kontrollpraxis in dieser Organisationseinheit schneller verfestigen als bei anderen Polizeieinheiten. Daher laufen sie auch eher Gefahr, Opfer von Vorurteilen zu werden. Die Homogenität ihrer Klientel und die Tatsache, dass die üblichen Verdächtigen in der Regel stigmatisiert sind, was sie als vermeintlich kriminell diskreditiert, führt schließlich zu einer selektiven Kontrollpraxis. Daher verwundert es nicht, dass es sich beim polizeilichen Gegenüber der Einsatztrupps häufig um Angehörige sozialer Randgruppen handelt: Drogenabhängige, Kleindealer, Asylbewerber, Illegale, Prostituierte, Kleinkriminelle etc. Fast zwangsläufig ist ein Großteil der „Kunden" schon polizeilich in Erscheinung getreten.

Problematisch ist, dass die polizeilich konstruierte Wirklichkeit eine Mischung aus den erwähnten Stereotypen und den Erfahrungen des polizeilichen Alltags darstellt, die sich wiederum gegenseitig bedingen. Auf diese Weise bedienen die im Einsatz gemachten Erfahrungen gängige Stereotypen („Rumänen sind Einbrecher"), auf der anderen Seite bestimmen Stereotypen das polizeiliche Handeln (ein rumänisches Kennzeichen führt nahezu automatisch zur Observation des Fahrzeugs bzw. zur Überprüfung der Insassen).

Auf Grund ihrer Sprache, ihres Habitus und ihrer Vorgehensweise entsprechen die Mitglieder der Einsatztrupps am ehesten dem *Dirty-Harry-Image*. Mehr noch als die Angehörigen des Wach- und Wechseldienstes sind sie Teil der subkulturellen *street corner society*.[3] Kollegen aus dem Wach- und Wechseldienst begegnen ihnen mit Respekt, wenn auch mit ironischem Unterton, wie aus einer

---

[3]   Nach Hüttermann (2000: 534) stellt dieser Beamtentypus eine besondere Ausprägung der *street cops* dar, die er als *Street Corner-Polizei* bezeichnet.

scherzhaften Beschreibung der einzelnen Organisationseinheiten durch einen Polizeibeamten, entdeckt an einer Pin-Wand eines Aufenthaltsraumes, zu entnehmen ist:

> „Die Ninjas der PI, so gut wie unsichtbar erledigen sie ihre Arbeit. Keiner weiß, wann und wo sie auftauchen. Durch Stellenabbau oder fehlenden Nachersatz ständig vom Aussterben bedroht."

Anders als die *street cop culture*[4] misstraut die *management cop culture* den Jägern. Das ergibt sich schon aus dem hohen Grad an Autonomie, den die Jäger genießen – und sich damit der Kontrolle durch die polizeiliche Organisation bzw. Führung weitgehend entziehen. Dieser Umstand widerspricht dem Selbstverständnis der Managementkultur von Polizei, das geprägt ist durch hierarchische Struktur, Kontrolle sowie formal korrektes Auftreten. Auch die Nähe zum polizeilichen Gegenüber schürt bei den Vorgesetzten Ängste, da bei zu langer Verweildauer in dieser Organisationseinheit ein Abdriften ins kriminelle Milieu befürchtet wird. Hinzu kommt, dass das Vokabular der Beamten, das sich am Slang der Straße orientiert, ihre Art, sich zu kleiden, sowie ihr häufig hemdsärmeliges Auftreten bei der Führung nicht selten Irritationen auslösen.

Innerhalb der Polizei sind daher die *Regulatoren*, die Mitarbeiter des Wach- und Wechseldienstes, auch scherzhaft „Trachtengruppe" genannt, einer anderen Subkultur zuzuordnen. Sie arbeiten in Uniform, repräsentieren und konstruieren wie kaum eine andere Organisationseinheit das Bild, das der Normalbürger von der Polizei hat. Ihr polizeiliches Gegenüber ist heterogener und die Art der Kontakte vielschichtiger. Ihr alltägliches Handeln ist nicht einseitig auf Repression ausgelegt, sondern umfasst auch schützende und helfende Maßnahmen. Anders als die Jäger sind die Regulatoren viel stärker in formale Strukturen eingebunden. Der Großteil ihrer Einsätze wird ihnen von der Leitstelle zugewiesen. Ihre Arbeit weist daher nicht nur einen geringeren Grad an Autonomie auf, sondern sie stehen – im Gegensatz zu den Jägern – bei ihren Maßnahmen auch unter einem höheren Zeitdruck.

Bei den *Sammlern* handelt es sich um Angehörige der Kriminalkommissariate. Ähnlich den Regulatoren setzt sich ihr polizeiliches Gegenüber sowohl aus Tätern als auch aus Opfern zusammen. Im Gegensatz zu den Regulatoren verfü-

---

[4]   Hüttermann (2000: 533 f.) konstatiert, dass „die ‚management cop culture' (...) von sacharbeitenden und managerialen Polizisten und solchen Beamten getragen (wird), welche die Behörde nach außen beispielsweise in der korporativen Welt und der medialen Öffentlichkeit repräsentieren. Demgegenüber stehen die Beamten der ‚street cop culture' mit einem Bein in der korporativen und mit dem anderen Bein in der leibhaftigen Welt" (vgl. zur Polizeikultur auch Behr 2006).

gen Sammler jedoch in der Regel über ganz andere Zeitressourcen. Ihre Aufgabe besteht u.a. darin, Spuren zu sammeln, um eine Straftat aufzuklären.

Von den Jägern, Sammlern und Regulatoren lassen sich auf der operativen Ebene noch die *Krieger*, die Mitarbeiter von Spezialeinheiten wie dem Spezialeinsatzkommando SEK, abgrenzen. Kommunikative Kompetenzen und Frieden stiftende Maßnahmen sind im Berufsalltag des Kriegers weniger gefragt. Krieger machen nicht viele Worte, sie „gehen rein, schnüren ihr Päckchen und verschwinden wieder". Krieger machen Gefangene, den Abtransport überlassen sie anderen Organisationseinheiten. So bestätigen auch unsere Beobachtungen Behrs (2000: 104) den Hinweis auf die Männlichkeitsidentität des Kriegers, die ständig gefährdet sei: „Entweder richtet sie Schaden an (und der muss individuell verarbeitet werden) oder sie ist zu martialisch und wirkt peinlich, sie macht sich dann im günstigsten Fall lächerlich, im ungünstigeren macht sie sich strafbar."

In den teilnehmenden Beobachtungen im Rahmen des Forschungsprojekts „Polizeialltag" traten die *Unterschiede* zwischen den polizeilichen Subkulturen besonders deutlich hervor, auch wenn *Gemeinsamkeiten* nicht zu übersehen waren:

1. Anders als beim Krieger ist die rhetorische Schlagfertigkeit für den Jäger unabdingbar. Sich auf den formalen Apparat zurückzuziehen, wird nicht nur vom polizeilichen Gegenüber, sondern auch von den eigenen Kollegen als Schwäche empfunden. Ein Jäger wendet selten physische Gewalt an, seine Autorität garantiert seine Handlungsfähigkeit in nahezu allen Situationen. Sein polizeiliches Gegenüber hat ein Gesicht, „man kennt seine Pappenheimer", wobei die Bindung zum kriminellen Milieu nicht nur den polizeilichen Erfolg der Jäger garantiert, sondern auch Quelle seiner Autorität ist, denn „je anonymer eine Institution erfahren wird, umso weniger wird ihr (...) ‚Autorität' zugeschrieben" (Fiedler 2001: 29).

„Dass zu einem Polizisten ein bisschen mehr Persönlichkeit gehört, das hat der eine oder andere vielleicht gar nicht so erkannt. Gerade in dem Bereich der kommunikativen Fähigkeiten sehe ich da hohe Defizite. Wenn man den Kollegen mal die Uniformen ausziehen würde und die müssten mal in Zivil einschreiten, würden sie auch sehen, wie schwierig es ist, ohne Uniform aufzutreten, weil ich glaube, die Uniform ist schon irgendwo ein Schutzpanzer für diejenigen, die von außen auf den Polizisten zukommen, aber ich glaube auch, dass es ein Verkleiden der Kollegen ist. Ein Verkleiden, dass sie jetzt eine Uniform anhaben, eine Macht repräsentieren, das tun sie zwar auch irgendwo, aber vielleicht wird manchmal vergessen, dass hinter der Uniform auch eine Persönlichkeit stecken muss, die das repräsentiert. Dass die das wollen, denke ich schon im Großen und Ganzen, nur dass die das können, das ist etwas anderes, weil ich nicht nur die Uniform anhaben muss, ich muss sie auch leben, und leben kann ich sie nur dann mit dem Bürger, wenn ich mit dem Bürger spreche. Und um Konflikte zum Beispiel aus einer Situation reinzunehmen, äh rauszunehmen. muss ich wirklich meine kommunikativen Mittel einsetzen, und wenn ich die nicht drauf habe, dann tauchen Probleme auf." (Zitat aus den qualitativen Interviews mit den Polizeibeamten)

2. Auch die emotionale Bindung zu seiner Klientel unterscheidet den Jäger vom Krieger. Das polizeiliche Gegenüber des Kriegers ist praktisch identitätslos, seine Biografie nicht relevant. Krieger werden angefordert, um prekäre Lagen effektiv und unverzüglich zu bereinigen. Ihre Autorität ergibt sich aus ihrer Kompromisslosigkeit, die keinen Raum für Prozesse des Aushandelns gewährt. Darüber hinaus agiert der Krieger, anders als der Jäger, in höchstem Maße fremdinitiiert. So schnell, wie er gekommen ist, ist er auch wieder verschwunden. Krieger *graben sich ein* und bleiben selbst für ihre Kollegen aus anderen Organisationseinheiten schemenhaft.

3. Zwei Dinge haben Jäger und Krieger allerdings gemeinsam. Frauen sind in der archaischen Polizei rar und auch nicht gern gesehen, denn Jagen und Kämpfen ist Männersache. Darüber hinaus sind Krieger und Jäger für den Normalbürger nahezu unsichtbar. Anders als bei den domestizierten Polizisten ist ihre Welt klar unterteilt in Gut und *Böse* (Krieger) bzw. in Gut, Böse und *arme Wurst* (Jäger). Die nahezu fehlenden Kontakte zu Opfern und Normalbürgern sind das wichtigste Unterscheidungsmerkmal zur domestizierten Polizei. Krieger und Jäger können das „cops and robber game" (Manning 1997: 296) noch in seiner Reinform praktizieren.

4. Im Vergleich dazu ist der Regulator ein Allrounder, ein bisschen Krieger, ein bisschen Jäger und Sammler. Zwar müssen Regulatoren sich von Zeit zu Zeit wie die Krieger in brisanten Situationen physisch durchsetzen können und ihre Jagdfähigkeiten unter Beweis stellen. Von ihnen wird vor allem ein hohes Maß an kommunikativer Kompetenz gefordert. Sie müssen ja nicht nur jagen und kämpfen, sondern auch und vor allem schlichten und trösten, das aber unter einem höheren Zeitdruck als alle anderen Organisationseinheiten.

5. Anders als die *management cop culture*, die sich am *first code*[5] der Institution orientiert, richtet sich die *street cop culture* nach dem *second code* der Straße,

---

[5]   Behr (2000: 227) konstatiert, dass „neben dem *first code* des Rechts noch eine Polizistenkultur existiert, deren *second code* in Form von subkulturellen Handlungsmustern für die Beamten ebenfalls normative Bindungswirkung entfaltet. Diese bilden das Scharnier zwischen institutioneller Struktur und individueller Handlung." Diese Handlungsmuster sind „aber in ihrer ethischen Grundlage nicht eindeutig: Sie erklären zwar das Funktionieren von Polizeiarbeit, dies schließt aber auch deviantes Verhalten ein".

nach dem polizeiliches Handeln für das System funktional sein müsse. Bei genauerem Hinsehen zeigte sich, dass polizeiliches Handeln der *street cop culture* dann funktional ist, wenn es im Sinne der subkulturellen Regeln legitim ist. So haben informelle Lösungsstrategien nicht nur den Zweck, polizeiliches Handeln effektiv zu gestalten, sondern beinhalten auch eine moralische Komponente. Man handelt gerecht, wenn auch nicht unbedingt im Rahmen der Gesetze. In einem persönlichen Gespräch formulierte ein Beamter den Sinn des *second code* philosophisch: „Manchmal muss man die Illegalität bemühen, um die Legalität zu erreichen."

„Das ist naturgewachsen, ja, wer irgendwann mal in der ersten Etage gesessen hat, auf deutsch gesagt, der verliert irgendwann mal auch den Bezug zu dem, was auf der Straße passiert. Ich sehe das ja bei mir selbst auch (...) Seit zwei Jahren bin ich ja vollkommen da raus. Und von daher gesehen, in den letzten zwei Jahren, kann ich eigentlich nur noch beleuchten, wenn ich mal mit den Kollegen im Sondereinsatz war, oder durch meine guten Kontakte noch, die ich zu vielen Kollegen habe, aber das merk ich ja bei mir, die werden weniger (...) Wenn einer oben bei der Führungsstelle sitzt und war früher mal auf der Wache, dann wird man merken, im Lauf der Jahre verliert er den Kontakt zu den Kollegen und passt sich natürlich auch den Gegebenheiten der ersten Etage an. Und das sind ganz natürliche Prozesse und wenn man da nicht so'n bisschen auch als Person selbst gegensteuert, verliert man total den Kontakt zu der Truppe, und dass auf der Straße anders gearbeitet wird, nämlich Feuerwehr gespielt wird; dass die Bedürfnisse auch der Dienstgruppe ganz andere sind wie auf einer Führungsstelle, das ist, denk ich mal, auch nachzuvollziehen. Die Kollegen auf der Wache, die haben ganz bestimmte Bedürfnisse, die befriedigt werden müssen, und zwar von der Gruppe selbst oder vom Dienstgruppenleiter, der jeden dem Bedürfnis nach weiterbildet, d.h. also Arbeitszufriedenheit, Einsatzmittel, bestimmtes Gewähren von dienstfrei, Urlaub usw., sodass also diese ganzen Umfeldfaktoren stimmen. Der Dienstgruppenleiter sitzt dazwischen, muss nach oben und unten hin verkaufen, und die Führungsstelle selbst hat mehr oder weniger zu verwalten, zu koordinieren; aber befriedigt manchmal vielleicht nicht die Bedürfnisse der Gruppe, die da sind. Kann sie vielleicht auch nicht immer. Entweder weil die Hände gebunden sind oder weil sie gar nichts davon erfährt." (Zitat aus den qualitativen Interviews mit den Polizeibeamten)

Hier offenbart sich das unauflösbare Dilemma polizeilicher Arbeit: *Street cops* sind auf eine praktikable Routine angewiesen, soll der Polizeiapparat nicht kollabieren. Der polizeilichen Führung ist dieses Erfordernis zwar bewusst, dennoch muss sie nach außen hin dokumentieren, dass solche Handlungsmuster, würden sie Teil des öffentlichen Diskurses, ein individuelles Fehlverhalten der jeweiligen Beamten darstellten. Andernfalls würde sie die Existenz des *second code* nicht nur zugeben, sondern ihn sogar legitimieren. Deshalb müssen „Nutella-Polizisten", wie junge Beamte, die gerade von der Ausbildung kommen, gerne be-

zeichnet werden, auch erst „eingestielt" werden, denn die Leitbilder des polizeilichen Handwerks lernt man nicht in der Polizeischule, sondern auf der Straße.

> „Gelernt habe ich tatsächlich erst, was Polizei heißt oder polizeiliche Einsatzbewäl-
> tigung, als ich dann irgendwann die Ausbildung hinter mir hatte (…) und dann tat-
> sächlich draußen den Dienst auf einem Streifenwagen gemacht habe." (Zitat aus den
> qualitativen Interviews mit den Polizeibeamten)

Die Ergebnisse der Studie verdeutlichen nicht zuletzt, wie stark der Einfluss des
hegemonialen Männlichkeitstypus und der Rolle des Polizisten als *Jäger und
Krieger* auf die polizeiliche Sozialisation ist. Im Blick auf ethnische Minderheiten und soziale Randgruppen stellt sich die Frage, in welchem Maße Stereotypen
das Bild prägen, das Polizisten von diesen Gruppierungen haben. Darüber gibt
u.a. die von der Forschungsgruppe durchgeführte Polizistenbefragung Auf-
schluss: So waren 83,7% der Beamten der Meinung, dass der Drogenmarkt von
Ausländern beherrscht werde, und 78,0% meinten, es sei kein Vorurteil, dass
rumänische Zigeuner Wohnungseinbrüche, Trick- und Taschendiebstähle begin-
gen und strafunmündige Kinder zu Einbrechern abrichteten. Zwei Drittel der
Polizisten vertraten überdies die Auffassung, dass die in Deutschland lebenden
Ausländer häufiger Straftaten verübten als die Deutschen und Sprachschwierig-
keiten ausländischer Tatverdächtiger meist nur vorgetäuscht seien. Jeder vierte
Beamte war der Ansicht, dass fast alle Russen Alkoholiker seien, und jeder Fünfte, dass es den Aussiedlern egal sei, ob sie ihr Geld legal oder illegal verdienten.

Die Normalität des Stereotyps

Vorurteile und Stereotypisierungen sind in der Polizistenkultur weit verbreitet.
Häufig sind sie das Produkt von Alltagserfahrungen im Rahmen polizeilicher
Einsätze. So ist die Verelendung von Drogensüchtigen der offenen Drogenszene
kaum von der Hand zu weisen, ebenso wenig die Tatsache, dass die Bearbeitung
eines Falles mit ausländischen Tatverdächtigen Mehrarbeit bedeutet. Auch kennt
nahezu jeder Polizist einen rumänischen Wohnungseinbrecher. Auf der anderen
Seite legen unzählige Studien zur Lebenssituation von Minderheiten und Randgruppen in Deutschland eine differenzierte Betrachtungsweise nahe. Jedenfalls
bergen Stereotypisierungen die Gefahr in sich, mit dem eigentlichen Stigma weitere negative Eigenschaften zu verbinden: So sei der Ausländer nicht nur tendenziell kriminell, sondern auch verlogen, der Obdachlose nicht nur schmutzig, sondern auch Alkoholiker, der Asylbewerber nicht nur ein Sozialschmarotzer, sondern auch faul.

Erschwerend kommt hinzu, dass negative Ereignisse in Einsatzsituationen, die Polizeibeamte mit Angehörigen ethnischer Minderheiten und sozialer Randgruppen erleben, als persönlichkeitsspezifische Merkmale interpretiert und auf die Gruppe übertragen werden. Da bestimmte Gruppen der Bevölkerung vornehmlich die Klientel der Polizei darstellen, prägen sie auch das Bild der Polizeibeamten von gruppenspezifischen Subkulturen nachhaltig. Sprechen Polizeibeamte über Ausländer, meinen sie in der Regel türkische Jugendliche und nichtresidente Ausländer (Asylbewerber, Illegale), sprechen sie über illegale Drogenkonsumenten, denken sie an den „Junkie auf der Platte".

So belegen die Ergebnisse der Studie, dass jene Polizisten, die ausgeprägte Vorurteile gegenüber Asylbewerbern und Aussiedlern haben, mit Ausländern tendenziell negative Eigenschaften verknüpfen – abgeleitet vom Bild des „schlechten Ausländers", der uns nicht nur nicht „nützt", sondern auch „ausnutzt", und somit keine Bereicherung, sondern eine Gefahr für unsere Gesellschaft darstellt. Sie sind auch mehrheitlich der Ansicht, dass Ausländer Polizisten mit Vorurteilen begegneten und nicht bereit seien, die Arbeit der Polizei zu unterstützen (vgl. Schweer/Zdun 2005a).

Auszug aus dem Feldtagebuch
Spät nachts werden die Beamten zu einer Schlägerei gerufen, die sich zwischen mehreren Personen in einer Bar ereignete. Der Grund des Streites bleibt unklar. Bei der Auseinandersetzung wurden zwei Jugoslawen mit einer Flasche am Kopf verletzt. Alle Beteiligten des Streites waren stark alkoholisiert und über die Anwesenheit der Polizei verärgert. Es wird von keiner Seite Anzeige erstattet, auch nicht von den Geschädigten. Einer der Geschädigten äußert vor den Beamten, dass er den Täter kenne und die Angelegenheit selber regeln würde. Anscheinend wurde auch mit einer Gaspistole geschossen, die Waffe ist aber unauffindbar. Starke Polizeikräfte sind vor Ort, nicht zuletzt wegen der für die Tatzeit ungewöhnlich großen Menschenansammlung. Einem der Schaulustigen wird ein Platzverweis erteilt, weil er die polizeiliche Ermittlungsarbeit behindert und der mehrfachen Aufforderung, Abstand vom Tatort zu halten, nicht nachkommt. Erst nach Androhung massiver Sanktionen („Gleich gibt es was auf die Hirse" bzw. ein Hundeführer holt den Hund aus dem Wagen) kommt der Betreffende dem Platzverweis nach.

Nun ließe sich argumentieren, dass die Haltung des Polizeibeamten gegenüber Ausländern von sekundärer Bedeutung sei, solange er seine Einstellung dienstlichen Erfordernissen unterordne und diese nicht sein Verhalten anleite. Dass dem nicht so ist, belegen auch die Ergebnisse der Beamtenbefragung. Auf die Frage „Denken Sie einmal selbstkritisch über Ihre Umgangsformen mit Ausländern nach. Behandeln Sie diese anders als einen Deutschen?", antworteten von jenen, die mit Ausländern primär negative Eigenschaften verbanden, 18,6% mit „Ja, eher benachteiligend". Für die Gesamtpopulation betrug der entsprechende Wert 5,8%. Das ist ein Indiz dafür, dass negative Einstellungen gegenüber ethnischen Minderheiten durchaus Eingang in polizeiliche Handlungsmuster finden.

Die Wahrnehmung des *eigenen* Verhaltens steht allerdings in krassem Widerspruch zu der Wahrnehmung, wie nach Meinung der Befragten die *Kollegen* mit Ausländern umgingen. So antworteten auf die Frage „Glauben Sie, dass Ihre Kollegen tendenziell Ausländer anders behandeln als Deutsche?" 1,7% mit „Ja, eher bevorzugt", 44,6% mit „Ja, eher benachteiligend", und 53,7% mit „Nein, da gibt es keinen Unterschied". Die Diskrepanz in der Beurteilung des eigenen Verhaltens und das der Kollegen lässt auf eine Art von Schutzfunktion schließen, indem das eigene Verhalten auf das Verhalten der Kollegen projiziert wird. Es könnte jedoch auch sein, dass die Beamten ihren eigenen Umgang mit Ausländern nicht mehr kritisch hinterfragen. Immerhin gab in der Beamtenbefragung fast jeder zweite Polizeibeamte an, dass Ausländer von den Kollegen tendenziell benachteiligend behandelt würden – und das vor dem Hintergrund, dass der polizeiliche Umgang mit Ausländern für viele Polizeibehörden immer noch ein Tabuthema darstellt.

Was besagt die von den Beamten thematisierte Ungleichbehandlung? Die Auswertung der qualitativen und quantitativen Erhebungen verdeutlicht, dass Menschen ausländischer Herkunft im Brennpunkt polizeilichen Interesses stehen. Hier gilt es aber zu differenzieren, denn die verstärkte Kontrolle gilt nicht dem ausländischen Normalbürger, das polizeiliche Interesse zielt vielmehr auf bestimmte Gruppen ab: in Duisburg vor allen anderen auf Asylbewerber, auf das jugendliche Ecksteher-Milieu ausländischer Herkunft und auf Aussiedler. Das sind jene Gruppen der Bevölkerung, mit denen nicht nur viele Polizeibeamte, sondern auch viele Bürger ein erhöhtes Kriminalitäts- und Gewaltpotenzial verbinden.

Aus der Sicht des Normdurchsetzers ist in diesen Fällen eine verstärkte Kontrolle nur „natürlich", verspricht sie doch polizeilichen Erfolg. So fördern die polizeiinterne Sozialisation und die Struktur der Polizei Vorurteile und kreieren Stereotypen, wodurch u.a. „Ethnizität als gesellschaftliche Klassifizierungskategorie in die Selektionsentscheidungen einer Organisation" (Proske 1998: 180) einfließt. Und in vielen Fällen bedeutet Selektion Diskriminierung.

Verstärkt wird diese Tendenz dadurch, dass die Polizei als Institution häufig als „Werkschutz" (Kutscha 2001: 218) der Stadt und privater Geschäftsleute instrumentalisiert wird. Man bedient sich ihrer auch, um sozialstrukturelle Defizite zu verdecken und spezifische Personengruppen als Verursacher von sozialen Problemlagen zu definieren. „Social junks" sollen aus dem öffentlichen Raum verdrängt werden, damit die eigentlichen Ursachen für (Armuts-)Kriminalität aus dem Blickfeld der Öffentlichkeit verschwinden. Insofern müssen sich z. B. kriminalpräventive Räte die Frage gefallen lassen, inwieweit sie polizeiliche „Feindbilder" konstruieren, ja stellenweise Kriminalität geradezu benötigen, um die eigene Institution und Aktivität zu legitimieren (vgl. Strasser/van den Brink 2004, 2005; van den Brink 2005).[6]

Was den polizeilichen Umgang mit ethnischen Minderheiten und sozialen Randgruppen anbelangt, scheint die Kategorie „Ausländer" daher nicht selten von sekundärer Bedeutung zu sein; vielmehr ist der soziale Status des polizeilichen Gegenübers ausschlaggebend. Die Überprüfung eines Anfangsverdachts gestaltet sich bei Menschen mit einer geringeren Beschwerdemacht wesentlich unproblematischer. Die Rechtmäßigkeit einer Leibesvisitation wird ein schwarzafrikanischer Asylbewerber kaum in Frage stellen (können), auch wenn er polizeilich nicht in Erscheinung getreten ist und der Anfangsverdacht lediglich darin besteht, dass die betroffene Person „schwarz" ist.

Auch die von der Forschungsgruppe beobachteten Fälle und erhobenen Daten bestätigen die Aussagen von Ganter (2003: 44), dass schon „die unbewusste Wahrnehmung bestimmter Symbole oder ‚Schlüsselreize' zu einer weitgehend automatisch ablaufenden Aktivierung von Stereotypen und Vorurteilen führen, die alle weiteren Vorgänge der Definition der Situation mehr oder weniger festlegt ... Dies ist vor allem dann der Fall, wenn die Kategorisierungen mit gut sichtbaren äußerlichen Merkmalen (z.B. Hautfarbe, Alter, Geschlecht) verbunden sind, wenn diese zudem in der jeweiligen Situation besonders auffällig (...) sind (...) und wenn die Kategorien oder Schemata häufig aktiviert, und damit ins Gedächtnis gerufen werden." Nicht der Ausländerstatus ist das entscheidende Kriterium, sondern die Verkettung personen- und situationsspezifischer Merkmale. Das bedeutet aber auch, dass polizeiliche Selektionsmechanismen eben nicht willkürlich sind, sondern wesentlich aus erfahrungsgesättigten Alltagsroutinen resultieren.

Auszug aus dem Feldtagebuch
Zwei Zivilbeamte kontrollieren während der Nachtschicht einen Kleinbus mit polnischem Kennzeichen, der besetzt ist mit acht männlichen Personen und einer weiblichen Person. Der Fahrer gibt auf die Nachfrage eines Beamten, wohin er denn wolle, an, dass man auf dem Weg nach Belgien sei. Während der eine Beamte über Funk die Personalien und das Kennzeichen überprüft, nutzt sein Kollege die Zeit, einen Blick in das Innere des Fahrzeugs zu werfen, wobei ihm nichts Ungewöhnliches auffällt. Der Kofferraum ist voll mit Reisetaschen, in denen sich Kleidungsstücke und persönliche Gegenstände der

---

[6]   Nähere Ausführungen dazu im Schlusskapitel (Ausblick: Auf dem Weg in die Präventionsgesellschaft?) in diesem Band.

Fahrzeuginsassen befinden. Nachdem der Beamte die Durchsuchung des Fahrzeugs beendet hat, stellt er sich an den Straßenrand und wartet auf das Ergebnis der Personenüberprüfung, mit der sein Kollege noch beschäftigt ist. Der Fahrer des polnischen Kleinbusses, der mittlerweile ausgestiegen ist, nutzt die Zeit und bittet den Beamten, sich auszuweisen, da seines Wissens nach in Belgien häufig Kriminelle sich als Polizeibeamte ausgeben würden und er nur sichergehen wolle, dass er es auch mit richtigen Polizisten zu tun habe (Anmerkung: Die Beamten haben das Fahrzeug mit einer Kelle zum Anhalten aufgefordert). Der Beamte, angesichts dieser Bitte vollkommen konsterniert, holt seinen Ausweis mit den Worten hervor: „Wir sind hier in Deutschland und nicht in Polen. Hier geht alles noch korrekt zu!"

Anders als psychodynamische und persönlichkeitsorientierte Erklärungsversuche fasst die Forschungsrichtung der *social cognition* die Stereotypisierungen nicht als irrationale und pathologische Phänomene, sondern „als mehr oder weniger ‚normale' Folgen allgemeiner kognitiver Regelmäßigkeiten und Abläufe auf. Ein zentraler Ansatzpunkt für diese Sichtweise ist die Erkenntnis, dass menschliche Organismen über eine beschränkte Kapazität zur Aufnahme und Verarbeitung von Informationen verfügen. Dieser Mangel der kognitiven Grundausstattung des Menschen ist (...) letztlich nur durch Strategien und Heuristiken der Komplexitätsreduktion zu bewältigen" (Ganter 2003: 42). Darüber hinaus werden negative Verhaltensweisen von ethnischen Minderheiten und sozialen Randgruppen meist als persönlichkeitsspezifische Defizite betrachtet, positive dagegen auf situationsspezifische Ursachen zurückgeführt. Das kann bei Polizisten zu der Einstellung führen, dass der schwarz-afrikanische Asylbewerber, der nicht dealt, lediglich die Ausnahme von der Regel darstellt.

Wenn es sich bei Stereotypisierungen nicht um pathologische Phänomene handle, sondern diese „Teil des sozialen Lernens und der ‚normalen' Sozialisation" (Heckmann 1992: 129) seien, dann „unterscheidet sich der Erwerb bzw. die Übernahme von Stereotypen und Vorurteilen nicht wesentlich vom Erwerb von Erwartungen, Bewertungen und Verhaltensmustern in anderen Zusammenhängen" (Ganter 2003: 50). Demnach bestimmen die sozialen und kulturellen Rahmenbedingungen einer Gesellschaft das Alltagshandeln der Akteure, auch und nicht zuletzt unseren Umgang mit sozialen Randgruppen (vgl. Schweer 2003: 107).

„Was, wie und gegen wen ermittelt wird, entscheiden wir!"

Schon die Klassiker der empirischen Polizeiforschung (Brusten 1971; Feest/ Blankenburg 1972) verwiesen darauf, dass es Unterschiede bei der Behandlung von Konfliktparteien gebe. Und Heuer (1998: 401) fügt zu Recht hinzu, dass „im polizeilichen Alltag Gerechtigkeit nicht durch Gleichbehandlung garantiert wird". So konnte auch im Rahmen der teilnehmenden Beobachtungen immer wieder festgestellt werden, dass ein wichtiges Kriterium bei der Entscheidung, welche Maßnahmen angemessen erscheinen, darin bestand, mit welchen Personen und Gruppen es die Beamten zu tun haben. So wurden Angehörige der Drogenszene bei Personenüberprüfungen fast automatisch einer Leibesvisitation unterzogen. Im polizeilichen Umgang mit dieser Randgruppe hat diese Vorgehensweise schon rituellen Charakter. Nicht selten leerten die Drogenabhängigen ihre Taschen, ohne dass sie hierzu von den Beamten aufgefordert wurden. Ein höheres Durchsuchungsrisiko wiesen auch Personen auf, die polizeilich schon bekannt sind.

Wie das polizeiliche Gegenüber angeredet wird, hat mit der sozialen Position des Betroffenen zu tun. Angehörige sozialer Randgruppen und ethnischer Minderheiten, Heranwachsende und junge Erwachsene werden häufiger *geduzt* als der erwachsene, sozial etablierte oder so erscheinende deutsche Bürger. Verbale Entgleisungen resultieren nicht so sehr aus fremdenfeindlichen Einstellungen, vielmehr spiegeln Kraftausdrücke, die von Außenstehenden als diskriminierend gedeutet werden könnten, häufig den *Umgangston der Straße* wider. Beamte, die sich in der *street corner society* behaupten wollen, müssen sich deren subkulturellen Normen und Regeln anpassen.

Auch der soziologische Blick der Forschungsgruppe auf die Duisburger Polizei zeigt, dass der Respekt des polizeilichen Gegenüber häufig über den Weg der Demonstration rhetorischer Schlagfertigkeit, der Stärke, der Männlichkeit und des Durchsetzungsvermögens führt, „denn rhetorische Provokationen der Polizei durch die Szene sind ein Mittel, das sich besonders für den gruppeninternen Kampf um knappe statusverbürgende Anerkennung eignet" (Hüttermann 2000: 539). Je besser der Beamte die „Spielregeln des Charakterwettkampfs" beherrscht, desto seltener ist er gezwungen, Organisationsmacht ins Spiel zu bringen oder physische Gewalt anzuwenden. So entpuppte sich die „Street Corner-Polizei für die Jugendlichen im türkischen Eckstehermilieu als Konkurrent und strategischer Partner auf der Suche nach dem „Kick". Auf diese Weise fand die Polizei Zugang zu dieser Subkultur und konnte Konflikte auf einem niedrigen Niveau halten (vgl. Gesemann 2003: 207).

In den teilnehmenden Beobachtungen wurde deutlich, dass das polizeiliche Handeln dadurch maßgeblich beeinflusst wird, *wie* das polizeiliche Gegenüber in der jeweiligen Situation dem Beamten gegenübertritt. Wenn sich die betreffende Person kooperativ, wenn nicht gar unterwürfig, oder aber aggressiv und ablehnend verhält, hat das nicht nur einen entscheidenden Einfluss darauf, ob Einsätze eskalieren, sondern auch darauf, ob die Beamten einer formellen oder informellen Lösungsstrategie den Vorrang geben. Bei der Wahl der Lösungsstrategie spielen auch *soziodemografische Merkmale* der Klientel eine Rolle: Frauen kommen signifikant häufiger in den Genuss einer informellen Lösungsstrategie als Männer; sie sind auch seltener Ziel von Verkehrskontrollen und Personenüberprüfungen. Schließlich ist das *setting*, in dem der Kontakt stattfindet, für das polizeiliche Verhalten bedeutsam. Wird die Situation von den Beamten als bedrohlich eingestuft oder gilt das polizeiliche Gegenüber als latent gewalttätig, hat das ein deutlich konsequenteres Einschreiten zur Folge. Das äußert sich dann im Anlegen von Handfesseln oder in der Anwendung physischen Zwangs. Polizisten sehen diese Maßnahmen dann in erster Linie als Eigensicherung der Einsatzkräfte. Mangelndes Ansehen oder Geringschätzung der Polizei durch das polizeiliche Gegenüber wird von den Beamten nicht bloß als Respektlosigkeit bewertet. Damit scheint eine erhöhte Gewaltbereitschaft assoziiert zu werden, somit auch eine erhöhte Eigengefährdung. Ein *rabiates Vorgehen* bei Kontakten mit Bevölkerungsgruppen, die der Beamte als problematisch einstuft, stellt dann eine Handlungsstrategie dar, um unmissverständlich zu demonstrieren, wer *Herr im Ring* ist, um nicht zuletzt die eigene körperliche Unversehrtheit zu garantieren.

Höher jedoch als eine mögliche Gefährdung durch Angriffe seitens des polizeilichen Gegenübers ist die psychische Belastung zu bewerten. Die Tristesse der Stadtteile bzw. die Hoffnungslosigkeit der sozialen Situation der dort lebenden Menschen lässt auch die Beamten nicht unberührt. Auf welche Erschwernisse Polizisten treffen, deren Klientel sich vornehmlich aus Angehörigen sozialer Randgruppen zusammensetzt, wurde durch teilnehmende Beobachtung der polizeilichen Einsätze deutlich. Immer wieder sehen sich dort die Einsatzkräfte mit Zuständen der Verelendung konfrontiert, die das Vorstellungsvermögen des Normalbürgers bei weitem überschreiten. Hierzu zählen nicht nur verwahrloste Kinder und vermüllte Wohnungen, sondern auch die erhöhte Gewaltbereitschaft (u. a. durch häusliche Gewalt) in den sozial schwächeren Milieus. Das ruft oft Befremden und Ablehnung bei den Einsatzkräften hervor. Distanzierung fungiert dann als ein Mechanismus der Bewältigung, um sich der eigenen Normalität zu vergewissern. Ein Beamter, der schon lange Dienst in den sozialen Brennpunkten Duisburgs verrichtet, beschrieb seine Gefühle so: „Das da draußen ist ein Zoo, und wir sind die Dompteure."

Dennoch, vielleicht sogar umso mehr, sind Akzeptanz und körperliche Unversehrtheit für Polizeibeamte von großer Bedeutung. Polizisten werden nicht selten von Angehörigen ethnischer Minderheiten und sozialer Randgruppen als Repräsentanten eines als ungerecht empfundenen Staates wahrgenommen und für (antizipierte) Diskriminierung verantwortlich gemacht. Das kann nicht nur zur Verschärfung von Einsatzsituationen beitragen, sondern auch dazu führen, dass der repressive Charakter polizeilicher Arbeit von diesen Bevölkerungsgruppen überbetont wird. So ist auch zu erklären, dass im Gegensatz zur ausländischen „Normalbevölkerung" so genannte Problemgruppen wie die jugendliche *street corner society* ein deutlich geringeres Vertrauen in die polizeiliche Arbeit aufweisen. Die Ursache dafür ist u. a. darin zu suchen, dass diese Gruppen nicht nur verstärkt unter polizeilicher Beobachtung stehen, sondern auch häufig durch kriminelle Handlungen in Erscheinung treten.

> „Wenn jemand z.B. auch einen Polizisten beleidigt, dann ist es in der Regel so, dass man (....) zu dem Polizisten gar keinen Kontakt, der Bürger gar keine Beziehung aufgebaut hat, sondern das ist ein Minutenerlebnis und fertig. Und wenn dann eine Beleidigung kommt, dann ist die ja nicht an den Polizisten selbst gerichtet, der hat sich ja vielleicht falsch verhalten, oder es sind Fehler aufgetaucht, aber die Beleidigung richtet sich in der Regel gegen die Institution, die da einschreitet und nicht gegen den Kollegen (...) Es mag Fälle geben, wo der Polizist selbst als Person beleidigt wird, weil er eben so aufgetreten ist. Aber in der Regel ist es so, dass ein Frustrationsmoment da ist, wo auch bestimmte Dinge rüber kommen, die eben halt durch die Ausübung des Dienstes oder des Gewaltmonopols gar nicht anders gehen, und dort werden dann auch die Konflikte, die schäumen über und dann muss man etwas rauslassen." (Zitat aus den qualitativen Interviews mit den Polizeibeamten)

Der polizeiliche Umgang mit ethnischen Minderheiten und sozialen Randgruppen wird stark von den Merkmalen der jeweiligen Subkultur und der mit der jeweiligen Gruppe konfrontierten Organisationseinheit der Polizei geprägt. Geschlecht und Alter der Beamten spielen dabei eine nicht unwesentliche Rolle. Polizist*innen* beispielsweise nehmen Prostituierten gegenüber eine ablehnendere Haltung ein als ihre männlichen Kollegen. Dies wird auch durch die Ergebnisse der Beamtenbefragung bestätigt.[7] So charakterisierten etwa zwei Drittel der Beamtinnen Prostituierte als *launisch*, während nur 28,7% der männlichen Polizisten diese Einschätzung teilten. Auch empfanden 29,0% der weiblichen Beamten Prostituierte als *unerfreulich* im Vergleich zu 18,7% ihrer männlichen Kollegen. Vermutlich stehen Polizistinnen auf Grund des gleichen Geschlechts der „käuflichen Liebe" mit größerem Unverständnis gegenüber. Darüber hinaus finden sich weibliche Beamte in einer Männerdomäne wie der Polizei öfter in der Rolle eines Sexualobjekts wieder (vgl. Schweer/Scherer 2007).

Bei Mitgliedern des Wach- und Wechseldienstes ergab sich daher ein ganz anderes Bild von den Drogenabhängigen als bei anderen Einsatzkräften, da sie sich in der Regel nur punktuell mit dem Drogenproblem auseinandersetzen. Für Mitarbeiter des Kriminalkommissariats „Rauschgift" und „Einsatztrupps zur Bekämpfung der Straßenkriminalität" stellt dagegen die Verfolgung der Rauschgift-

---

[7] Eine der Fragen bezog sich auf Wortpaare mit entgegengesetzten Eigenschaften (*stark* vs. *hilfsbedürftig*, *gelassen* vs. *launisch* usw.), die anhand einer 7er-Skala auf die Personengruppe der Prostituierten übertragen werden sollten.

kriminalität einen essentiellen Bestandteil ihrer täglichen Arbeit dar. Sie sind mit dem Elend in der Drogenszene vertraut, was nicht selten die Überzeugung von der Sinnlosigkeit repressiver Maßnahmen mit einschließt. Dem entspricht auch, dass nach Auskunft der von der Forschungsgruppe befragten Drogenabhängigen informelle Lösungsstrategien vornehmlich von Zivilfahndern praktiziert würden.[8]

Übt die Verfolgung der Drogenkriminalität für viele Beamte noch einen gewissen Reiz aus, auch im Sinne von Berufung, spielt der repressive Charakter polizeilichen Handelns bei Obdachlosen oder Behinderten eine untergeordnete Rolle. Hier ist Gefahrenabwehr bzw. die Unterstützung hilfloser Personen vorrangig.[9] Eine Randgruppe, mit der Polizisten nur sehr selten Kontakt hat, sind behinderte Menschen. Behinderte, insbesondere geistig Behinderte, bestätigen wie kaum eine andere Randgruppe der Gesellschaft das klassische Opferbild, das Beamte von ihnen haben, wie das Erlebnis einer Mitarbeiterin der Forschungsgruppe belegt:

Auszug aus dem Feldtagebuch
Eine Bewohnerin einer Wohnstätte, die aus Wut über ein falsch geparktes Auto, das ihr den Weg versperrte, mit ihrem Regenschirm auf das Auto eingeschlagen hatte, wurde von der Polizei nach Hause gebracht mit der Bitte, dass sich die Heimleitung um alles Weitere kümmern möge. Ein Behinderter, der kleine Kinder beobachtete, was bei einigen Erwachsenen Angst auslöste, und sie deshalb die Polizei riefen, wurde von den Beamten nach Hause gefahren, nachdem sie merkten, dass er geistig behindert war. Das einzige, was die Polizisten zu den Betreuern sagten, war: „Passen Sie besser auf ihn auf!"

Auf Grund mangelnder Erfahrung im Umgang mit Behinderten wissen Polizisten oft nicht, wie sie sich ihnen gegenüber verhalten sollen, was sowohl zu besonderer Rücksichtnahme als auch unangemessen wirkender Härte im polizeilichen Vorgehen führen kann. So erlebte unsere Mitarbeiterin, wie Polizisten einem Schwerbehinderten Handfesseln anlegten, als dieser sich dagegen wehrte, von ihnen in seine Betreuungseinrichtung zurückgebracht zu werden.

Diese Beispiele verdeutlichen, wie unterschiedlich und vielschichtig die Alltagskonflikte zwischen Polizeibeamten und Angehörigen von Randgruppen sein können. Bei allen skizzierten Problemen zeigt sich in der teilnehmenden Beobachtung jedoch, dass der weitaus größte Teil dieser Begegnungen völlig unspektakulär verläuft. Auch greift das häufig vorgebrachte Argument zu kurz, der ständige Umgang mit Minderheiten und Randgruppen sei primär verantwortlich für abschätziges Verhalten oder Überreaktionen gegenüber sozial Schwächeren im

---

[8]   Siehe weitere Ausführungen dazu im Kapitel „Die Drogenabhängigen".
[9]   Siehe dazu die Ausführungen im Kapitel „Die Obdachlosen".

polizeilichen Alltag. Die Ursachen für die „Dünnhäutigkeit" von Beamten liegen häufig in der Institution der *Polizei selbst* begründet. Menschen, die sich von ihrer eigenen Institution und ihren Kollegen aus anderen Organisationseinheiten nicht respektiert fühlen, übertragen ihren Stress zwangsläufig in das polizeiliche Einsatzgeschehen. Das hat weniger mit Fremdenfeindlichkeit zu tun als mit Überforderung.

Operative Kräfte unterliegen während ihrer Einsätze häufig enormen physischen und psychischen Belastungen. Es stellt sich die Frage, inwieweit Stressfaktoren zu identifizieren sind, welche die Belastbarkeit und somit Einsatzfähigkeit der Beamten negativ beeinträchtigen. Auffallend ist in diesem Zusammenhang, dass von den Polizisten im Rahmen der Befragung vorrangig Stressoren thematisiert werden, die in der Struktur der Polizei selbst begründet liegen, so die fehlenden Entscheidungs- und Handlungsspielräume im Beruf, das gestörte Betriebsklima sowie das angespannte Verhältnis zu den Vorgesetzten. Darüber hinaus beklagten 17,8% auch das angespannte Verhältnis zu ihren Kollegen. Das lässt wiederum den Schluss zu, dass die Struktur viel mehr zur Belastung der Mitarbeiter beiträgt als gemeinhin angenommen und thematisiert wird. So erklärt sich auch, dass von den Beamten erst an fünfter Stelle das persönliche Risiko während polizeilicher Einsätze genannt wurde, also der Faktor, der in der Öffentlichkeit gerne als Gesundheitsrisiko und Stressor Nummer eins dargestellt wird.

In welchem Maße wird der berufliche Stress von folgenden Faktoren beeinflusst? (in %)

	stark/ sehr stark
fehlende Entscheidungs- und Handlungsspielräume im Beruf	31,5
ständige Konfrontation mit sozialen Problemen	30,7
angespanntes Betriebsklima	26,6
angespanntes Verhältnis zu den Vorgesetzten	22,0
persönliches Risiko während polizeilicher Einsätze	20,5
zu hohe berufliche Leistungsanforderungen	19,6
angespanntes Verhältnis unter den Kollegen	17,8
mangelndes Ansehen der Polizei in der Bevölkerung	15,9
mangelndes Ansehen durch die Vorgesetzten	14,6
familiäre Konflikte	12,1
mangelndes Ansehen durch Kollegen	5,4

Differenziert nach Schutz- und Kriminalpolizei fällt auf, dass Erstgenannte deutlich häufiger das persönliche Risiko bei polizeilichen Einsätzen, das mangelnde Ansehen in der Bevölkerung sowie die ständige Konfrontation mit sozialen Problemen als belastend empfinden. Das hat freilich entscheidend mit dem Umstand zu tun, dass die Beamten des Wach- und Wechseldienstes in der Regel als erste vor Ort sind und sich mit teilweise stark Konflikt beladenen Situationen auseinander setzen müssen.

Stressfaktoren differenziert nach Schutz- und Kriminalpolizei (in %)

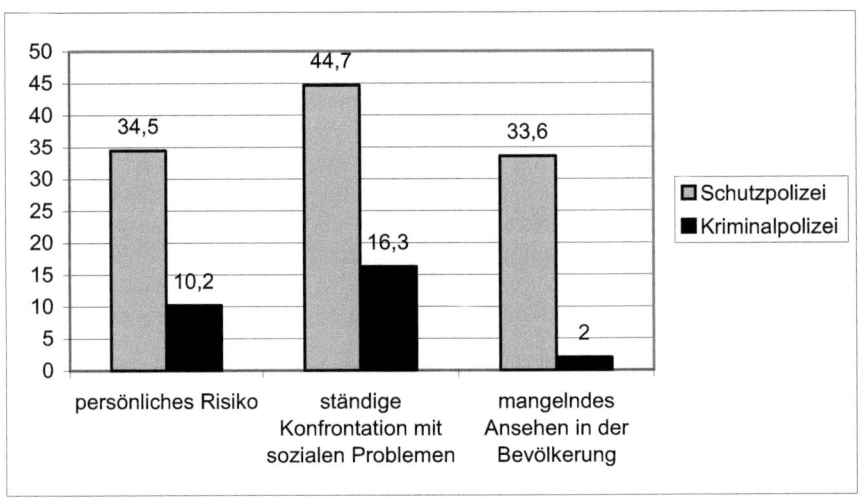

Berücksichtigt wurden nur die Antwortkategorien „stark" und „sehr stark".

Geht man methodisch einen Schritt weiter, dann lassen sich mit Hilfe einer Faktorenanalyse zwei primäre „Stressblöcke" isolieren. Der eine betrifft das innerbetriebliche Klima, der andere die ständige Konfrontation mit sozialen Problemen bzw. das persönliche Risiko bei polizeilichen Einsätzen. Beispielsweise bestanden deutliche und statistisch signifikante Zusammenhänge zwischen den Stressfaktoren „angespanntes Betriebsklima", „angespanntes Verhältnis unter den Kollegen" und „angespanntes Verhältnis zu den Vorgesetzten". Jene Beamten, die hierunter besonders litten (in unserer Stichprobe betrug der entsprechende Anteil 23,7%, betroffen war also jeder vierte Beamte), zeigten sich nicht nur demotivierter und weniger belastbar, sondern isolierten sich auch stärker von ihren Kollegen bzw. wiesen ein gereizteres Verhalten im beruflichen Alltag auf. Wenn man in diesem Zusammenhang noch in Betracht zieht, dass Beamte, die ein gereiztes Verhalten im Berufsleben an den Tag legen, deutlich häufiger zu einem rabiateren Vorgehen im polizeilichen Alltag neigen, so lässt sich schlussfolgern, dass die Struktur der Polizei ihren Teil dazu beiträgt, wenn Einsatzsituationen operativer Kräfte eskalieren.

Der zweite Block setzte sich aus den Stressarten „persönliches Risiko bei polizeilichen Einsätzen", „ständige Konfrontation mit sozialen Problemen" und „Stressbildung in Folge des Umgangs mit ausländischen Tatverdächtigen bzw. Straftätern" zusammen. Auch zwischen diesen drei Variablen bestanden starke und signifikante Zusammenhänge. Hinsichtlich der Auswirkungen muss jedoch zwischen den einzelnen Faktoren differenziert werden. Für alle drei Faktoren gilt jedoch, dass sie einen negativen Einfluss auf die berufliche Belastbarkeit der Beamten haben. Betrachtet man die einzelnen Stressfaktoren „persönliches Risiko", „ständige Konfrontation mit sozialen Problemen" und „ausländische Tatverdächtige" isoliert, sticht bei den negativen Auswirkungen insbesondere der Stressfaktor „ausländische Tatverdächtige" ins Auge. Dieser Stressor tangiert nicht nur die persönliche Belastbarkeit des Beamten, sondern führt darüber hinaus zu einem gereizteren Verhalten bzw. rabiateren Vorgehen im beruflichen Alltag.

In diesem Zusammenhang wurden in erster Linie Verständigungsprobleme aufgrund verschiedener Sprachen und kultureller Hintergründe, das mangelnde Rechtsbewusstsein sowie die erhöhte Aggressivität und Gewaltbereitschaft ausländischer Tatverdächtiger thematisiert. Insbesondere Beamte aus dem Wach- und Wechseldienst beklagten das nach ihrer Einschätzung hohe Gewaltpotenzial ausländischer Tatverdächtiger. Auffallend ist, dass eine erhöhte Aggressivität und Gewaltbereitschaft in den Augen nicht weniger Beamter eng verknüpft ist mit einer negativen Einstellung der Ausländer zur Polizei, und zwar in der Form, dass ausländische Täter die Polizei nicht anerkennen und ernst nehmen. Der mangelnde Respekt wurde vorrangig von weiblichen Beamten beklagt, die sich häufig vom polizeilichen Gegenüber aufgrund ihres Geschlechts als Polizeibeamter nicht akzeptiert fühlen.

Zweifellos stellen die Besonderheiten im Umgang mit Angehörigen ethnischer Minderheiten und sozialer Randgruppen zusätzliche Stressoren im beruflichen Alltag von Polizeibeamten dar. Es erhebt sich daher die Frage, wie die Beamten mit diesem Stress umgehen. Hier zeigen sich unterschiedliche Bewältigungsformen: Der persönliche Austausch mit der Ehefrau, der Lebensgefährtin oder der Freundin sowie das Gespräch mit Kollegen stehen an vorderster Stelle. Ein weiteres Mittel, Stress abzubauen, bieten sportliche Aktivitäten. Der Austausch mit Vorgesetzten wird dagegen weniger praktiziert.

Die Funktion des sozialen Ansprechpartners (SAP) – eine polizeiinterne Beratungsinstitution – als weitere Möglichkeit zur Thematisierung privater und beruflicher Schwierigkeiten ist zwar den meisten Beamten bekannt, jedoch würden diese lediglich 19,0% bei privaten und 38,0% bei beruflichen Problemen in

Anspruch nehmen. Die mangelnde Akzeptanz dieser internen Beratung wird von den Beamten zum einen mit einem fehlenden Vertrauensverhältnis begründet, zum anderen wird auch die fachliche Kompetenz der SAP in Frage gestellt. In diesem Zusammenhang darf man nicht vergessen, dass der soziale Ansprechpartner in seiner Funktion als Polizeibeamter nach wie vor einem Strafverfolgungszwang unterliegt und Straftaten seinem Dienstherrn zu melden hat. Erschwerend kommt hinzu, dass einige Polizeibeamte nicht gerne vor Kollegen ihre privaten und dienstlichen Probleme offen legen.[10]

Die Aussagen der Beamten verdeutlichen das Dilemma, in dem sich Polizisten befinden. Die sozialen Ansprechpartner gelten in den eigenen Reihen häufig als nicht vertrauenswürdig oder inkompetent, Fachkräften von außen begegnet man ebenfalls mit Misstrauen. Die Skepsis gegenüber Außenstehenden wird vornehmlich damit begründet, dass diese mit dem Alltag eines Polizisten und den damit verbundenen Konflikt- und Stresssituationen nicht vertraut seien. Hinzu kommt, dass Ansprechpartner außerhalb der Polizei keine Einflussmöglichkeiten haben, innerhalb des Systems „Polizei" für den betroffenen Beamten etwas zu bewirken. Überdies kollidiert die Inanspruchnahme psychologischer bzw. psychotherapeutischer Hilfe mit dem Selbstverständnis vieler Polizisten insofern, als mit dem Polizeiberuf individuelle Stärke und Souveränität assoziiert wird. Ein Beamter brachte es auf den Punkt: „Die Kollegen regen sich immer darüber auf, dass sie keine Hilfe bekommen, aber sie tun alles, um keine Schwächen zu zeigen."

Gewalt im Polizeialltag

Beschäftigt man sich mit der Institution der Polizei, kann das Gewaltthema nicht außer Acht gelassen werden. Gewalt im polizeilichen Alltag ist nichts Außergewöhnliches, sondern erlerntes und vertrautes Handlungsrepertoire eines jeden Polizeibeamten, Mehr noch, wie Brodeur (2002: 259) feststellt: „Der Einsatz von Gewalt wird (...) als Kern der Polizeiarbeit angesehen. In dieser Hinsicht ist die Beziehung zwischen Gewalt und Polizeiarbeit weit davon entfernt, als problematisch zu gelten; vielmehr gilt sie als fundamental unbestritten". Nach Brodeur (2002: 270) werde in der Forschungsliteratur das Thema „Gewalt und Polizei" unterschiedlich bewertet: Auf der einen Seite wird argumentiert, Polizeibeamte wendeten generell selten Gewalt an, während die andere Seite anmerkt, „dass das

---

[10] Die mangelnde Akzeptanz des sozialen Ansprechpartners innerhalb der Polizei korrespondiert mit den Erfahrungen der Forschungsgruppe um Prof. Wiendieck. Auf deren Frage, wo die Beamten Hilfe und Verständnis finden, um mit belastenden und frustrierenden Ereignissen umzugehen, nannten lediglich 2,6% der Beamten den Sozialen Ansprechpartner (vgl. Wiendieck et al. 2002: 19).

Phänomen [vielleicht nur deshalb] selten ist, weil es schwer zu beobachten ist". Vor dem Hintergrund der durchgeführten teilnehmenden Beobachtungen lässt sich konstatieren, dass die Anwendung von Gewalt durch Polizeibeamte eher die Ausnahme als die Regel ist, und wenn Gewalt ausgeübt wird, Mittel aus dem unteren und mittleren Spektrum zur Anwendung kommen. Hierzu zählen nach Brodeur (2002: 261) u. a.:

- physische Präsens (bedrohliche Erscheinung)
- Verbalisierungen (z.b. Befehlston)
- Neutralisierungsmittel (z.b. Einsatz von Pfefferspray)
- physischer Kontakt (Festhalten, fester Griff, zu Boden bringen, Gefügigmachen durch Schmerz, Fesselung mit Handschellen).

Das Ziehen der Waffe oder gar der Schusswaffengebrauch kommen dagegen äußerst selten vor. Nicht wenige Beamte berichteten, dass sie noch nie in eine Situation geraten seien, in der sie von der Schusswaffe Gebrauch machen mussten. Und doch ist die Grenzziehung zwischen angemessenem und unangemessenem Verhalten häufig schwierig, wie Wiendieck et al. (2002: 36) belegen. So gaben beispielsweise 28,4% der von ihnen befragten Beamten an, dass ihnen das Verhalten ihrer Kollegen schon einmal zu weit gegangen sei, 9% meinten, dass sie in einer Einsatzsituation schon einmal die Dienstvorschriften „kurzfristig" vergessen hätten. 3,9% gaben zu, dass sie schon einmal in einer Einsatzsituation ihre Wut nicht mehr im Griff gehabt hätten, ebenfalls 3,9% gaben an, dass sie schon einmal von einem Kollegen gebremst werden mussten.

Neben der konkreten Einsatzsituation spielt bei der Anwendung von Gewalt die Persönlichkeit der Beamten eine nicht zu unterschätzende Rolle. Im Polizeijargon ist der Begriff des „Widerstandsbeamten" eine feste Größe, der Polizisten charakterisiert, die aufgrund ihres Auftretens, ihrer Einstellung oder ihrer „kommunikativen Unfähigkeit" in prekären Einsatzsituationen nicht deeskalierend, sondern ganz im Gegenteil zu einer Verschärfung des Einsatzgeschehens beitragen. So fand der Christopher-Ausschuss zur Untersuchung des Übergriffs von Polizisten des Los Angeles Police Department gegen Rodney King heraus, „dass weniger als 0,5% der vereidigten Polizisten der Behörde für mehr als 15% aller angeblichen Fälle exzessiver Gewalt und unangemessenen Verhaltens verantwortlich waren" (Brodeur 2002: 276). Das verdeutlicht, dass eine sehr kleine Anzahl von Polizeibeamten durch ihr unprofessionelles Verhalten einen gesamten Berufsstand in Misskredit bringen kann, ähnlich wie die Intensivtäter aus so genannten Problemgruppen wie z.B. den Aussiedlern.

„Unrechtmäßiges Einschreiten innerhalb der eigenen Kollegenschaft gab es immer wieder. Äh ja, Aufarbeitung, Ansprechen scheiterte meiner Meinung nach vielfach durch einen Betriebsgeist, Korpsgeist, weil es dann eher untunlich war, die ‚Petze' zu sein, der Quertreiber zu sein, der Nestbeschmutzer zu sein. Das ist eben so. Da wird dann hinterher eine Rechtfertigung gesucht, die auch in der Regel gefunden wird. [Also man biegt sich die Sache dann so zurecht?] Doch, in manchen Fällen ist das so (…) Erstens Korpsgeist gibt es nach wie vor. Der muss nicht unbedingt nur negativ sein. Meistens wird er so negativ dargestellt. Insbesondere durch die extreme Situation in Düsseldorf und Köln in den Altstadt-Wachen, wo es da massive Übergriffe bei dem polizeilichen Gegenüber gegeben hat. Äh Chorgeist ist auch sinnvoll im Sinne von ‚Füreinander da sein', ‚Geradestehen', um äh gewisse Normen in seiner Gruppe zu entwickeln. [Also Korpsgeist ist nicht nur negativ?] Nicht nur negativ. Äh aber es gibt so etwas wie ein Gruppenbewusstsein, um da vielleicht diesen negativen Touch etwas rauszunehmen. Denn verändert hat sich in den letzten Jahren, denke ich, schon etwas und maßgeblich meiner Meinung nach, äh als die Zeit kam, dass vermehrt Frauen zu den Dienststellen entsandt wurden. Ich kann jetzt nicht sagen, ob positiv oder negativ, aber es ist doch ein wenig anders miteinander umgegangen worden. Vielleicht in manchen Bereichen auch sensibler. Ansonsten denke ich, es gibt äh es gab früher Hardliner, die es heute noch genauso gibt und äh ja früher gab es vielleicht Weicheier, heute heißen die sensible Menschen. (….) Äh man geht heute auch ein Stück weit sensibler mit Problemen um. Aber es hängt von der Gruppe ab. Es hängt viel von den Führungskräften ab." (Zitat aus den qualitativen Interviews mit den Polizeibeamten)

In diesem Zusammenhang stellt sich allerdings die Frage, ob im Vergleich zu sozial etablierten Bürgern gegenüber Angehörigen ethnischer Minderheiten und sozialer Randgruppen vermehrt Gewalt angewandt werde. Eine Antwort auf diese Frage ist alles andere als leicht.

So gibt es Hinweise darauf, dass bei alkoholisierten oder unter Betäubungsmitteln stehenden Tatverdächtigen aufgrund des Kontrollverlustes und teilweise auch erhöhten Aggressionspotenzials häufiger gewaltsam eingeschritten werden muss, um eine polizeiliche Maßnahme durchführen zu können. Erschwerend kommt hinzu, dass unter Drogen stehende Personen dazu neigen, „mit Körpersprache statt mit Sprache zu kommunizieren oder von der Polizei in stärkerem Maße als widerspenstig wahrgenommen werden" (Brodeur 2002: 274). Dieses Problem ergibt sich auch bei behinderten Personen, die wegen ihrer Körpersprache ebenfalls eher Gefahr laufen, von den Beamten als aggressiv wahrgenommen zu werden.

Polizisten üben freilich nicht nur Gewalt aus, sie werden auch Opfer von Gewalt. So wurden beispielsweise im Jahre 2000 acht Tötungen an deutschen Polizeibeamten begangen und zahlreiche Tötungsversuche unternommen. Das gängige Vorurteil, Gefahren lauerten vornehmlich in den Randzonen der Städte, konnte von Ohlemacher et al. (2002: 11) widerlegt werden. Der größte Teil der Angriffe auf Polizeibeamte findet in bürgerlichen Wohngebieten statt, und nicht, wie häufig vermutet, in Rotlichtbezirken und sozialen Brennpunkten.

Schlussfolgerungen

Diese Überlegungen sollten in erster Linie das komplexe Verhältnis von Polizeibeamten zu Fremden und Außenseitern, die als ethnische Minderheiten oder als Randgruppen der Gesellschaft in Erscheinung treten, deutlich machen. Zweifellos soll die Polizei als Organ der deutschen Mehrheitsgesellschaft kulturelle Selbstverständlichkeiten sichern. Die Lebensweisen von Fremden und Außenseitern, die Ausdruck einer kulturellen Differenz sind, rufen aber nicht selten Befremdung oder gar Angst hervor. Da Polizeibeamte als Repräsentanten eines Staates, als Ordnungsmacht, auftreten, wird ihr Handeln von Gruppen am Rande der Gesellschaft häufig als ausgrenzend oder gar diskriminierend erfahren.

So reproduziert die Alltagsroutine der Polizisten ungewollt soziale Unterschiede. Gleichzeitig spiegelt sich in polizeilichen Handlungsmustern nicht selten eine ungleiche Behandlung wider. Vorurteile entpuppen sich als das Resultat polizeilicher Alltagserfahrungen und polizeiinterner Sozialisation. Sie sind jedoch keine pathologischen Erscheinungen, sondern wie Kriminalität normale Phänomene. Auf der einen Seite helfen sie dem Menschen, durch Reduktion von Komplexität handlungsfähig zu bleiben und sich in einer komplexen Welt zurecht zu finden. Andererseits bergen sie natürlich die Gefahr in sich, diskriminierend zu wirken. Die Bedeutung der Polizei für einen funktionierenden Rechtsstaat nimmt daher jeden Polizisten in die Pflicht, sich diese „externen" Zusammenhänge zu vergegenwärtigen. Nicht minder müssen sich Polizisten und Polizeiführung der Unterschiede zwischen der Managementkultur der bürokratischen Institution und der Polizistenkultur der Straße bewusst sein, die sich u. a. in den vier Typen von Polizeiarbeitern mit je verschiedenen Werten und Verhaltensregeln niederschlagen, den Regulatoren, Sammlern, Jägern und Kriegern.

Die Polizei genießt wie kaum eine andere Institution das Vertrauen der Mehrheit der Bevölkerung, auch der ausländischen. Die teilnehmenden Beobachtungen bestätigen, dass diskriminierendes Verhalten gegenüber der polizeilichen Klientel nicht die Regel, sondern die Ausnahme darstellt. Die reservierte Haltung, die bei Polizeibeamten gegenüber der Bevölkerung häufig anzutreffen ist, kann als eine Art Schutzfunktion angesehen werden.

Als Normdurchsetzer verfügen Polizeibeamte über Sanktionsmacht, die engen gesetzlichen Vorgaben unterliegt. Bürger nehmen daher Polizeibeamte oft als bürokratisch und unflexibel wahr. Das hinterlässt wiederum bei den Beamten den Eindruck, dass der repressive Charakter der polizeilichen Arbeit über- und das helfende Moment unterbewertet werde und bei Minderheiten und Randgruppen ebenso wie bei der Bevölkerung insgesamt eine negative Haltung gegenüber der Polizei vorherrsche. Dabei scheint das polizeiliche Gegenüber – so ein Ergebnis dieser Studie – unter Flexibilität zu verstehen, dass Polizisten bei Normverstößen „ein Auge zudrücken könnten".

Ein anderes Forschungsergebnis ist in seiner Deutlichkeit überraschend: Die inneren Spannungen zwischen Polizei- und Polizistenkultur behindern nicht nur eine effektive und effiziente Kriminalitätsbekämpfung; sie führen darüber hinaus zur Demotivation und zu mangelnder Belastbarkeit der Beamten, die ein gereiztes Verhalten und eine rabiate Vorgehensweise im beruflichen Alltag begünstigen. Die Struktur der Polizei trägt daher ihren Teil dazu bei, wenn Einsatzsituationen operativer Kräfte eskalieren.

Der Umgang mit ethnischen Minderheiten und sozialen Randgruppen stellt Polizisten immer wieder vor neue Situationen. Diese Situationen werden in Zukunft eher zu- als abnehmen. Deshalb stellt sich vor allem die Frage, wie die Polizei, insbesondere der operative Dienst, materiell und organisatorisch und von der Ausbildung her auf diese Situation vorbereitet werden kann, um diese Herausforderung zu meistern. Werden nämlich die Polizisten mit der Verarbeitung dieser Konflikte allein gelassen, droht diese Belastung zu kaum kalkulierbaren Folgen in personal- wie gesellschaftspolitischer Hinsicht zu führen.

Literatur

Behr, Rafael (2000): Cop Culture: Der Alltag des Gewaltmonopols. Opladen: Leske + Budrich

Behr, Rafael (2006): Polizeikultur – Routinen – Rituale – Reflexionen. Bausteine zu einer Theorie der Praxis der Polizei. Wiesbaden: VS Verlag

Brodeur, Jan-Paul (2002): Gewalt und Polizei. In: Heitmeyer, Wilhelm/Hagan, John (2002): 259-283

Brusten, Manfred (1971): Determinanten selektiver Sanktionierung durch die Polizei. In: Feest, Johannes/Lautmann, Rüdiger (1971): 31-70

Dubet, Francois (1997): Die Logik der Jugendgewalt. Das Beispiel der französischen Großstädte. In: Trotha von, Trutz (1997): 220-234

Feest, Johannes/Blankenburg, Erhard (1972): Die Definitionsmacht der Polizei. Strategien der Strafverfolgung und sozialen Selektion. Düsseldorf: Bertelsmann

Feest, Johannes/Lautmann, Rüdiger (Hrsg.) (1971): Die Polizei: Soziologische Studien und Forschungsberichte. Opladen: Leske + Budrich

Fiedler, Anja (2001): Polizeiliches Handeln in Einsatzsituationen des privaten Konfliktes – die Definitionslast der „verunsicherten Sicherheitsexperten". Eine qualitative Annäherung an polizeiliche Handlungsmuster. Unveröffentlichte Diplomarbeit an der Universität Hamburg

Ganter, Stephan (2003): Soziale Netzwerke und interethnische Distanz: Theoretische und empirische Analysen zum Verhältnis von Deutschen und Ausländern. Wiesbaden: VS Verlag

Gesemann, Frank (2003): 'Ist egal, ob man Ausländer ist oder so – jeder Mensch braucht die Polizei' – Die Polizei in der Wahrnehmung junger Migranten. In: Groenemeyer, Axel/Mansel, Jürgen (2003): 203-228

Groenemeyer, Axel/Mansel, Jürgen (Hrsg.) (2003): Die Ethnisierung von Alltagskonflikten. Opladen: Leske + Budrich

Groß, Hermann/Schmidt, Peter (Hrsg.) (2005): Empirische Polizeiforschung VI: Innen- und Außensicht(en) der Polizei, Frankfurt am Main: Verlag für Polizeiwissenschaften

Heitmeyer, Wilhelm/Anhut, Reimund (Hrsg.) (2000): Bedrohte Stadtgesellschaft. Soziale Desintegrationsprozesse und ethnisch-kulturelle Konfliktkonstellationen. Weinheim und München: Juventa

Heitmeyer, Wilhelm/Hagan, John (Hrsg.) (2002): Internationales Handbuch der Gewaltforschung. Wiesbaden: Westdeutscher Verlag

Heuer, Hans-Joachim (1998): Fremdenfeindliche Einstellungen und polizeiliches Handeln. Forschungsstand, Gegenmaßnahmen und Ausblick. In: Kriminalistik 6. 1998. 401-410

Hüttermann, Jörg (2000): Polizeiliche Alltagspraxis im Spannungsfeld von Etablierten und Außenseitern. In: Heitmeyer, Wilhelm/Anhut, Reimund (2000): 497-548

Kutscha, Martin (2001): Auf dem Weg in einen Polizeistaat neuen Typs? In: Blätter für deutsche und internationale Politik 2. 2001. 214-221

Manning, Peter K. (1997): Police Work. The Social Organization of Policing. Cambridge, Mass.: MIT Press

Nollmann, Gerd (Hrsg.) (2007): Sozialstruktur- und Gesellschaftsanalyse. Sozialwissenschaftliche Forschung zwischen Daten und Fakten. Festschrift für Hermann Strasser. Wiesbaden: VS-Verlag

Ohlemacher, Thomas/Rüger, Arne/Schacht, Gabi (2002): Gewalt gegen Polizeibeamtinnen und -beamte: Zwischenergebnisse der KFN-Studie. URL: http://www.kfn.de/ versions/kfn/assets/zwischenergebnis2.pdf (Stand: 17. Januar 2008)

Proske, Matthias (1998): Ethnische Diskriminierung durch die Polizei. Eine kritische Relektüre geläufiger Selbstbeschreibungen. In: Kriminologisches Journal 3. 1998. 162-188

Schweer, Thomas (2003): Der Kunde ist König. Organisierte Kriminalität in Deutschland. Frankfurt am Main: Peter Lang Verlag

Schweer, Thomas/Scherer, Natalie (2007): Soziale Kontrolle am Rande der Gesellschaft. Polizisten und Prostituierte in Duisburg. In: Nollmann, Gerd (2007): 304-322

Schweer, Thomas/Zdun, Steffen (2005a): Gegenseitige Wahrnehmung von Polizei und Bevölkerung. Polizisten im Konflikt mit ethnischen Minderheiten und sozialen Randgruppen. In: Groß, Hermann/Schmidt, Peter (2005): 65-89

Schweer, Thomas/Zdun, Steffen (2005b): Kriminalpräventive Maßnahmen bei jungen Aussiedlern. In: Aus Politik und Zeitgeschichte 46. 2005: 23-30

Schweer, Thomas/Strasser, Hermann (2003): ‚Die Polizei – dein Freund und Helfer?'
    Duisburger Polizisten im Konflikt mit ethnischen Minderheiten und sozialen Rand-
    gruppen. In: Groenemeyer, Axel/Mansel, Jürgen (2003): 229-260
Strasser, Hermann/van den Brink, Henning (2004): Warum Kriminalprävention, wenn
    Kriminalität funktional ist – ein modernes Paradoxon? In: Zeitschrift für Rechtsso-
    ziologie 2. 2004: 241-254
Strasser, Hermann/van den Brink, Henning (2005): Auf dem Weg in die Präventionsge-
    sellschaft? In: Aus Politik und Zeitgeschichte 46. 2005. 3-7
Trotha von, Trutz (Hrsg.) (1997): Soziologie der Gewalt. Kölner Zeitschrift für Soziologie
    und Sozialpsychologie. Sonderheft 37. Opladen: Wiesbaden: Westdeutscher Verlag
Van den Brink, Henning (2005): Kommunale Kriminalprävention. Mehr Sicherheit in der
    Stadt? Frankfurt am Main: Verlag für Polizeiwissenschaft
Wiendieck, Gerd/Kattenbach, Ralph/Schönhoff, Thomas/Wiendieck, Jan (2002): POLIS –
    Polizei im Spiegel. FernUniversität Hagen, Arbeits- und Organisationspsychologie

Die jungen Russlanddeutschen[1]

Steffen Zdun

Das Bild der Russlanddeutschen von der Polizei wird nicht nur durch die in Deutschland gesammelten, sondern auch durch die aus den Herkunftsländern importierten Erfahrungen bestimmt. Aufgrund von sprachlichen Barrieren sowie eines teilweise ablehnenden und zurückhaltenden Verhaltens gegenüber den Beamten können Missverständnisse und Spannungen entstehen. Dabei würde es oft helfen, wenn beide Seiten mehr übereinander wüssten, da Konflikte u. a. aus Fehleinschätzungen resultieren. So bewegen sich die Einstellungen der Zuwanderer gegenüber der deutschen Polizei in einem Spannungsfeld verschiedener Einflüsse. Um diesen Zusammenhängen nachzugehen, wurde der Forschungsstand aufgearbeitet und eine Befragung der drei Generationen (Jugend, Eltern und Großeltern) durchgeführt. Neben Aspekten des Vertrauens zur Polizei steht die Bereitschaft zur Inanspruchnahme der Polizei im Mittelpunkt der Betrachtung.

Situation der Russlanddeutschen in Deutschland

Aussiedler kommen seit dem Ende des Zweiten Weltkriegs aus der ehemaligen Sowjetunion und ihren Nachfolgestaaten nach Deutschland.[2] Mittlerweile leben knapp 2,4 Millionen der so genannten „Russlanddeutschen" in der Bundesrepublik. Ihr Zuzug ist also nichts Neues, wenn er auch erst nach dem Fall des Eisernen Vorhangs mit jährlich mehreren Hunderttausend seinen Höhepunkt erreichte – in den Jahrzehnten zuvor kamen vor allem Aussiedler aus Polen und Rumänien

---

[1] Ein Teil der Ergebnisse wurden bereits in Zdun (2001) und Zdun (2004) präsentiert.

[2] Es handelt sich um Deutschstämmige, die bereits vor den Weltkriegen in deutschen Siedlungsgebieten in Russland lebten und infolge Hitlers Angriff gegen die UdSSR enteignet und aus ihren vormals autarken Kolonien, in denen sie die deutsche Kultur und Sprache pflegten, nach Sibirien und Kasachstan in Konzentrationslagern ähnliche Arbeitslager (GULAG) deportiert wurden. Viele Russlanddeutsche starben bereits auf dem Weg dorthin oder während der Inhaftierungszeit, die bis 1955 andauerte. Anschließend durften sie lange Zeit weder ausreisen noch in ihre alten Siedlungsgebiete zurückkehren, so dass sie sich unter dem Druck durch das Regime und die Diskriminierung durch die Bevölkerung schrittweise in die Sowjetgesellschaft integrierten, ihren Kindern zum Selbstschutz die deutsche Sprache nicht mehr vermittelten – ihr Gebrauch war lange Zeit unter Strafe gestellt – sowie Mischehen eingingen, wodurch die deutsche Kultur und Sprache an Bedeutung verloren.

nach Deutschland. Doch seit Anfang der 1990er Jahre ist die Integration der Aussiedler, die zuvor im Wesentlichen reibungslos verlief, schwieriger geworden. Weder der Bund noch die Länder und Kommunen waren auf den plötzlich starken Anstieg der Zuwandererzahlen vorbereitet, der inzwischen aber wieder deutlich zurückgegangen ist – 2006 belief sich der Wert auf knapp 8.000 Menschen. Neben der Versorgung mit Wohnraum mangelte es in den 1990er Jahren vor allem an finanziellen Mitteln, nicht zuletzt aufgrund der durch die deutsche Wiedervereinigung belasteten Haushalte der öffentlichen Hand. Die Folge war eine Kürzung der Integrationsangebote, z.B. der Sprachkurse.

Das war fatal, da immer mehr russlanddeutsche Zuwanderer über keine oder nur eine geringe deutsche Sprachkompetenz verfügten. So hatte der Anteil der Einreisenden ohne deutsche Sprachkenntnisse Ende der 90er Jahre einen Anteil von über 80 Prozent erreicht. Bei ihnen handelte es sich vorwiegend um die zwecks Familienzusammenführung mitreisenden Kinder und Jugendlichen sowie die nicht deutschstämmigen Angehörigen der Aussiedler (vgl. Die Welt vom 20. August 2003). Ein obligatorischer Sprachtest für sämtliche Familienangehörigen wurde erst 2005 durch das neue Zuwanderungsgesetz geschaffen; wer diesen nicht besteht, kann nur entsprechend der Ausländergesetze z.B. als Russe in die Bundesrepublik kommen, erhält aber keinen deutschen Pass. Auch das ist ein Grund, warum die Zuwanderung der Aussiedler in den vergangenen Jahren deutlich nachgelassen hat.

Neben der Sprachkompetenz gibt es eine Reihe weiterer Faktoren, die den Integrationsprozess der Aussiedler bedingen. Beispielsweise führt eine geringe Sprachkompetenz zu Schwierigkeiten in der Schule und in der Folge zu Problemen auf dem Ausbildungs- und Arbeitsmarkt – auf dem haben es viele Russlanddeutsche schon allein deshalb schwer, da ihre (Aus-)Bildungsabschlüsse selten anerkannt werden. Aber auch so Alltägliches wie der Einkauf wird zu einer Herausforderung, zumal sie von den Einheimischen nicht selten Ablehnung und Zurückweisung erfahren. Der ursprüngliche Wunsch, als „Deutsche unter Deutschen" (Reich et al. 1999: 344) zu leben, und die illusorischen Vorstellungen vom Leben im „goldenen Westen" verkehren sich rasch ins Gegenteil und führen zu Resignation (vgl. Zdun 2001). Diese Entwicklung ist speziell bei jungen Menschen zu beobachten, die keine Perspektive sehen, eine Existenz aufzubauen und eine Familie zu gründen, und sich in ein ethnisch homogenes Umfeld zurückziehen (vgl. Findeisen/Kersten 1999). Ein solches soziales Umfeld bietet Orientierung und Rückhalt, „in einer unbekannten Umgebung Elemente des Vertrauten aus den Herkunftskontexten wieder zu finden" (Strasser/Zdun 2006: 2131). Zudem begünstigt es die Beibehaltung der in den Herkunftsländern erlernten Normen und Werte.

Hierzu zählen u. a. ein ausgeprägtes soziales Rückzugsverhalten und eine Verschlossenheit, die auf die wiederholten Vertreibungen und Diskriminierungen zurückzuführen sind, denen die Russlanddeutschen im Laufe der Geschichte immer wieder ausgesetzt waren. Als quasi natürliche Reaktion lernten sie, Außenstehenden und Institutionen zu misstrauen sowie sich Personen, die ihnen nicht wohlwollend entgegentraten, auszuweichen und sich stattdessen in die eigene Herkunftsgruppe zurückzuziehen. Probleme und Konflikte lässt man deshalb nicht gerne nach außen dringen, sondern regelt sie vorzugsweise untereinander, da man befürchtet, dass jede Intervention durch Dritte zusätzliche Schwierigkeiten bringen kann. Diese Denk- und Verhaltensmuster erschweren es vielen Aussiedlern, den deutschen Institutionen unbefangen entgegenzutreten (vgl. Zdun 2007a). Selbst Präventionsfachkräften begegnet man häufig eher skeptisch, zumal Prävention in den Herkunftsregionen bis heute kaum verbreitet ist. Erschwerend kommt hinzu, dass sich sowohl Heranwachsende als auch Erwachsene für ihre geringe Sprachkompetenz schämen und deshalb davor zurückschrecken, von sich aus Unterstützung einzufordern.

Gravierender dürfte sich jedoch das „traditionelle Misstrauen" in die Polizei auswirken, das im Herkunftskontext von Kindheit an internalisiert wird. Dieses Misstrauen beruht hauptsächlich auf drei Aspekten. Erstens gelten die Polizeibeamten als korrupt. Ihre Bestechlichkeit zeigt sich einerseits bei willkürlichen Personenkontrollen, die der Aufbesserung geringer und dem Ausgleich nicht erhaltener Gehälter dienen. Zum anderen äußert sich die Korruption dadurch, dass sich vermögende Kriminelle „freikaufen" können oder gar nicht verfolgt werden. Generell wird von vielen Polizisten bei der Auswahl der Fälle der Weg des geringsten Widerstandes bevorzugt (vgl. Frisby 1998). Deshalb verwundert es nicht, dass, zweitens, der Standpunkt vertreten wird, die Polizisten sorgten durch ihr willkürliches Vorgehen für mehr Probleme, als sie Nutzen stifteten (vgl. Luff 2000). Laut Sasse (1999: 227) führt das zu einem Respekt, der an „‚Angst' vor der staatlichen Obrigkeit" grenzt, die aus deren „Distanz, Härte und Konsequenz" resultiert. Hierzu heißt es in einem Zeitungsbericht:

> „Die polizeiliche Gewalt trifft am häufigsten Betrunkene, die zudem oft ohne Geld im Portemonnaie wieder zu sich kommen. Polizisten schlagen am ehesten bei der Festnahme zu, aber auch, um Geständnisse zu erzwingen. Menschenrechtler haben im Laufe der letzten Jahre klassische Verhörmethoden russischer Polizisten dokumentiert. Dem Beschuldigten wird im Schneidersitz der Kopf zu den Füßen heruntergedrückt. Dann stellt einer der Beamten einen Stuhl auf seinen Rücken und setzt sich für ein bis zwei Stunden drauf. Andere Verhaftete werden bis zur Ohnmacht gewürgt oder scheinexekutiert. Beliebt ist die Drohung, wie bei den ‚Tschechi', den Tschetschenen, zu foltern. Polizisten setzen dem Opfer eine Gasmaske auf und dre-

hen die Luftzufuhr ab oder klemmen für Elektroschocks Elektroden an die Ohrläppchen. ‚Anruf für Putin' nennen sie das" (Voswinkel 2004: 20).

Obwohl das Individuum darum bemüht ist, nicht ins Visier der Polizei zu geraten, werden solche Vorgehensweisen nicht grundsätzlich abgelehnt, sondern als einziger Gegenpol zur Zunahme von Gewalt im öffentlichen Raum verstanden:

> „Der Soziologe Dubin nennt es die besondere Schizophrenie der Menschen, dass viele aus Furcht vor der Gewalt diese im Einsatz zugunsten der Ordnung besonders begrüßen. ‚Zwischen 15 und 25 Prozent der Befragten sagen, dass die Polizei bei einem des Autodiebstahls oder des Drogenhandels Verdächtigen Gewalt bis hin zu Schlagen oder zu Elektroschocks anwenden darf', stellt Dubin fest. ‚Typisch ist, dass sich der Einzelne bei solchen Überlegungen nicht einschließt', erklärt er. ‚Als Folge des sowjetischen totalitären Systems nehmen die meisten eine Position der Distanz und Passivität ein. Es gibt so gut wie kein gesellschaftliches Engagement.' Dem Gefühl der Schutzlosigkeit steht die Erkenntnis gegenüber, dass man sich nur an die Polizei wenden kann" (Voswinkel 2004: 20).

So wird das rabiate Auftreten der Einsatzkräfte als einziger Ausweg interpretiert, um der „Aufweichung" des staatlichen Gewaltmonopols entgegenzuwirken, wofür Volkow (2000) als wesentliches Indiz die seit den 90er Jahren zu beobachtende Zunahme privater Schutzdienste angibt. Die sowohl legal als auch illegal agierenden Schutzdienste beschreibt er als verlängerten Arm mafioser Gruppierungen, die mittlerweile in den (Groß-) Städten den Drogen-, Waffen- und Menschenhandel bestimmten. Diese Banden sind Teil des dritten Aspekts, warum die Polizei abgelehnt wird. Denn nach Ansicht der Bürger stehen alle staatlichen Institutionen in Verbindung mit der Organisierten Kriminalität. Teils bestehen dubiose Netzwerke, die ehemalige Mitarbeiter der Ministerien und der Polizei gezielt „abwerben", teils gründen sie ihre eigenen kriminellen Vereinigungen (vgl. Frisby 1998; Volkow 2000).

Obwohl letzten Endes das brutale Vorgehen der russischen Polizei zum Teil positiv bewertet wird, um der Kriminalität Einhalt zu gebieten, versucht man sich dem Kontakt der Polizei möglichst zu entziehen. So weisen Strasser/Zdun (2003) auf eine „Überhöhung" der Schutzfunktion der Aussiedler vor der Polizei in dem Sinne hin, dass beispielsweise die Inanspruchnahme staatlicher bzw. polizeilicher Unterstützung aus Sicht der jungen Männer zu einem Ehrverlust führen könne. Gerade bei körperlichen Auseinandersetzungen, die keine (lebens-) gefährlichen Verletzungen bewirken, wird es für manche Heranwachsende zu einer Frage der Ehre, Konflikte selbst zu regeln und seinen Kontrahenten nicht zu verraten. Diese Denk- und Handlungsmuster sind offenbar in den Herkunftsländern von solcher Bedeutung, dass sie an die junge Generation vermittelt und teilweise nach Deutschland „importiert" werden (vgl. Zdun 2007a). Obwohl die deutsche Polizei als weniger willkürlich gilt als ihr Gegenstück in den Herkunftsregionen, wird der Ehrenkodex von den Betreffenden nach der Einreise (zunächst) aufrecht erhalten und nur selten als importiertes Misstrauen reflektiert: „Wenn Du zur Polizei gehst, bist Du Arschloch oder Frau" (Walter/Grübl 1999: 183). Wir müssen daher davon ausgehen, dass zahlreiche Vergehen im Dunkeln bleiben (vgl. Luff 2000).

Das Misstrauen in die deutsche Polizei dürfte jedoch nicht allein auf die Sozialisation in den Herkunftsländern zurückzuführen sein, sondern auch auf Erfahrungen mit deutschen Polizisten. Da viele Russlanddeutsche aber kaum eigene Erfahrungen mit der hiesigen Polizei haben (vgl. Dietz 2001),[3] scheint ihre Einstellung eher durch ihr soziales Umfeld geprägt zu werden (vgl. Zdun 2007a). Nährt sich dieses hauptsächlich aus sozial eher desintegrierten Aussiedlern, begünstigt das die Beibehaltung importierter Denk- und Verhaltensmuster. In der vorliegenden Studie wird also der These nachgegangen, dass das Vertrauen in die deutschen Beamten sowohl durch importierte Einstellungen als auch durch das hiesige Umfeld beeinflusst wird.

Darüber hinaus ist davon auszugehen, dass die mediale Kriminalisierung der Aussiedler deren Meinung über die deutsche Polizei bedingt, denn aus der Befürchtung, die Polizeibeamten könnten die in den Medien verbreiteten Vorurteile teilen, dürfte wiederum Misstrauen erwachsen (vgl. Luff 2000). Generell ist davon auszugehen, dass die Einstellungen der deutschen Polizei gegenüber den Aussiedlern auch ihr Auftreten gegenüber den Zuwanderern beeinflussen. Ein als diskriminierend empfundenes Verhalten der Beamten kann wiederum dem Vertrauensverhältnis beider Gruppen schaden.

In diesem Kontext lohnt sich ein Blick auf den Forschungsstand zur Kriminalität der jungen Russlanddeutschen. Die wissenschaftlichen Ergebnisse der vergangenen Jahre deuten einhellig darauf hin, dass die jungen Zuwanderer entgegen der in der Öffentlichkeit und den Medien hochgehaltenen Auffassung nicht als auffälliger als Einheimische einzustufen sind. Strobl et al. (1999) sowie Grübl und Walter (1999) kommen sogar zu dem Schluss, dass Aussiedler seltener durch Gewaltdelikte in Erscheinung träten (39,8%) als Einheimische (44,0%) oder Ausländer (64,3%); das Gleiche stellen Strobl et al. (1999) in Bezug auf den Drogenkonsum der Aussiedler fest. Zu tendenziell ähnlichen Ergebnissen kommen auch Pfeiffer und Wetzels (1999), auch wenn sich die Prozentwerte zur selbstberichteten Gewalt zwischen den Studien unterscheiden.

---

[3]   Den Ergebnissen dieser Befragung zufolge hatte nur rund ein Viertel der Duisburger Russlanddeutschen Kontakt zur deutschen Polizei.

Selbstberichtete Gewalttaten Jugendlicher nach ethnischer Herkunft (in %)

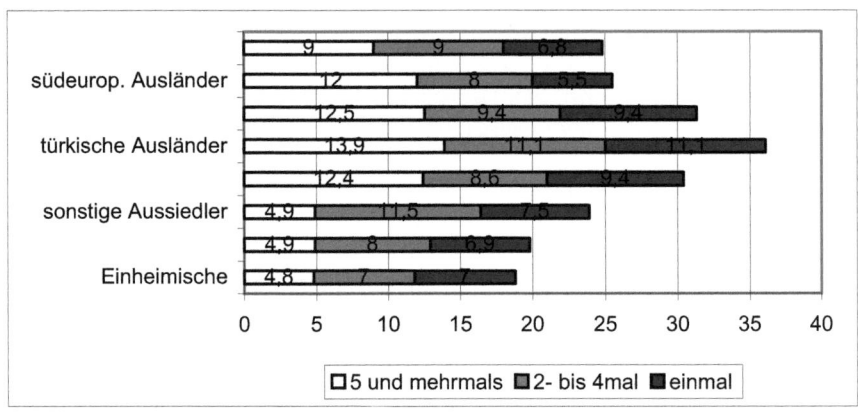

Quelle: Pfeiffer/Wetzels (1999:10)

Die Ergebnisse der Dunkelfeldforschung sind jedoch einerseits mit dem Mangel behaftet, dass über Aussiedler wegen fehlender Einwohnerstatistiken keine repräsentativen Studien angefertigt werden können. Andererseits stehen den Ergebnissen die Praxisberichte der Polizei und mancher Sozialarbeiter entgegen. Speziell die Polizei gibt an, aus ihren eigenen Lageberichten ablesen zu können, dass die jungen Russlanddeutschen nicht nur öfter als Einheimische, sondern auch durch schwerere Vergehen auffielen. In diesem Kontext stellt sich beispielsweise die Frage, ob nicht ein von manchen Aussiedlern aggressiveres, aus den Herkunftsländern importiertes Gewaltverständnis einen Beitrag dazu leistet, dass sie ihr Verhalten ganz anders bewerten, als es junge Einheimische tun. So berichten viele Jugendliche, dass sie nicht verstünden, warum eine Ohrfeige oder ähnlich „harmlose" Dinge in Deutschland zur Anzeige gebracht würden. Dementsprechend könnte man von einer unabsichtlichen Verfälschung der Gewalterfassung ausgehen. Es stellt sich aber die Frage, in welchem Maße solche Einstellungsunterschiede auftreten und welchen Einfluss sie auf das Alltagshandeln der Betreffenden haben. Schließlich weist Luff (2000) in seinen Auswertungen – vor allem von Polizeidaten – darauf hin, dass seiner Einschätzung nach vor allem ein kleiner Kern von Intensivstraftätern das Bild der Aussiedler in der Öffentlichkeit und auf Seiten der Polizei so schlecht erscheinen lasse. Letzteres dürfte deshalb oft auch auf Vorurteilen und individuellen Erfahrungen beruhen, die dann rasch verallgemeinert werden. Überdies legen die Ergebnisse von Pfeiffer/Wetzels (1999) zum Anzeigeverhalten den Schluss nahe, dass die Russlanddeutschen in den Lageberichten der Polizei so schlecht wegkämen, wie sie einer überdurch-

schnittlich hohen Anzeigebereitschaft durch Einheimische und Ausländer unter-
lägen.

Es scheint insgesamt weder ein Grund zur Dramatisierung noch zur Ent-
warnung zu bestehen. Aufgrund der Datenlage ist es allerdings schwierig, eine
eindeutige Lageeinschätzung abzugeben, was auch die erheblichen Unterschiede
der Werte zwischen den verschiedenen Studien unterstreichen.

Vorgehensweise bei der Untersuchung

Die Datenerhebung zu dieser Teilstudie erfolgte mittels eines standardisierten
Fragebogens. Dieser stand sowohl in einer deutschen als auch einer russischen
Fassung zur Verfügung. Zur weiteren Erleichterung wurden unkomplizierte
Formulierungen benutzt bzw. wurde auf offene Fragen, wenn möglich, verzichtet. Zum Ausfüllen des Fragebogens benötigten die Probanden durchschnittlich
45 Minuten. Insgesamt wurden 219 Duisburger Russlanddeutsche befragt. Dies
geschah in den Monaten April und Mai 2001 an mehreren weiterführenden Schulen, in Sprachkursen sowie bei einem Treffen der Landsmannschaft der Deutschen aus Russland[4] in Duisburg.

Bei der Auswahl der Stichprobe wurde Wert darauf gelegt, dass diese möglichst der Verteilung der Russlanddeutschen in Duisburg entspricht. Da die Aussiedler in der (Duisburger) Einwohnerstatistik aber nicht gesondert aufgeführt
werden, weil sie nach der Einreise Deutsche sind, lagen keine exakten soziodemografischen Daten vor. Allerdings sind die Zuweisungszahlen der Aussiedler
nach Duisburg bekannt. Nach Auskunft des Amtes für Asyl- und Spätaussiedlerangelegenheiten in Duisburg trafen in der Zeit von 1990 bis 2001 7.345 Aussiedler ein. Wie viele ohne Zuweisung kamen und wie viele in Duisburg blieben, ist
nicht festzustellen. Einem Umzug stehen allerdings zwei Gründe entgegen. Einerseits gibt es seit 1996 das Wohnortzuweisungsgesetz (WoZuG).[5] Andererseits
wünschen viele Aussiedler die direkte Nähe zum familiären Umfeld (vgl.
Dietz/Roll 1998). Da dieser Wunsch bei der Zuweisung von Wohnraum meist
berücksichtigt wird, ist die spätere Mobilität eher gering.

---

[4]   Die Landsmannschaft der Deutschen aus Russland ist ein kulturelles und soziales Netzwerk für
      Aussiedler.
[5]   Dieses sieht eine ortsgebundene Auszahlung der Sozialhilfe vor, die den Aussiedlern zusteht,
      solange sie nicht für ihren Lebensunterhalt aufkommen können. Zieht ein Empfänger in den ers-
      ten drei Jahren des Aufenthalts unerlaubt um, werden die Bezüge gestrichen. Da das erklärte Ziel
      des Gesetzes die Steuerung des Aussiedlerzuzugs ist, werden Umzüge nur in Ausnahmefällen
      bewilligt.

Zuweisungszahlen der Aussiedler nach Duisburg

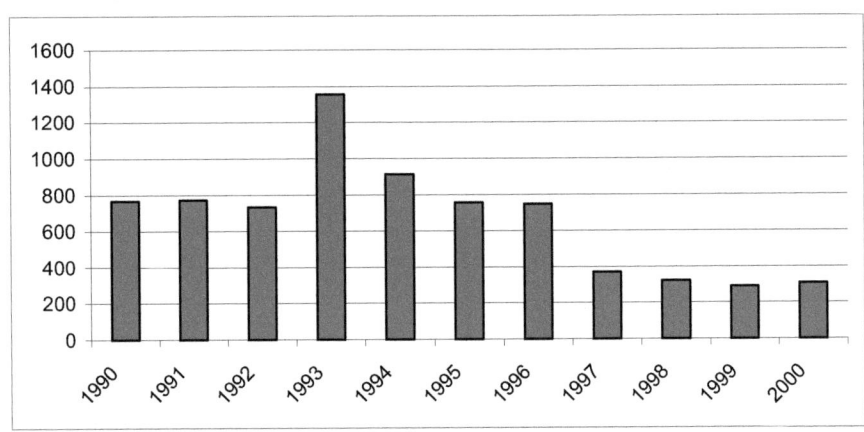

Quelle: Amt für Asyl- und Spätaussiedlerangelegenheiten, Duisburg, 2001

Zur Geschlechterverteilung der Duisburger Aussiedler liegen ebenfalls keine Angaben vor. Deshalb wird auf die Daten des Ministeriums für Arbeit und Soziales, Qualifikation und Technologie des Landes Nordrhein-Westfalen zurückgegriffen. Danach waren 2001 in NRW 51,6% der Aussiedler weiblich und 48,4% männlich. In der Stichprobe waren 52,5% der Befragten Frauen, 47,5% waren Männer.

Bei der Auswertung der Daten wurde zwischen verschiedenen Altersgruppen unterschieden:

- Jugendgeneration: 14 bis 24 Jahre,
- Elterngeneration: 25 bis 49 Jahre,
- Großelterngeneration: ab 50 Jahre.

Um die Vergleichbarkeit zu anderen Studien über Russlanddeutsche zu gewährleisten, liegt die Abgrenzung des Jugendalters zwischen dem 14. und 24. Lebensjahr (vgl. Dietz/Roll 1998; Strobl et al. 1999). Das 50. Lebensjahr wird wegen der Großelterngeneration, der so genannten „Erlebnisgeneration" (Dietz/Roll 1998: 23), als Grenzwert ausgewählt.[6] Bezug genommen wird hierbei sowohl auf die Vertreibungen im Zweiten Weltkrieg als auch das anschließende Leben in den Sondersiedlungen, die erst nach 1955 aufgelöst wurden (vgl. Landsmann-

---

[6]   In der Stichprobe haben die Befragten der Eltern- bzw. Großelterngeneration wesentlich häufiger Kinder als die unter 25-Jährigen; sie waren somit tatsächlich eher Eltern.

schaft der Deutschen aus Russland 1997). Es ist also davon auszugehen, dass bei den zum Befragungszeitpunkt 50-Jährigen und Älteren Erinnerungen an diese entbehrungsreiche Zeit bestehen.

Da auch zur Altersverteilung der Duisburger Aussiedler keine Daten vorliegen, orientiert sich die Auswahl der Stichprobe an den Angaben der Landesstelle für Aussiedler, Zuwanderer und ausländische Flüchtlinge in Nordrhein-Westfalen mit Sitz in Unna-Massen. Diese veröffentlicht jährlich die Zuzugszahlen der Aussiedler für Nordrhein-Westfalen, getrennt nach Altersgruppen. Weil die Landesstelle wiederum eine andere Alterseinteilung wie in dieser Studie verwendet,[7] werden in Anlehnung an Grundies (2000) die Daten der Jahre seit 1990 summiert.[8]

Altersverteilung der Aussiedler in Nordrhein-Westfalen und der Teiluntersuchung im Jahr 2001 (in %)

	Daten für Nordrhein-Westfalen	Daten der Teiluntersuchung
Jugendgeneration	35,2	34,7
Elterngeneration	46,6	47,0
Großelterngeneration	18,2	18,3

Quelle: Landesstelle für Aussiedler, Zuwanderer und ausländische Flüchtlinge in Nordrhein-Westfalen, Unna-Massen, 2001. Eigene Berechnungen.

Die Berechnungen ergeben, dass rund ein Drittel der zwischen 1990 und 2001 nach Nordrhein-Westfalen zugereisten Aussiedler zum Befragungszeitpunkt zwischen 14 und 24 Jahre alt waren. Knapp die Hälfte waren zwischen 25 und 49 Jahre alt. Den geringsten Anteil stellten die über 50-Jährigen mit rund 18%. Unsere Stichprobe bestand aus 76 jungen Menschen (34,7%). Weitere 103 Teilnehmer (47,0%) gehörten zur Eltern- und 40 (18,3%) zur Großelterngeneration.

---

[7]   Als jüngste Altersgruppen werden die unter 5-Jährigen zusammengefasst. Weitere Gruppen sind die 6- bis 9-Jährigen, die 10- bis 17-Jährigen, die 18- bis 34-Jährigen sowie die 35- bis 59-Jährigen. Die älteste Alterskategorie bilden die über 60-Jährigen.

[8]   Dafür wird zunächst das durchschnittliche Alter der verschiedenen Altersgruppen berechnet. Zu diesem wird anschließend für jedes einzelne Jahr die Anzahl der zurückliegenden Jahre addiert. Die daraus gewonnenen Angaben zum Durchschnittsalter der Zuwanderer zum Befragungszeitpunkt werden genutzt, um die Anteile der Aussiedler nach unserer Alterseinteilung zu summieren. „Die dadurch und durch die Unterteilung der Altersgruppen verursachte Ungenauigkeit dürfte dank der bei jüngeren Personen relativ guten Differenzierung der Altersgruppen gering sein" (Grundies 2000: 297f.).

Einstellungen zur und Inanspruchnahme der deutschen Polizei

In der Untersuchung wird am Beispiel Duisburgs ein Einblick in die komplexen
Zusammenhänge von Russlanddeutschen und Polizei gegeben. Mit Blick auf die
Bewertung der Polizei wird deutlich, dass die Befragten die deutsche Polizei
besser beurteilen als die im Herkunftsland.

Beurteilung der Polizei (in %)

	Herkunftsland	*Deutschland*
Handelt nicht willkürlich	24,9	**50,3**
Geht bei leichten Vergehen nicht übertrieben vor	45,2	**28,1**
Ist nicht korrupt/bestechlich	35,1	88,5
Erscheint schnell, wenn man sie ruft	25,6	89,3
Bringt weniger Probleme als Nutzen und Hilfe	30,3	**74,2**
Ist nicht brutal	46,0	81,4
Kann das Gesetz durchsetzen	51,9	86,4
Kann leichte Vergehen aufklären	52,1	**76,3**
Kann schwere Vergehen aufklären	58,4	**51,0**

Misstrauen äußern sie weniger in Bezug auf das Verhalten der deutschen Beamten, eher zweifeln sie ihre Kompetenz an, vor allem in Bezug auf die Aufklärung
schwerer Vergehen, was sie der russischen Polizei eher zutrauen. In dieser Beurteilung dürfte eine Rolle spielen, dass die hiesige Polizei im Vergleich zum oben
dargestellten Auftreten der Beamten im Herkunftsland vielfach als wenig durchsetzungsfähig bezeichnet wird (vgl. Findeisen/Kersten 1999). In einem Interview
beschreibt das eine berufserfahrene Sozialtherapeutin folgendermaßen:

> „Polizei muss Konflikte regeln, egal wie. Die Polizei wirkt ihnen [den jungen Russ-
> landdeutschen, S.Z.] zu lasch. Die macht ja nichts und die hauen ja nicht dazwi-
> schen. Die wünschen sich auch körperliche Präsenz. Dass sie deeskalierend wirken
> sollen, das können sie nicht begreifen. Dann in den Übergangswohnheimen, da erle-
> ben sie die Polizei auch nicht unterstützend, wenn sie die dann schon einmal rufen,
> weil der nebenan so besoffen ist, und die machen nicht mehr, wie den in die Aus-
> nüchterungszelle zu stecken und am nächsten Tag haben sie ihn wieder. Da erwarten
> sie also wirklich und das sagen sie auch: ‚Da könnte die Polizei den auch mal richtig
> zusammenstauchen oder -schlagen!' Die Polizei hier erleben sie als ohnmächtig, a-
> ber sehr distanziert. Aber aufgrund der eigenen Erfahrungen trauen sie der Polizei
> auch nicht, und dann erzählen sie immer, wie die Polizei im Herkunftsland war.

Dass sie halt korrupt sind und Schlägertrupps und Mafia wird ganz oft als Ausdruck gebraucht. Sie haben da aber auch solche massive gewalttätige Übergriffe gesehen, die sie natürlich auch nicht gutheißen. Dass die die Polizei nicht rufen, da spricht einerseits das eigene Ehrgefühl, dass sie sagen: ‚Das mache ich selbst‘, andererseits ist da die Erfahrung mit der Polizei hier, die sie als hilflos erleben, dass sie sagen: ‚Die wird mir auch hier nicht helfen, die ist zwar anders als im Herkunftsland, aber zu lasch‘“ (Zdun 2007a: 104).

Weitere Auswertungen zeigen, dass sich mit zunehmender Aufenthaltsdauer die Ansprüche ändern, die an die Polizei gestellt werden, was in einem direkten Zusammenhang mit dem Respekt vor Polizisten steht. So respektieren die jungen Zuwanderer die Polizei in den ersten Jahren nach der Einreise gerade dann, wenn diese Stärke und Härte beweist. Mit zunehmender Aufenthaltsdauer kommt es den jungen Russlanddeutschen hingegen immer mehr darauf an, dass sich die Beamten den Umständen entsprechend verhalten[9] und da sind, wenn man sie braucht. Polizeikontakte können sogar dazu beitragen, dass die Jugendgeneration das Verhalten der deutschen Beamten positiv beurteilt; nur häufige Personenkontrollen werden als willkürlich empfunden. So müssen sich die jungen Russlanddeutschen teilweise gar nicht erst delinquent verhalten, um sowohl bei Anwohnern als auch bei der Polizei Argwohn hervorzurufen (vgl. Strasser/Zdun 2003). Argwohn rufen bereits regelmäßige Treffen im öffentlichen Raum hervor, die aber für Russlanddeutsche ein typisches Freizeitverhalten darstellen und durch die räumliche Enge zu Hause sowie fehlende Freizeitangebote in ihren Quartieren begünstigt werden. Das wird von den Einheimischen aber nicht verstanden und häufig als befremdend und bedrohlich empfunden. Die Folge sind Ängste und Anrufe bei der Polizei, die wiederum zu vermehrten Kontrollen führen.

Viel zu oft wird bei dieser Bevölkerungsgruppe unzulässig verallgemeinert, was sowohl auf die Bevölkerung insgesamt als auch auf die Polizei zuzutreffen scheint. Viele Aussiedler gehen deshalb davon aus, dass Polizeibeamte das weitgehend negative Bild, das von ihnen in den Medien gezeichnet wird, teilen. Unsere Befragungen zeigen, dass diese Annahme einen wahren Kern hat (vgl. Schweer/Zdun 2005). So lässt sich nachweisen, dass verschiedene Vorurteile gegenüber Aussiedlern bei Polizisten verbreitet sind.

---

[9] Nach einer Weile wird die deeskalierende Polizeitaktik in Deutschland verstanden und akzeptiert.

Einstellungsmuster der Polizei in Bezug auf Aussiedler (in %)

	Ja, das ist ganz und gar ein Vorurteil	*Ja, das ist überwiegend ein Vorurteil*	*Nein, das ist eher kein Vorurteil*	*Nein, das ist überhaupt kein Vorurteil*
Aussiedlern ist es doch egal, ob sie ihr Geld legal oder illegal verdienen (n=241)	23,2	56,4	15,8	4,6
Russen sind fast alle Alkoholiker (n=238)	27,7	45,4	22,7	4,2

Es zeigt sich, dass bei mehr als einem Viertel der Polizeibeamten Stereotype gegenüber Spätaussiedlern vorhanden sind, die das problematische Verhalten Einzelner unreflektiert verallgemeinern. In diesem Zusammenhang gilt es zu bedenken, dass die Polizisten zum einen nach ihren persönlichen Einstellungen befragt wurden und hier als Angehörige der Gesamtbevölkerung durchaus mehrheitsgesellschaftliche Meinungen widerspiegeln. Zum anderen ist ihr Arbeitsalltag gerade durch den Kontakt zu Randgruppen der Bevölkerung geprägt. Das heißt, bei ihren Einsätzen treffen sie speziell in sozialen Brennpunkten weniger auf den „Normalbürger" bzw. den „Normalaussiedler", vielmehr auf ein Klientel, das unter erhöhtem Verfolgungsdruck steht. Dabei entstehen Stereotypen in einem wechselseitigen Prozess, gerade wenn die Einsatzkräfte in konfliktgeladenen Situationen und unter Zeitdruck auf ihr Gegenüber treffen, wovon die Beamten des Wach- und Wechseldienstes stärker betroffen sind als die der Kriminalkommissariate.

„Hinzu kommt, dass die Regulatoren [Beamte des Wach- und Wechseldienstes, S.Z.] in der Regel dann ihre Maßnahmen zu treffen haben, wenn der Konflikt seinen Höhepunkt erreicht hat, somit die Beamten der ‚Schutzpolizei' im Vergleich zu allen anderen Organisationseinheiten viel häufiger mit stark emotions- und aggressionsbeladenen Situationen konfrontiert werden. (…) Vorurteile und Stereotypen sind in der Polizistenkultur weit verbreitet. Häufig sind sie das Produkt von Alltagserfahrungen im Rahmen polizeilicher Einsätze. (…) Erschwerend kommt hinzu, dass negative Ereignisse in Einsatzsituationen, die Polizeibeamte mit Angehörigen ethnischer Minderheiten und sozialer Randgruppen erleben, als persönlichkeitsspezifische Merkmale interpretiert werden und auf die Gruppe übertragen werden. Es ist allerdings zu bedenken, dass bestimmte Gruppen der Bevölkerung die vornehmliche Klientel der Polizei darstellen und somit das Bild von Polizeibeamten über gruppenspezifische Subkulturen nachhaltig prägen. (…) So überrascht nicht, dass Polizeibeamte, die mit Ausländern vornehmlich negative Eigenschaften verbinden, in Deutschland lebende Ausländer nicht als eine Bereicherung für unsere Gesellschaft wahrnehmen" (Schweer/Zdun 2005: 78).

In diesem Kontext ist darüber hinaus die polizeiliche Sozialisation zu berücksichtigen, da die Beamten lernen, einerseits Befehlsempfänger, andererseits Normdurchsetzer zu sein. So entsteht ein Spannungsverhältnis, in dem Anweisungen von Ranghöheren oftmals umgesetzt werden und Kreativität nicht belohnt, sondern negativ sanktioniert wird, und in dem man mit Kritik von Außenstehenden bzw. aus anderen Dienstgruppen eher schlecht umgehen kann und sich in seiner Autorität untergraben fühlt (vgl. Fiedler 2001).

Wie die folgende Tabelle zeigt, sind daher negative Zuschreibungen mit Blick auf die Spätaussiedler seitens der Einsatzkräfte des Wach- und Wechseldienstes deutlich häufiger zu beobachten als bei den Mitarbeitern des Kriminalkommissariats. Denn gerade der stressreiche Arbeitsalltag des Wach- und Wechseldienstes ist durch den Kontakt mit auffälligen Gruppen geprägt, was der Verfestigung von Stereotypen Vorschub leistet.

Einstellungsmuster der Beamten des Wach- und Wechseldienstes und der Kriminalkommissariate in Bezug auf Aussiedler (in %)

	Ja, das ist ganz und gar ein Vorurteil		*Ja, das ist überwiegend ein Vorurteil*		*Nein, das ist eher kein Vorurteil*		*Nein, das ist überhaupt kein Vorurteil*	
	WW	KK	WW	KK	WW	KK	WW	KK
Aussiedlern ist es doch egal, ob sie ihr Geld legal oder illegal verdienen	20,2	29,1	56,0	64,6	**19,0**	3,8	4,8	2,5
Russen sind fast alle Alkoholiker	26,5	32,1	42,2	51,3	**22,9**	14,1	**8,4**	2,6

Quelle: Zdun (2007a). WW = Wach- und Wechseldienst (n=85), KK = Kriminalkommissariat (n=79)

Konflikthafte Situationen stellen jedoch den Polizeialltag dar, weshalb sich polizeiinterne Maßnahmen zur Reflexion und Nachbesprechung kritischer Einsätze und zur Sensibilisierung der Beamten für ihr Gegenüber anbieten. Prinzipiell sind Nachbesprechungen solcher Einsätze vorgesehen – aufgrund der oft knappen Zeitressourcen, aber auch des Desinteresses innerhalb mancher Dienstgruppen finden diese nicht in ausreichendem Maße statt (vgl. Schweer/Zdun 2005).

Nicht nur die Polizisten müssen sensibilisiert werden, auch die Aussiedler, um die Wirkung des eigenen Auftretens in der Öffentlichkeit besser einschätzen zu können. Dadurch könnte das teilweise angespannte Verhältnis zwischen Aussiedlern und Polizei verbessert werden. Das wäre nicht zuletzt deshalb von Bedeutung, weil sich ein Einfluss des importierten Misstrauens[10] auf die Beurteilung der deutschen Polizei nachweisen lässt. Denn trauen die Befragten der Polizei in den Herkunftsregionen nicht, halten sie auch die deutsche Polizei eher für unfähig, ihnen nützlich zu sein und die Gesetze durchzusetzen.[11] Sie bemängeln also weniger die Verhaltensweisen der hiesigen Beamten, als sie an deren Kompetenz zweifeln. Das äußert sich auch in der geringen Bereitschaft, die deutsche Polizei in Anspruch zu nehmen.

Einfluss des Misstrauens auf die Polizei in den Herkunftsländern auf Beurteilung von Kompetenz und Inanspruchnahme der Polizei in Deutschland (in %)

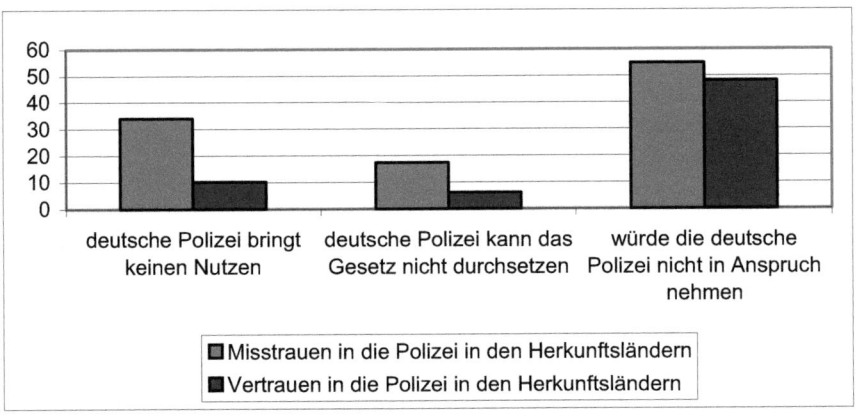

Mehrfachnennungen möglich. Die Kategorienbildung erfolgte, indem die Antwortmöglichkeiten „häufig" und „manchmal" bzw. „selten" und „nie" dichotomisiert wurden.

So zeigt sich, dass mehr als die Hälfte (55,3%) der Befragten als Opfer die deutsche Polizei nicht in Anspruch nehmen würde. Bei der Frage nach den Gründen richten wir den Blick zunächst auf mögliche Einflüsse aus dem Herkunftskontext.

---

[10] Importiertes Misstrauen wird in dieser Teilstudie anhand der Variable „Die Polizei in den Herkunftsländern bringt mehr Probleme als Nutzen und Hilfe" ermittelt.

[11] Die Angaben zum Misstrauen in die Polizei der Herkunftsländer und der Nützlichkeit der deutschen Beamten korrelierten mit 0,3. Der Korrelationswert zwischen dem Misstrauen in die Polizei der Herkunftsländer und dem Durchsetzungsvermögen der deutschen Polizei bei den Gesetzen lag bei 0,2.

Potenzielle Inanspruchnahme der Polizei in Deutschland und in den Herkunftsländern

	Würde als Opfer die deutsche Polizei nicht in Anspruch nehmen	Würde als Opfer die deutsche Polizei in Anspruch nehmen	Gesamt
Würde als Opfer die Polizei in den Herkunftsländern nicht in Anspruch nehmen	102 85,0%	22 22,7%	124 57,1%
Würde als Opfer die Polizei in den Herkunftsländern in Anspruch nehmen	18 15,0%	75 77,3%	93 42,9%

n=217

Und in der Tat besteht ein enger Zusammenhang zwischen der Inanspruchnahme der dortigen und der hiesigen Polizei,[12] zumal 85,0% der Befragten, die polizeiliche Hilfe in den Herkunftsländern ausschlossen, auch in Deutschland darauf verzichten. Hingegen kommt für 77,3% derjenigen, die sich eine Inanspruchnahme der Polizei vor der Ausreise vorstellen konnten, eine solche auch nach der Einreise in Frage. Es ist daher zunächst davon auszugehen, dass die Entscheidung für oder gegen die Inanspruchnahme der Polizei in beiden Ländern mit dem Vertrauen in die Polizei zusammenhängt.

Um dieser Frage weiter nachzugehen, wurden weitere Auswertungen vorgenommen. Diese zeigen zwar, dass die Befragten, die sich eine Inanspruchnahme der Polizei in beiden Ländern vorstellen konnten, die Polizei sowohl in den Herkunftsländern als auch in Deutschland positiver beurteilten als diejenigen, die in beiden Ländern die Hilfe der Beamten ablehnten. Entscheidend ist aber, dass sich zwischen der Inanspruchnahme der Polizei und dem Vertrauen in die Beamten keine statistisch relevanten Zusammenhänge nachweisen lassen. Wenn die (fehlende) Bereitschaft zur Inanspruchnahme der Polizei importiert wird, dann ist das nicht in erster Linie auf die Beurteilung der Beamten zurückzuführen, wie man annehmen könnte. Deshalb stellt sich die Frage, welche Faktoren die Inanspruchnahme der Polizei in den Herkunftsländern und in Deutschland stattdessen bestimmen.

In diesem Zusammenhang ist die Bedeutung des Rückzugsverhaltens der Zuwanderer nicht zu vernachlässigen. So nehmen Russlanddeutsche, die nicht in so genannten Gettos leben, die deutsche Polizei eher in Anspruch als Koloniebewohner. Denn nur 30,2% der Teilnehmer, die in Deutschland in Aussiedlerkolonien wohnen, würden auf polizeiliche Hilfe zurückgreifen. Hingegen würden

---

[12] Das belegt die signifikante Korrelation von 0,6 zwischen den beiden Angaben.

sich 68,6% derjenigen, die außerhalb der Gettos in einem gemischten Freundeskreis leben, für eine Inanspruchnahme entscheiden.

Potenzielle Inanspruchnahme der deutschen Polizei nach „Kolonie-Status"

	Kolonie-bewohner	Kein Kolonie-bewohner	Cramers-V
Würde als Opfer die Polizei in Deutschland nicht in Anspruch nehmen	69,8%	31,4%	0,383***
Würde als Opfer die Polizei in Deutschland in Anspruch nehmen	30,2%	68,6%	

Signifikanzniveau: ***($p \le 0,0001$); **($p \le 0,005$); *($p \le 0,05$); n.s. = nicht signifikant.

Dieses Verhalten der Koloniebewohner gegenüber der Polizei ist wiederum importiert, wie folgende Abbildung verdeutlicht. So fällt der Anteil der Koloniebewohner, die sich sowohl in Deutschland als auch bereits im Herkunftsland an die Polizei wenden würden, mit 29,6% ähnlich hoch aus wie der in der vorherigen Abbildung. Außerdem zeigt sich, dass die Koloniebewohner das Verhalten und die Kompetenz der Polizei in den Herkunftsländern und in Deutschland negativer einschätzen.

Inanspruchnahme und Beurteilung der Polizei in beiden Ländern nach „Kolonie-Status"

	Kolonie-bewohner	Kein Kolonie-bewohner	Cramers-V
Würde als Opfer die Polizei im Herkunftsland und in Deutschland in Anspruch nehmen	29,6%	67,5%	0,375***
Die Polizei in den Herkunftsländern handelt nicht willkürlich	18,5%	41,7%	0,253*
Die Polizei in den Herkunftsländern bringt weniger Probleme als Nutzen und Hilfe	28,0%	52,5%	0,250*
Die Polizei in den Herkunftsländern kann das Gesetz durchsetzen	42,9%	75,6%	0,327**
Die Polizei in Deutschland handelt nicht willkürlich	38,0%	71,4%	0,349**
Die Polizei in Deutschland bringt weniger Probleme als Nutzen und Hilfe	66,7%	91,4%	0,288*
Die Polizei in Deutschland ist nicht brutal	71,2%	94,1%	0,282*
Die Polizei in Deutschland kann das Gesetz durchsetzen	75,9%	97,6%	0,305**

Mehrfachnennungen möglich. Die Kategorienbildung erfolgte, indem die Antwortmöglichkeiten „häufig" und „manchmal" bzw. „selten" und „nie" dichotomisiert wurden (siehe Anhang, Fragen 35 und 36 sowie Fragen 44 und 45). Signifikanzniveau: ***($p \le 0,0001$); **($p \le 0,005$); *($p \le 0,05$); n.s. = nicht signifikant.

Der Unterschied zwischen diesen Gegenpolen liegt nicht einfach darin begründet, dass die einen in Deutschland in Kolonien leben und die anderen nicht. Das wäre keine hinreichende Erklärung für die Ablehnung bzw. Inanspruchnahme polizeilicher Hilfe in den Herkunftsländern. Ein Vergleich der beiden Gruppen zeigt vielmehr, dass es sich um unterschiedliche Charaktere handelt. Die Koloniebewohner zeichnen sich überdurchschnittlich häufig dadurch aus, dass sie verschlossen sind und wenig am gesellschaftlichen Miteinander teilnehmen. Sie ziehen sich nach der Einreise in Kolonien zurück, wo sie Halt unter Gleichgesinnten suchen. Außerdem importieren sie offensichtlich die Ablehnung polizeilicher Hilfe in einem so starken Maße, dass diese in Deutschland selbst dann kaum nachlässt, wenn man der hiesigen Polizei im Grunde genommen nichts Schlechtes nachsagen kann.[13] Nachhaltigen Schaden nimmt ihr Bild von der deutschen Polizei jedoch, wenn es zu negativen Erfahrungen kommt, da sich Ressentiments in den Kolonien rasch ausbreiten, somit nicht immer auf persönlichen Erlebnissen beruhen müssen. Zudem tragen Isolations- und Ablehnungserfahrungen durch die Mehrheitsbevölkerung, denen gerade die Gettoisierten ausgesetzt sind, dazu bei, dass sie sich von der übrigen Gesellschaft stärker zurückgewiesen fühlen. Diese Aspekte scheinen besonders in den Kolonien zu gelten.

Außerdem zeigt sich ein Effekt des Lebensalters auf die Entscheidung, die deutschen Ordnungshüter in Anspruch zu nehmen. Überraschenderweise sind es gerade die jungen Befragten, die sich eher mit Problemen an die Beamten wenden würden. Mögliche Erklärungen hierfür sind, dass die älteren Aussiedler unter enormen Ängsten vor der Polizei leiden, was in erster Linie auf negativen Erfahrungen in den Herkunftsländern beruhen dürfte. Eine andere Erklärung könnte darin bestehen, dass wir es mit Heranwachsenden zu tun haben, die mit dem Ehrenkodex der Polizeiablehnung relativ wenig anfangen können.[14]

Importierte Ablehnung bzw. Inanspruchnahme der Polizei nach Alter

	bis 24 Jahre	*25 bis 49 Jahre*	*über 50 Jahre*	*Gesamt*
keine Inanspruchnahme in beiden Ländern	27 48,2%	52 60,5%	23 65,7%	102 57,6%
Inanspruchnahme in beiden Ländern	29 51,8%	34 39,5%	12 34,3%	75 42,4%

n=177

---

[13]   Deshalb lassen sich auch nicht die erwarteten Zusammenhänge zwischen der Inanspruchnahme und dem Vertrauen in die Polizei nachweisen.

[14]   Das lässt sich anhand der erhobenen Daten allerdings nicht stichhaltig nachweisen.

Darüber hinaus zeigen die Daten, dass bloßes Vertrauen in die Aufklärung von Vergehen nicht zwangsläufig die Bereitschaft erhöht, bei Problemen die Polizei in Anspruch zu nehmen. So würden jeweils rund die Hälfte der Befragten, die der Meinung sind, die hiesigen Ordnungshüter könnten leichte bzw. schwere Delikte aufklären, diese nicht in Anspruch nehmen. Stattdessen praktizieren viele Befragte die informelle Lösung von Konflikten bzw. finden sich mit der Opferrolle ab.

Problemlösungsstrategien bei Vertrauen in die Aufklärungsarbeit und Ablehnung der Inanspruchnahme der hiesigen Polizei (in %)

		stimme zu	*stimme nicht zu*	*weiß nicht*
Eine Körperverletzung sollte man untereinander regeln	Deutsche Polizei kann leichte Vergehen aufklären	39,3	42,6	18,0
	Deutsche Polizei kann schwere Vergehen aufklären	48,7	38,5	12,8
Eine Körperverletzung sollte man hinnehmen und nicht reagieren	Deutsche Polizei kann leichte Vergehen aufklären	9,8	75,4	14,8
	Deutsche Polizei kann schwere Vergehen aufklären	12,8	71,8	15,4
Ein leichtes Vergehen sollte man untereinander regeln	Deutsche Polizei kann leichte Vergehen aufklären	48,3	31,7	20,0
	Deutsche Polizei kann schwere Vergehen aufklären	57,5	22,5	20,0
Ein leichtes Vergehen sollte man hinnehmen und nicht reagieren	Deutsche Polizei kann leichte Vergehen aufklären	18,3	63,3	18,3
	Deutsche Polizei kann schwere Vergehen aufklären	20,0	60,0	20,0

Mehrfachnennungen möglich.

Es wird deutlich, dass die Befragten, die die deutsche Polizei nicht in Anspruch nehmen, obwohl sie deren Arbeit als erfolgreich ansehen, Probleme eher selten hinnehmen, diese aber oftmals informell klären würden. Hierzu zählt, dass man eine Körperverletzung eher nicht akzeptieren, sondern darauf reagieren würde. Das deckt sich mit den Ergebnissen von Zdun (2007a), der in zahlreichen qualitativen Interviews mit jungen Russlanddeutschen und Präventionsfachkräften aus dem sozialen Bereich nachweisen konnte, dass es zwar nur eine relativ kleine Gruppe ist, die regelmäßig andere provoziert und durch Schlägereien in Erscheinung tritt. Zahlreiche Heranwachsende importieren jedoch das aggressive Konfliktdenken und -verhalten aus dem Herkunftskontext und treten zwar nicht als Provokateure in Erscheinung, würden im Jugendalter aber auch keine Beleidigungen und Angriffe gegen sich und ihr soziales Umfeld hinnehmen. Die Folge sind Einzel- oder Gruppenkämpfe, in denen es darum geht, die eigene Ehre zu verteidigen oder an der Gegenseite Rache für erlebte Ungerechtigkeiten zu nehmen.

Schlussfolgerungen für die Gewalt- und Kriminalprävention

Die Polizei wird in den vergangenen Jahren mit immer mehr Aufgaben und durch eine zunehmende Anzeigebereitschaft aus der Bevölkerung belastet, während gleichzeitig (personelle) Mittel eingespart werden. Und selbst wenn es zunehmend zur Aufgabe bestimmter Polizeieinheiten geworden ist, als Streitschlichter aufzutreten, ist es keine originäre Aufgabe der Polizei, Präventionsarbeit zu leisten. Abschließend soll es daher nicht um die Frage gehen, welche zusätzlichen Leistungen von Polizisten künftig übernommen werden sollen, sondern um Anregungen für die Organisation des Arbeitsalltags der Polizisten und des Kommissariats Vorbeugung (KV).

Diese Hinweise ergeben sich aus den hier dargestellten Erkenntnissen und aus den Interviews mit Fachkräften zu positiven Erfahrungen im Umgang mit Aussiedlern (vgl. Zdun 2007a). Grundsätzlich bietet sich an, mit den Zuwanderern verbindliche Absprachen zu treffen und einen dauerhaften Kontakt zu bestimmten Beamten, die einen „guten Draht" zu den Neubürgern haben, zu gewährleisten. Denn dadurch können Vertrauen und Respekt entstehen, die den Arbeitsalltag erleichtern. Vertrauensbildende Maßnahmen des KV können zudem darin bestehen, gemeinsam über Erfahrungen mit der Institution Polizei sowohl im Herkunftsland als auch in Deutschland zu sprechen. Dadurch zeigt man nicht nur Interesse an den Heranwachsenden, worauf diese meist positiv reagieren, sondern kann auch die Vorgehensweisen der deutschen Polizei besser erläutern, zumal vor allem deeskalierende Handlungsstrategien oft in der Frühphase nach der Einreise in Deutschland nicht verstanden und als Schwäche interpretiert werden.

Als Vermittler können besonders männliche Muttersprachler dienen. Da bislang jedoch kaum Aussiedler bei der Polizei beschäftigt werden, sind muskulöse, weil Autorität verkörpernde Beamte gefragt, da man aus kulturellen Gründen ihnen eher als anderen Beamten Respekt zollt.

Darüber hinaus erwarten die Aussiedler vorhersehbare Konsequenzen für ihr Verhalten. Einerseits wünschen sie sich mehr Orientierung darüber, was in Deutschland erlaubt ist. Obwohl sich nämlich die Gesetze zwischen der Bundesrepublik und dem Herkunftsland kaum unterscheiden, werden dort viele Formen der Alltags- und Straßengewalt wie Ohrfeigen nicht angezeigt. Diese und weitere Unterschiede, auch den, dass man sich in Deutschland nicht mit Geld freikaufen kann/muss, gilt es erst zu verstehen und auf sein Verhalten zu übertragen (vgl. Luff 2000). Andererseits erwarten viele Aussiedler aufgrund ihrer Sozialisation in einem raueren Land, dass angedrohte Sanktionen auch erfolgen. Denn Grenzen werden nur solange anerkannt, wie davon auszugehen ist, dass Sanktionen tatsächlich erfolgen. Bleiben diese aus, wird das eigene Fehlverhalten (von staatlicher Seite) legitimiert und muss nicht überdacht werden (vgl. Zdun 2007b). Staatliche und soziale Kontrolle helfen also, unerwünschte Verhaltensweisen an die deutschen Zustände anzupassen, was es vor allem bei denjenigen zu bedenken gilt, die rasch auf Beleidigungen reagieren.

Nicht weniger wichtig ist, dass die Beamten keine Vorbehalte gegenüber dieser Bevölkerungsgruppe haben und keine „Berührungsängste" zeigen. So ist in der Ausbildung sowie in der Weiterbildung der Beamten auf eine Sensibilisierung für ihr Gegenüber hinzuwirken. Dazu zählt u. a. die Vermittlung von Erkenntnissen über das Ausmaß der (Gewalt-)Kriminalität jugendlicher Russlanddeutscher. Auch wenn es dazu keine eindeutigen Erkenntnisse gibt, leitet die Polizei aus eigenen Daten und persönlichen Erfahrungen ein negatives Bild von der Gruppe der Aussiedler ab, auch wenn dem wissenschaftliche Einsichten entgegenstehen. Ferner können die Beamten darüber aufgeklärt werden, dass die Gruppenbildung junger Russlanddeutscher an öffentlichen Plätzen nicht zwangsläufig als Treffen devianter Cliquen zu verstehen seien. Diese Ansammlungen bergen eher selten ein Gefahrenpotenzial; oftmals wird der Argwohn, auf den die Beamten bei Personenkontrollen stoßen, dadurch ausgelöst, dass sich die Jugendlichen in ihrer Freizeit gestört und aus ihrer Sicht zu Unrecht verdächtigt fühlen.

Mit Blick auf die Cliquen ist zudem eine weitere kulturelle Besonderheit zu bedenken, die in anderen Kulturkreisen weniger relevant zu sein scheint. Allen voran sollte man die Wort- bzw. Anführer der Gruppen für sich gewinnen, um seinen Arbeitsalltag zu erleichtern. In manchen gewaltbereiten Cliquen gibt es klare Hierarchien, so dass Einzelpersonen als Anführer auftreten. In den meisten Gruppen genießen jedoch Einzelne aufgrund ihrer Intelligenz oder Stärke, ihres Alters oder der Dauer in der Clique mehr Ansehen als andere. Dennoch übernehmen sie oftmals Funktionen von Anführern und eignen sich als Ansprechpartner, da sie großen Einfluss auf die anderen haben und Absprachen durchsetzen können (vgl. Zdun 2007a).

Berufserfahrene Fachleute berichten, dass mit diesen Personen Einzelgespräche geführt werden sollten, da sie dann einfacher Zugeständnisse machen könnten. Für sie kann es wiederum ein Beweis von Anerkennung sein, wenn man mit ihnen solche Gespräche führt, was ihre Bereitschaft zur Kooperation erhöhen kann. Speziell die Wortführer wenig aggressiver Gruppen können zudem davon überzeugt werden, als Schlichter aufzutreten und Schwächere zu unterstützen, zumal sie dadurch ihre Position festigen und weitere Anerkennung erfahren können. Zur Streitschlichtung können Täter veranlasst werden, ihren Opfern Ersatzleistungen und Hilfe anzubieten, was gemäß „Rechtsverständnis" des Ehrenkodex der Heranwachsenden dazu führen kann, dass das moralische Gleichgewicht wiederhergestellt wird. Dazu sagte ein Pädagoge in einem Interview:

> „Wenn jemand etwas Schlechtes tut oder sagt, nehme ich ihn zur Seite, so dass es keiner sieht und hört, und spreche einzeln mit ihm. Bei Gruppen bietet es sich an, gezielt mit dem Anführer zu arbeiten. Ich schaue den Leuten in die Augen und andere Leute würden dabei stören. Wenn es um mehrere Leute geht, dann spreche ich mit allen einzeln, jeweils mit anderen Wörtern, aber genauso. Zusammen kann man mit denen nicht reden, weil jeder eine eigene Sicht hat. Danach versuche ich, dass die beiden sich verstehen und jeder sein Recht findet. Jeder muss sein Gesicht behalten können und die Ehre, wenn das Recht nicht für alle wieder da ist, würde es weiter gehen" (Zdun 2007a: 191).

Trotz des Vertrauens, das als Folge solcher Maßnahmen entstehen kann, sollte man nicht davon ausgehen, dass die Heranwachsenden (leicht) dazu gebracht werden können, andere zu verraten. Dazu kommt es zwar in Einzelfällen, das hängt aber stärker von den Mitgliedern einer Clique und weniger vom Verhältnis zu einzelnen Beamten ab, denn normalerweise verpetzt man andere in der Szene aus Solidarität oder Angst nicht. Es gibt allerdings etliche junge Russlanddeutsche, die das radikale Ehrverständnis der anderen Jugendlichen nicht teilen und Gewalt ablehnen. Mit ihnen stellt sich der Kontakt am einfachsten dar, da sie sich teilweise selbst an die Polizei wenden und wertvolle Informationen über eine Szene geben können. Sie grenzen sich allerdings bewusst von anderen Aussiedlercliquen ab, so dass sie nur begrenzt Einblick in deren Aktivitäten haben.

Abschließend ist auf die Schwierigkeit hinzuweisen, die der Versuch mit sich bringt, die Eltern der Aussiedler in die Konfliktschlichtung einzubeziehen. Einerseits kann man nie ausschließen, dass man dadurch die Wut der Eltern auf ihre Kinder lenkt, da diese selbst oft Vorbehalte und Ängste gegenüber der Polizei nach Deutschland importieren und keinen Kontakt zur ungeliebten Institution wünschen. Andererseits kann es passieren, dass traditionell-patriarchalisch denkende Väter verständnislos reagieren, da sie wünschen, dass aus ihren Söhnen „wahre Männer" werden sollen (vgl. Reich 2005). In beiden Fällen ist mit der Kooperation der Eltern kaum zu rechnen. Hinzu kann die historisch bedingte Zurückhaltung gegenüber Institutionen kommen, die – verbunden mit Sprachbarrieren – erschwert, dass man die Polizei bei solchen Maßnahmen zum Wohl des Kindes ausreichend unterstützt. Man sollte zudem nicht außer Acht lassen, dass manche Erwachsene mit dem psychischen Stress ihrer Migrationserfahrungen, ihrer Arbeitslosigkeit, ihres Autoritätsverlusts gegenüber den eigenen Kindern und ihre Perspektivlosigkeit überfordert sind und deshalb den Heranwachsenden kaum helfen können (vgl. Reich et al. 1999; Zdun 2001).

In diesem Zusammenhang taucht wieder die Problematik des Kontakts zwischen älteren und in Kolonien lebenden Russlanddeutschen und der Polizei hinzuweisen, da beide Befragtengruppen eine tendenziell negative Einstellung gegenüber der Polizei vertreten. Diesen Vorbehalten gilt es entgegenzuwirken, zumal sie in der Regel unbegründet sind und vielfach auf „irrationalen" Gründen beruhen. So basiert der Argwohn oft auf importierten Erfahrungen oder Erzählungen anderer Russlanddeutscher, die unreflektiert übernommen werden. Diese Irrtümer sollten den Betroffenen aufgezeigt werden, um darüber sowohl deren Vertrauen in die deutsche Polizei als auch die Bereitschaft zur Inanspruchnahme der Polizei zu wecken. Beide Gruppen von Russlanddeutschen zeichnen sich zwar durch Verschlossenheit und Ablehnung der Polizei aus, was aber nicht alle Lebenslagen einschließt, wodurch sich Anknüpfungspunkte bieten.

Um mit einer solchen Aufklärung einen größtmöglichen Anteil der Aussiedler zu erreichen, sollten diese vom KV in verschiedenen *settings* aufgesucht werden. Dazu bieten sich im institutionellen Rahmen die Sprachkurse an, die beinahe alle älteren Zuwanderer nach der Einreise besuchen. Da gerade in den Kolonien das Vertrauen in die deutsche Polizei gering ist, erscheinen zudem Projekte vor Ort angebracht. Ferner sind zwanglose Begegnungen in Treffpunkten der Russlanddeutschen wie die Landsmannschaft der Deutschen aus Russland nahe liegend.

Letzten Endes führen die Ergebnisse vor Augen, dass bloßes Vertrauen in die Ermittlungsarbeit kein ausreichender Grund ist, die Polizei in Anspruch zu nehmen. Zum Vertrauen in die Vorgehensweise der Beamten muss die Bereitschaft hinzukommen, alternative Wege der Konfliktbewältigung zu der in den Herkunftsländern üblichen informellen Regelung von Problemen anzunehmen. Wenn das auch vor der Ausreise eine Art von Selbstschutz darstellt, gehört es umso mehr zum Integrationsprozess, die deutsche Polizei als staatliche Instanz zum Schutz der Bürger zu akzeptieren.

Bei allen Maßnahmen für die Russlanddeutschen wäre es von Nutzen, auf Fachkräfte sowohl bei der Polizei als auch in der Sozialarbeit mit russischen Sprachkenntnissen zurückgreifen zu können. Diese haben es oft leichter, als Mittler zwischen den Welten aufzutreten und gegebenenfalls als positives Beispiel der Integration und der Teilhabechancen in der Mehrheitsgesellschaft zu dienen (vgl. Walter 2002; Zdun 2007a).

Mit Blick auf die vorliegenden Ergebnisse gilt es schließlich zu berücksichtigen, dass es sich bei dieser Teilstudie um eine regionale Untersuchung handelt, deren Ergebnisse nicht zwangsläufig auf andere Städte und Regionen übertragbar sind. Sie können und sollen allerdings als Anhalts- und Ausgangspunkte für weitere Forschungen dienen. Denn nur über Vergleiche lassen sich Erkenntnisse vertiefen und erweitern und offene Fragen klären sowie praktische Maßnahmen auf ihre Tauglichkeit hin überprüfen.

Literatur

Arbeitsstelle Kinder- und Jugendkriminalitätsprävention (Hrsg.) (2002): Die mitgenommene Generation. Aussiedlerjugendliche – eine pädagogische Herausforderung für die Kriminalprävention. München: DJI

Bade, Klaus J./Oltmer, Jochen (Hrsg.) (1999): Aussiedler. Deutsche Einwanderer aus Osteuropa. IMIS-Schriften Bd. 8. Osnabrück: Rasch Verlag

Dietz, Barbara (2001): Zum Lebenskontext jugendlicher Aussiedler/innen – Youth at Risk? In: Niedersächsische Landesstelle gegen die Suchtgefahren 1. 2001. 31-43

Dietz, Barbara/Roll, Heike (1998): Jugendliche Aussiedler. Porträt einer Zuwanderergeneration. Frankfurt/M.: Campus Verlag

Fiedler, Anja (2001): Polizeiliches Handeln in Einsatzsituationen des privaten Konfliktes – die Definitionslast der „verunsicherten Sicherheitsexperten". Eine qualitative Annäherung an polizeiliche Handlungsmuster. Diplomarbeit im Rahmen des Aufbaustudiums Kriminologie an der Universität Hamburg

Findeisen, Hans-Volkmar/Kersten, Joachim (1999): Der Kick und die Ehre. Vom Sinn jugendlicher Gewalt. München: Antje Kunstmann Verlag

Frisby, Tanya (1998): The Rise of Organised Crime in Russia: Its Roots and Social Significance. In: Europe-Asia Studies 50. 1998. 27-49

Giest-Warsewa, Rudolf (1998): Junge Spätaussiedler. Ihre Lebenswelt und ihre Sichtweisen. In: DVJJ-Journal 9. 1998. 356-361

Groß, Hermann/Schmidt, Peter (Hrsg.) (2005): Empirische Polizeiforschung VI: „Innenund Außensicht(en) der Polizei". Frankfurt/M.: Verlag für Polizeiwissenschaft

Grundies, Volker (2000): Kriminalitätsbelastung junger Aussiedler. Ein Längsschnittvergleich mit in Deutschland geborenen jungen Menschen anhand polizeilicher Registrierungen. In: Monatsschrift für Kriminologie und Strafrechtsreform 83. 2000. 290-305

Landsmannschaft der Deutschen aus Russland (Hrsg.) (1997): Volk auf dem Weg. Deutsche in Russland und in der GUS 1763-1997. Stuttgart

Luff, Johannes (2000): Kriminalität von Aussiedlern. Polizeiliche Registrierungen als Hinweis auf misslungene Integration? URL: http://www.polizei.bayern.de/blka (Stand: 19. März 2004)

Niedersächsische Landesstelle gegen die Suchtgefahren (Hrsg.) (2001): Sucht und Migration. Suchtgefährdung und Suchthilfekonzepte für junge Drogenkonsumierende aus Osteuropa. Dokumentation der Jahresfachtagung vom 21. November 2001. Hannover

Reich, Kerstin (2005): Integrations- und Desintegrationsprozesse junger männlicher Aussiedler aus der GUS. Eine Bedingungsanalyse auf sozial-lerntheoretischer Basis. Münster: Lit Verlag

Reich, Kerstin/Weitekamp, Elmar G. M./Kerner, Hans-Jürgen (1999): Jugendliche Aussiedler. Probleme und Chancen im Integrationsprozess. In: Bewährungshilfe 46. 1999. 335-359

Pfeiffer, Christian/Wetzels, Peter (1999): Zur Struktur und Entwicklung der Jugendgewalt in Deutschland. Ein Thesenpapier auf Basis aktueller Forschungsbefunde. In: Aus Politik und Zeitgeschichte 49. 1999. 3-22

Rehberg, Karl-Siegbert (Hrsg.) (2006): Soziale Ungleichheit, Kulturelle Unterschiede. Verhandlungen des 32. Kongresses der Deutschen Gesellschaft für Soziologie in München 2004. Frankfurt/M.: Campus Verlag

Sasse, Georg (1999): Integrationsprobleme junger Aussiedler. Eine höchst aktuelle gesamtgesellschaftliche Aufgabe. In: Kriminalistik 4. 1999. 225-231

Schweer, Thomas/Zdun, Steffen (2005): Gegenseitige Wahrnehmung von Polizei und Bevölkerung. Polizisten im Konflikt mit ethnischen Minderheiten und sozialen Randgruppen. In: Groß, Hermann/Schmidt, Peter (2005): 65-90

Strasser, Hermann/Zdun, Steffen (2003): Ehrenwerte Männer: Jugendliche Russlanddeutsche und die deutsche Polizei. In: DVJJ-Journal 14. 2003. 266-271

Strasser, Hermann/Zdun, Steffen (2006): Die Segregation der Russlanddeutschen und die Folgen. Kampf der Kulturen in Duisburg und anderswo. In: Rehberg, Karl-Siegbert (2006): 2129-2135

Strobl, Rainer/Kühnel, Wolfgang/Heitmeyer, Wilhelm (1999): Junge Aussiedler zwischen Assimilation und Marginalität. Abschlussbericht (Kurzfassung). URL: http://www.arpos.de/strobl/aussiedl.pdf (Stand: 19. März 2004)

Volkow, Vadim (2000): Gewaltunternehmer im postkommunistischen Russland. In: Leviathan 28. 2000. 173-191

Voswinkel, Johannes (2004): Das verrohte Land. Die Zeit, 14. Oktober 2004

Walter, Joachim (2002): Junge Aussiedler im Jugendstrafvollzug: Erfahrungen, Probleme, Lösungsansätze. In: Arbeitsstelle Kinder- und Jugendkriminalitätsprävention 1. 2002. 174-202

Walter, Joachim/Grübl, Günter (1999): Junge Aussiedler im Jugendstrafvollzug. In: Bade, Klaus J./Oltmer, Jochen (1999): 177-189

Zdun, Steffen (2001): Zum Vertrauen russlanddeutscher Aussiedler in die Duisburger Polizei. Diplomarbeit an der Universität Duisburg

Zdun, Steffen (2004): Russlanddeutsche und die Polizei in Duisburg: Zum Vertrauen russlanddeutscher Spätaussiedler in die Polizei. Duisburg. In: Duisburger Beiträge zur soziologischen Forschung, 1. 2004

Zdun, Steffen (2007a): Ablauf, Funktion und Prävention von Gewalt. Eine soziologische Analyse gewalttätiger Verhaltensweisen in Cliquen junger Russlanddeutscher. Frankfurt/M.: Peter Lang Verlag

Zdun, Steffen (2007b): Dynamic strategies to legitimise deviant behaviour of street culture youth. In: The Internet Journal of Criminology

Die Asylbewerber

Marion Lillig

Einleitung

Weltweit sind 25 bis 50 Millionen Menschen auf der Flucht. Die Angaben variieren je nach Organisation. Darunter befinden sich nicht nur politische, sondern auch Umwelt-, Bürgerkriegs- und Armutsflüchtlinge. Die reichen Aufnahmeländer wie Deutschland nehmen eine klare gesetzliche Trennung vor. Danach lautet die Frage an jeden Flüchtling: Flüchtet er nachweislich vor politischer Verfolgung und damit aus Angst um sein Leben oder flüchtet er vor Armut und Ausbeutung?

Im Grundgesetz der Bundesrepublik Deutschland ist unter Art. 16 Abs. 2 der Schutz politisch Verfolgter fest verankert. Dieses Grundrecht sichert einem Asylsuchenden, der die Grenze Deutschlands erreicht hat, den Zugang zum Asylverfahren, auch dann, wenn er bereits in einem anderen Vertragsstaat der Genfer Flüchtlingskonvention einen Asylantrag gestellt hat, der dort abgelehnt worden ist. Diesen Antrag nimmt die Ausländerbehörde entgegen. Sie führt eine Anhörung durch und entscheidet dann über das Weiterleiten an das Bundesamt für Migration und Flüchtlinge.

Die inhaltliche Entscheidung, d.h. eine Anerkennung oder Ablehnung wird im Bundesamt gefällt. Im Jahr 2002, dem Jahr dieser Teiluntersuchung, haben in Deutschland 71.127 Asylbewerber einen Erstantrag und 20.344 einen Folgeantrag[1] gestellt. Davon wurden 2.379 Anträge anerkannt. Für weitere 5.728 Antragsteller wurden andere Abschiebungshindernisse festgestellt. Damit lag der Prozentsatz der anerkannten Asylanten, wie in den Jahren davor, bei rund 5%.

In diesem Beitrag geht es daher um den Personenkreis, der sich 2002 entweder im *schwebenden Asylverfahren* befindet oder dessen Asylantrag bereits abgelehnt wurde, dessen Abschiebung aber aus verschiedenen Gründen nicht möglich ist. In Duisburg beläuft sich ihre Zahl auf insgesamt 2.500 Menschen. Ihr Handlungsspielraum ist rechtlich stark eingeschränkt. Über die Hälfte von ihnen sind männliche Personen unter 30 Jahren, meist alleinstehend. Ihr Alltag ist von Langeweile und Perspektivlosigkeit geprägt. Im Stadtbild fallen sie op-

---

[1] Neuer Antrag aufgrund von geänderter Sachlage, z.B. politische Veränderungen im Heimatland.

tisch besonders auf durch „Herumstehen in Gruppen", „Herumlungern" (z.b. am Bahnhof) und durch ihre Hautfarbe, denn ein großer Teil der jungen Männer stammt aus Schwarzafrika. Familien leben dagegen eher unauffällig. Schon durch die notwendige Versorgung der Kinder halten sie sich eher in der Nähe ihrer „Übergangswohnheime" auf.

Die besondere Lebenssituation der Asylbewerber, wozu mangelnde gesellschaftliche Teilhabe sowie eine angespannte Wohnsituation, ein sozialer Statusverlust sowie oft mangelnde Bildung(smöglichkeiten) zählen, machen Konflikte mit der Mehrheitsgesellschaft unausweichlich. Dadurch kommt es auch zu Kontakten mit der Polizei.

Gegenstand dieser Untersuchung ist das Verhältnis zwischen Asylbewerbern und der Duisburger Polizei (vgl. auch Lillig 2004, Lillig/Strasser 2004): Wie gestalten sich die Begegnungen? Wie schätzt diese Personengruppe die Polizeiarbeit ein? Wie groß ist das Vertrauen in die Ordnungshüter?

Theoretischer Hintergrund

Begriffsbestimmung und rechtliche Situation der Asylbewerber

Die ethnische(n) Minderheit(en) innerhalb der Bundesrepublik, die wir unter dem Begriff der *Asylanten* oder *Asylbewerber* subsumieren, lässt sich kaum durch eine bestimmte Definition zusammenfassen. Angesichts ihrer Notlage und Zugehörigkeit zu verschiedenen Ethnien liegt sogar nahe, sie nicht so sehr als ethnische Minderheit, denn als soziale Randgruppe zu begreifen. Anders als z.B. die Gruppe der Aussiedler, für deren Beschreibung es klare gesetzliche Regelungen gibt, stellt uns die Gruppe der Asylbewerber vor wesentlich größere Zuordnungsprobleme.

In einer ersten Annäherung an den Begriff gilt es zu klären, was es bedeutet, dass z. B. von Januar 2002 bis Oktober 2002 in Nordrhein-Westfalen 14.093 Asylbegehren vorlagen. Das sind Anträge von aus politischen Gründen Verfolgten im Sinne des Grundgesetzes (Art. 16 Abs. 2 Satz 2). Das Grundrecht auf Asyl ist das einzige Grundrecht, das nur Ausländern zusteht. Unter *asylerheblich* sind die in der Genfer Flüchtlingskonvention (Art. 1A Abs. 2) genannten Merkmale zu verstehen, nach denen ein Flüchtling eine Person ist,

> „die aus der begründeten Furcht vor Verfolgung wegen ihrer Rasse, Religion, Nationalität, Zugehörigkeit zu einer bestimmten sozialen Gruppe oder wegen ihrer politischen Überzeugung sich außerhalb des Landes befindet, dessen Staatsangehörigkeit sie besitzt, und den Schutz dieses Landes nicht in Anspruch nehmen kann oder

wegen dieser Befürchtungen nicht in Anspruch nehmen will" (Semnar-Höfling 1995: 85).

Allgemeine Notsituationen wie Bürgerkriege, Naturkatastrophen, Arbeitsmangel und die daraus folgende Armut sind als Gründe für einen Flüchtlingsstatus nicht ausreichend und damit *asylunerheblich*. Diese Menschen werden als Wirtschafts- flüchtlinge bezeichnet und in den Medien häufig als Konkurrenten um Arbeits- plätze und Ressourcen dargestellt (vgl. Rittstieg/Rowe 1992: 22ff.). § 30 Abs. 2 des Asylverfahrensgesetzes (AsylVfG) sagt dazu:

> „Ein Asylantrag ist insbesondere offensichtlich unbegründet, wenn nach den Um- ständen des Einzelfalles offensichtlich ist, dass sich der Ausländer nur aus wirt- schaftlichen Gründen oder um einer allgemeinen Notsituation oder einer kriegeri- schen Auseinandersetzung zu entgehen, im Bundesgebiet aufhält."

Populistisch wird in solchen Fällen von *Asylmissbrauch* gesprochen.

Hinzu kommen Flüchtlinge, deren Asylbegehren bereits abgelehnt wurden, die dennoch aus humanitären, politischen, rechtlichen bzw. faktischen Gründen (z.B. Staatenlosigkeit) nicht in ihre Herkunftsländer abgeschoben werden und als *De-facto-Flüchtlinge* auf Zeit einen *Duldungsstatus* besitzen (vgl. Bade 1994: 10f.).

Duldung ist keine Form der Aufenthaltsgenehmigung, sondern nur eine zeit- weise Aussetzung der Abschiebung. Diese Aufenthaltsgestattung wird immer nur für drei bis sechs Monate ausgestellt. Damit ist eine Abschiebung jederzeit mög- lich. In Duisburg leben Zugehörige dieser Gruppe seit bis zu 19 Jahren. Auf- grund der immer wieder nur um Monate verlängerten Aufenthaltsgenehmigung ist es für diesen großen Personenkreis fast unmöglich, auch mit einer offiziellen Arbeitserlaubnis,[2] eine Beschäftigung zu finden. Denn gelingt es dem Asylbe- werber, eine Arbeitsstelle zu finden, wird über das Arbeitsamt vier Wochen nach einem anderen Anwärter für diese Stelle gesucht, der entweder deutscher Staats- bürger ist oder aus einem EU-Land stammt. Erst wenn sich niemand findet, kommt der Asylbewerber infrage. Bis dahin ist seine dreimonatige Aufenthalts- genehmigung schon zusammengeschmolzen und der potenzielle Arbeitgeber scheut den bürokratischen Aufwand für die verbleibende Zeit. Nach Jahren ver- geblicher Versuche löst dieses Verfahren bei den Arbeitswilligen Resignation und Mutlosigkeit aus und begünstigt Schwarzarbeit.

---

[2] Es gibt die Möglichkeit einer Arbeitserlaubnis, die dann erteilt wird, wenn sich die Person be- reits länger als drei, manchmal fünf Jahre in Deutschland aufhält.

Lebensbedingungen und Sozialstruktur der Flüchtlinge

Hinter den vielen Bezeichnungen stehen Menschen, die sich nicht nur durch einen unterschiedlichen rechtlichen Status, sondern in jeder Beziehung durch Heterogenität auszeichnen. Allein in Duisburg lebten im September 2002 mehr als 1.820 Menschen in den 26 Übergangsheimen der Stadt und 672 Menschen in insgesamt 181 beschlagnahmten Wohnungen[3]. Sie gehören ca. 60 verschiedenen Nationen an und damit den verschiedensten Kulturkreisen, Ethnien und Hautfarben. Diese Menschen reisen mit unterschiedlichen Erfahrungen, Wertvorstellungen, Erlebnissen, Religionen und Erwartungen ein und praktizieren oft ein völlig unterschiedliches Sozialverhalten in Deutschland.

Im Verlauf der Befragungen zur Teilstudie äußerten einige Flüchtlinge, dass Deutschland nicht ihr ursprüngliches Fluchtziel gewesen sei, sondern z.B. England oder die Niederlande, da dort bereits Familienmitglieder lebten. Sie wurden eher zufällig hierher verschlagen, z.B. aufgegriffen im Zug beim Versuch, in diese anderen Länder zu gelangen. Viele wurden durch Schlepper entweder direkt oder über einen *sicheren Drittstaat*[4] nach Deutschland gebracht und haben sich und ihre Familien dafür entweder finanziell ruiniert oder hoch verschuldet.

Die ersten Wochen nach einer offiziellen Einreise bleiben sie in einer der großen Landesaufnahmestellen der Bundesländer, auch Sammellager genannt, in denen sie ihr Asylbegehren vorbringen. In NRW sind dies z.B. Schöppingen, Unna-Massen und Hemer. Dort erhalten sie Taschengeld, Unterkunft und Verpflegung. Danach werden alle nach einem Schlüssel auf verschiedene Städte verteilt. Wünsche nach einer bestimmten Stadt bleiben unberücksichtigt.

Nach seiner Ankunft aus einem der großen Sammellager in NRW meldet sich der Asylbewerber bei einem Sachbearbeiter für die Unterbringung von Asylbewerbern und Flüchtlingen der Stadt Duisburg. Dort wird ihm ein Heim zugewiesen, die Adresse genannt, der Weg erklärt und das Busticket für die Fahrt dorthin ausgehändigt. Der Sachbearbeiter informiert das zuständige Haus über die Neuaufnahme, alles Weitere wird dort vorbereitet.

Die Stadt Duisburg versucht, mit der Standortwahl der Übergangsheime eine Gettoisierung zu vermeiden. So sind die Heime auf das gesamte Stadtgebiet verteilt und werden dadurch von den Bürgern als kleine Einheiten besser akzeptiert.[5] Zweitens bemüht man sich innerhalb der Heime, gleiche Nationalitäten

---

[3] Ein Begriff, der eine Wohnung bezeichnet, die z.B. durch Leerstand von der Stadt angemietet wird.

[4] s. AsylVfG § 29a

[5] In vielen Städten des Landes gibt es immer wieder Proteste der Anwohner, auch bereits in der Planungsphase, gegen ein Übergangswohnheim. Eine diesbezügliche Untersuchung für die Stadt Dortmund findet man in Kühne/Rüßler (2000).

gemeinsam unterzubringen. Das dient einerseits der Vorbeugung von Konflikten zwischen verschiedenen ethnischen Gruppen, andererseits ermöglicht man den Bewohnern Kontakt mit Menschen aus dem Heimatland.

Die größte ethnische Gruppe in Duisburg bilden die Roma aus Ex-Jugoslawien. Von 1.820 Heimbewohnern stammten 857 aus diesen Gebieten. Zum Befragungszeitpunkt wurde aber versucht, möglichst viele zur freiwilligen Ausreise zu bewegen, da neue Rückübernahmeübereinkommen mit den Herkunftsländern entworfen wurden.

Die zweitgrößte Gruppe, nämlich 292 Personen, stammt aus Schwarzafrika. Diese Herkunft macht sie keineswegs homogen. Sie stammen von einem Kontinent, sprechen jedoch unterschiedliche Sprachen und Dialekte. Es bleiben 671 Personen anderer Nationalitäten, darunter z.B. viele Kurden, Iraner und Inder.

Genauso vielfältig wie ihre Herkunft ist der Bildungsstand dieser Menschen. Vom Analphabeten ohne Schulbildung über Handwerker, Kindersoldaten, Landarbeiter, Kunstmaler, Piloten bis hin zu Universitätsdozenten sind in den Duisburger Übergangsheimen alle Bildungskategorien zu finden.

Diese multikulturelle Gesellschaft auf Zwischenstation lebt auf engstem Raum zusammen. In Anlehnung an die Verfahrensweise bei Obdachlosen stehen einem Asylbewerber in Duisburg ca. 10 qm Raum zu. Einzelpersonen bewohnen zumeist Mehrbettzimmer mit gemeinsamer Küche, Dusche und Toilette. Familien werden nach Möglichkeit eigene Räume zur Verfügung gestellt, Sanitärbereich und Küche werden aber auch hier meist mit anderen geteilt. Eigene Wohnungen können nur bei Vorlage eines begründeten ärztlichen Attests und oft erst nach jahrelangem Aufenthalt in einem Übergangswohnheim bezogen werden.

Was den Lebensunterhalt dieser Personengruppe anbelangt, wird folgendermaßen verfahren:

- Jeder erhält als Erstversorgung ein Hausratspaket mit Bettwäsche, Handtüchern, Kochgeschirr, Tellern, Besteck etc.; Kleidung wird nur dann gestellt, wenn der Ankommende sie nicht in ausreichendem Maße besitzt.
- 36 Monate gelten die „eingeschränkten Leistungen" nach § 3 Asylbewerberleistungsgesetz; das sind ca. 200 Euro monatlich für eine Einzelperson.
- Nach drei Jahren gilt § 2 entsprechend dem Deutschen Sozialhilfegesetz.

Diese Leistungen werden von den Mitarbeitern des Heimes für den Flüchtling beim zuständigen Sozialamt des Bezirks beantragt. Die Leistungen können gekürzt oder entzogen werden, wenn sich der Leistungsempfänger nicht regelmäßig im Heim aufhält oder auch, wenn er sich nicht kooperativ am Asylverfahren beteiligt.[6]

Generell wird den Asylbewerbern nur ein geringer Aktionsspielraum gewährt. Als besonders einschneidend wird von den Ausländern, neben dem Arbeitsverbot, die räumliche Aufenthaltsbeschränkung empfunden, die auf den Bezirk der Ausländerbehörde begrenzt ist, in dem die für die Aufnahme des Ausländers zuständige Aufnahmeeinrichtung liegt.[7] Dies sorgt in vielen Fällen für eine besondere menschliche Problematik, die sich aus dem Zuteilungsverfahren ergibt. Da nach dem Zuteilungsschlüssel auf bestimmte Bundesländer aufgeteilt wird, kann es vorkommen, dass man ebenfalls in Deutschland lebende Angehörige nicht treffen kann – nur Eltern und minderjährige Kinder bleiben zusammen. Gerade diese Bindungen sind aber vor dem kulturellen Hintergrund ihrer Heimatländer für diese Flüchtlinge von besonderer Bedeutung. Im Rahmen der Befragungen für die Teilstudie wurden weitere Faktoren festgestellt, die das Leben der Asylbewerber belasten:

- Sprachprobleme
- Isolation durch mangelnde Teilhabe am gesellschaftlichen Leben
- Psychische Beeinträchtigungen durch Ängste um Familienmitglieder und Freunde zu Hause, durch Zukunftsängste oder durch erlittene Traumata[8]
- Angst vor Abschiebung bei Ablehnung des Asylantrags oder durch die Praxis der Duldungsverlängerung für jeweils nur drei Monate
- Analphabetismus, z.B. bei vielen der jungen Schwarzafrikaner, die entweder auf dem Lande groß geworden sind und nie eine Schule besucht haben oder von Rebellen als Kindersoldaten rekrutiert wurden
- Hochgebildete Flüchtlinge, oft mit Kindern, die sich um deren Ausbildung und Lebenschancen sorgen

Staatlicherseits wird eine Integration dieses Personenkreises nicht gefördert. Für Asylbewerberkinder besteht keine Schulpflicht. Sprachkurse für Erwachsene bleiben unverbindlich. Das unterstreicht das Gefühl, dass man unerwünscht sei, und den „Übergangsstatus" dieser Menschen, die hier nicht wirklich leben können, für die es aber auch meist kein Zurück gibt. Unter den Mitarbeitern der

---

6   Er ist z.B. verpflichtet, an der Feststellung seiner Identität und Herkunft mitzuwirken. Viele Schlepper nehmen den Flüchtlingen allerdings sämtliche Papiere ab, um ihre Herkunft zu verschleiern.

7   Im Falle der Duisburger Asylbewerber ist das der Bezirk Düsseldorf.

8   Dazu zählen u.a.: Vertreibung und Trennung von Familien, Folter, sexuelle Gewalt (besonders gegenüber Frauen), Missbrauch als Kindersoldat (vgl. Jahresbericht 2001 von Amnesty International).

Wohnheime herrschte Einigkeit darüber, dass es für hier geborene und aufgewachsene Kinder im „Heimatland" keine Zukunft geben könne, aber mangelnde Integrationsförderung in Deutschland auch hier eine positive Zukunft erschwere.

Zur Methode

Die Datenerhebung über das Verhältnis der Flüchtlinge zur Duisburger Polizei sollte ursprünglich über zwei Methoden erfolgen:

1. Persönliche Befragung mit Hilfe eines standardisierten, quantitativen Fragebogens und
2. Validierung der Ergebnisse über Leitfadeninterviews mit städtischen Mitarbeitern, deren Zuständigkeit in der Betreuung dieser Personengruppe liegt.

Rasch stellte sich allerdings heraus, dass die Befragten sich kaum auf quantitative Interviews einlassen wollten und aus den Interviews qualitative wurden. Deshalb wurde das Konzept überarbeitet und auf eine leitfadengestützte Untersuchung umgestellt. Befragt wurden nur Bewohner von Übergangsheimen. Dafür gab es zwei Gründe: Zum einen ist der vom Gesetzgeber vorgesehene Unterbringungsort eines Asylbewerbers das Übergangsheim, zum anderen beinhaltet die Erlaubnis zum Bezug einer eigenen Wohnung das Vorliegen eines ärztlichen Attests, das die Unterbringung im Übergangsheim als unzumutbar für die Gesundheit des Betroffenen ausweist, und eine amtliche Überprüfung des Bewerbers des ausreichend praktizierten „guten Verhaltens". Darunter fallen Ordnung, Sauberkeit und möglichst deliktfreies Verhalten, um die öffentliche Ordnung nicht zu stören. Damit war die Wahrscheinlichkeit, mit der örtlichen Polizei in Kontakt oder gar in Konflikt zu geraten, als gering und diese Personengruppe in eigenen Wohnungen für die vorliegende Untersuchung als nicht relevant anzusehen.

Feldzugang

Der Zugang zum Feld wurde möglich durch ein großes Entgegenkommen des Amtes für Soziales und Wohnen. Gemeinsame Ortstermine mit dem Amtsgruppenleiter vor Beginn der eigentlichen Befragung sorgten für Akzeptanz auf Seiten der Asylbewerber wie auch auf Seiten der Mitarbeiter vor Ort.

In den Heimen wiesen die zuständigen Hausmeister dem Befragungsteam einen Raum für ungestörte Interviews zu, zudem halfen sie bei der Auswahl von „geeigneten" Personen. Das Prädikat „geeignet" bezieht sich ausschließlich auf das Kriterium der Sprachkompetenz. Die Zielgruppe umfasst mehr als 60 Nationalitäten mit dementsprechend vielen Sprachen. Die Interviews wurden auf die Sprachen Deutsch, Englisch und Französisch begrenzt. Da manche Fragen eine hohe Komplexität beinhalteten, konnten nur solche Personen befragt werden, die sich ausreichend in einer der drei genannten Sprachen ausdrücken konnten. Einige wurden durch Mitbewohner als Dolmetscher unterstützt.

Die besuchten Heime liegen in verschiedenen Stadtteilen, sowohl in so genannten Problemvierteln als auch in eher ruhigen Wohngebieten. Angesichts der wechselnden Bevölkerungsstruktur innerhalb des Polizeireviers bedeutet das praktisch auch eine unterschiedlich hohe Arbeitsbelastung für die Polizei.

Auswahl der Interviewpartner

Die jeweiligen Hausmeister waren anfänglich bei der Ansprache geeigneter Personen beteiligt. Die Anwesenheit der Uni-Mitarbeiter wurde aber auch von den Heimbewohnern registriert: Es wurde nach dem Grund ihres Kommens gefragt, und es stellten sich dann meist einige Neugierige für eine Befragung zur Verfügung. Nach einem als „ungefährlich" eingestuften Kontakt schickten sie dem Team Mitbewohner, so dass es nicht an befragungswilligen Personen gemangelt hätte.

Darin liegt allerdings das Problem einer eventuellen Verzerrung der Ergebnisse. Die Wohnstruktur eines Übergangsheimes berücksichtigt nach Möglichkeit das Herkunftsland seiner Bewohner. So teilen sich z.B. Schwarzafrikaner ein Zimmer, Inder ein anderes etc. Für die Datenerhebung hätte dies bedeutet, eine ungenügende Durchmischung der tatsächlich vorhandenen Nationalitäten zu bekommen. Mit Hilfe der Belegungsliste der jeweiligen Heime und der Unterstützung durch die Mitarbeiter vor Ort wurde deshalb gezielt an Türen geklopft und um eine Befragung gebeten. Diese Methode erwies sich als erfolgreich. Viele Asylbewerber baten das Team gerne herein und bevorzugten die Befragung in ihren „eigenen vier Wänden".

Es gab aber auch Ablehnung. Beispielhaft sei hier die große Gruppe der Kosovo-Albaner genannt, aus der sich nur zwei Mitglieder einer Befragung stellten. Das Misstrauen im Hinblick auf negative Folgen des Interviews ließ sich hier nicht ausräumen, auch nicht mit Hinweis auf garantierte Anonymität. Ein weiterer Teil der Heimbewohner gab Zeitgründe für eine Nicht-Teilnahme an. Andere wiederum wollten befragt werden, jedoch gab es keine sprachliche Verständigungsmöglichkeit.

Die Ergebnisse

Leitfadeninterviews mit Asylbewerbern und ausreisepflichtigen Ausländern

Insgesamt wurden 62 Personen interviewt, darunter 48 männliche und 14 weibliche Teilnehmer. Das Alter der Befragten lag zwischen 18 und 50 Jahren, Personen im Rentenalter und Minderjährige sind nicht befragt worden. Aus der Gesamtstichprobe leben 22 Personen weniger als ein Jahr in Deutschland, 25 seit bis zu fünf Jahren und 15 seit bis zu 17 Jahren. Die Befragungsdauer lag zwischen einer und anderthalb Stunden, der Befragungszeitraum war Juni und Juli 2002.

Asylbewerber und Polizei im Heimatland

Der ursprüngliche Fragenkatalog zur Qualität der Polizeiarbeit im Herkunftsland stieß auf Unverständnis bis hin zu Heiterkeit. Immer wieder wurde das Befragungsteam darauf hingewiesen, dass in den Ländern der Asylbewerber eine Polizei im Sinne einer Institution zum Schutze des Bürgers nicht existiere. Über die Hälfte der Befragten gab an, dass in ihrem Land das Militär „Polizeiarbeit" verrichte und reine Willkür herrsche. Übereinstimmend wurde berichtet, dass man bei Zugehörigkeit zu einer Minderheit, einer „falschen" Partei oder Gruppierung keinerlei staatlichen Schutz genieße. Korruption und Brutalität seien an der Tagesordnung. Es bliebe nur die Selbsthilfe durch die Familie, sonst regiere die Ohnmacht vor den Zuständen. Der Unterstützung durch die Familie wurde in fast allen Herkunftsländern der Asylbewerber der größte Stellenwert bei Konfliktlösungen jeglicher Art zugewiesen. Ein Befragter aus Weißrussland erzählte, dass in seiner Heimat selbst bei Kapitalverbrechen die Polizei nur käme, wenn die Betroffenen das Benzingeld für den Einsatz bezahlten.

Auf die Frage, ob sie der Meinung seien, dass in ihrem Heimatland Verbrechen aufgeklärt würden, antworteten die meisten Befragten mit „Nein", nur wenige mit „Ich weiß nicht", niemand antwortete mit „Ja". Übereinstimmend war die Angst vor dieser „Schutzmacht" das beherrschende Gefühl, das die Befragten den Interviewern glaubwürdig vermitteln konnten. Negative Erfahrungen mit der Polizei verwundern bei dieser Gruppe von Menschen nicht, da sie aus Gründen der Verfolgung bzw. eines Bürgerkriegs nach Deutschland geflüchtet sind. Allerdings ist zu vermuten, dass negative Erfahrungen aus dem Heimatland den Kontakt mit der hiesigen Polizei prägen bzw. in die Beurteilung der deutschen Polizei mit einfließen.

Asylbewerber und Duisburger Polizei im öffentlichen Bereich

Im Gegensatz zu der einheitlich negativen Beurteilung der Polizei ihres Herkunftsstaates fiel die Beurteilung der Duisburger Polizeiarbeit durch die Asylbewerber ebenso einheitlich positiv aus. Die wichtigsten Punkte waren:

- Die Polizei ist da, wenn man sie braucht
- Sie handelt nicht willkürlich
- Bei leichten Vergehen übertreibt sie nicht
- Sie ist nicht korrupt
- Sie ist nicht brutal
- Sie verhält sich höflich und korrekt
- Die Polizeiarbeit in Deutschland ist erfolgreich
- Ich glaube, das Verhältnis zwischen uns ist gut

Dementsprechend gaben alle Befragten, die schon länger als sechs Monate in Deutschland leben, an, dass sie der Duisburger Polizei vertrauten. Asylbewerber mit erst kurzer Aufenthaltsdauer hingegen wollten oder konnten dazu noch keine Angaben machen.

Daneben ergab die Befragung weitere, detaillierte Informationen, die sich auf die tägliche Polizeiarbeit im öffentlichen Raum beziehen. Oft wurde das Verhalten von Polizistinnen als strenger empfunden, das viele Asylbewerber damit begründeten, dass sich Frauen in diesem Beruf stärker behaupten müssten als Männer. Die große Gruppe der Schwarzafrikaner gab zudem an, wesentlich häufiger als andere Asylbewerber Passkontrollen zu erleben. Nicht-schwarze Heimbewohner teilten die Sicht der Schwarzafrikaner und bestätigten, dass sie seltener, manche noch nie, nach ihrem Ausweis gefragt wurden. Manche Schwarze empfinden das als rassistisch, selbst wenn sie auf der anderen Seite bestätigten, dass sie von der Polizei immer höflich behandelt wurden, und wussten, dass „die nur ihren Job machen".

Ihr eigenes Verhalten der Polizei gegenüber beschrieben die Befragten weitgehend als ruhig und kooperativ, oft begleitet von dem Zusatz: „Es bleibt mir ja auch nichts anderes übrig." Eine 25-jährige Schwarzafrikanerin berichtete über einen Vorfall im Aufnahmelager einer Stadt in Nordrhein-Westfalen:

> „Es gab einen Streit, ein ‚falscher Weißer‘[9] bedrohte einen Schwarzen mit einem Messer. Die Polizei kam, sah den Fall und fuhr wieder ab. In S. sind sie Rassisten."[10]

---

[9]   Damit ist ein Asylant weißer Hautfarbe gemeint, hier frz.: „faux blanc".
[10] In Duisburg hatte sie noch keinen Kontakt zur Polizei.

Bemerkenswert ist die Beurteilung der Polizei durch einen 19-jährigen Roma:

> „Die deutsche Polizei ist harmlos, sie darf doch sowieso nichts tun, sie nehmen dich mit und lassen dich wieder laufen. Ich habe immer große Klappe, warum nicht?"

Außerdem wurden die Asylbewerber auch nach dem Verhalten der Mitarbeiter anderer staatlicher Institutionen als der der Polizei befragt. Die Behandlung durch die Mitarbeiter der Einreisebehörden, denen die Flüchtlinge nach zumeist illegaler Einreise nach Deutschland zuerst begegneten, wurde fast immer als höflich und freundlich charakterisiert, gleichermaßen der Umgang im Ausländeramt. Abweichende Meinungen gab es keine.

Angaben der Asylbewerber zu selbst verübten Delikten

Um das Verhältnis zwischen der Polizei und Asylbewerbern richtig zu beurteilen, ist es nicht unerheblich, in welchem Maße die Betreffenden durch Straftaten auffällig werden. Die Polizeiliche Kriminalstatistik (PKS) für das Berichtsjahr 2002 weist 566.918 nichtdeutsche Tatverdächtige aus, davon 78.953 Asylbewerber. Das ist ein Anteil von 13,9%, im Jahr 2001 lag dieser Anteil bei 14,3%. Aufgeführt sind darüber hinaus Delikte, bei denen Asylbewerber überdurchschnittlich vertreten sind, darunter Sozialleistungsbetrug, Diebstahl in jeder Form, vorsätzliche Tötungsdelikte und Drogenkriminalität.

Aufgrund der Wahl der Methode konnten keine repräsentativen Ergebnisse zur Kriminalitätslage der Flüchtlinge in Duisburg erhoben werden. Erschwerend kam hinzu, dass die Glaubwürdigkeit diesbezüglich im Nachhinein bei manchen Interviews anzuzweifeln war, wenn die Befragten angaben, sich bisher immer korrekt verhalten zu haben, während die Heimmitarbeiter uns anderes berichteten. Es gab aber einige Ausnahmen, in denen Vergehen offen zugegeben wurden. In der Reihenfolge der berichteten Häufigkeit wurden genannt:

- Schwarzfahren
- Schwarzarbeit
- Diebstahl
- Drogenkonsum
- Hehlereiverdacht
- Urkundenfälschung
- Körperverletzung und illegaler Waffenbesitz

Das häufige Schwarzfahren wurde oft mit der Stadtrandlage der Heime und den hohen Kosten für Fahrscheine begründet. Ein alleinlebender Asylbewerber erhält monatlich 202 Euro zur gesamten Lebensführung, einschließlich seiner Kleidung. Viele gaben an, damit nicht immer auszukommen. Auch Schwarzarbeit ist daher ein Thema, zumal die Asylbewerber in der Regel keine Arbeitserlaubnis erhalten. Durchgängig besteht aber der Wunsch nach Arbeit. Mehrere Gründe wurden dafür angegeben:

> „Ich möchte selber für mich aufkommen."
> „Das ist besser als diese unerträgliche Langeweile, die macht mich oft depressiv. Arbeit lenkt mich von meinen Sorgen ab."
> „Ich schicke das Geld meiner Familie."
> „Ich muss etwas Sinnvolles tun."

Es entstand nicht der Eindruck, dass die Betreffenden Schwarzarbeit für unrechtmäßig hielten, eher das ihnen auferlegte Arbeitsverbot. Sie verstanden nicht, dass sie für ihr Einkommen nicht selber arbeiten durften. Hierzu heißt es in einem Bericht des Ethno-Medizinischen Zentrums Hannover (1992: 113):

> „Als besonders psychosozial belastete Gruppe gelten die Flüchtlinge und Asylsuchenden, die spezifischen Problemen ausgesetzt sind. Zu den psychischen und physischen Leiden, die diese Migranten bereits in ihrer Heimat erlebt haben, kommen auf sie im Exil Deutschland eine Reihe zusätzlicher Belastungen zu, wie langfristiger Aufenthalt in Sammelunterkünften und Lagern, Aufenthaltsbeschränkungen, Arbeitsverbot sowie massive öffentliche und administrative Diskriminierung."

Daraus ergeben sich bei den Befragten Gefühle wie Hilflosigkeit, Ohnmacht und Nutzlosigkeit. Auch Alkohol- und Drogenkonsum einiger Heimbewohner resultieren aus Langeweile und Frust, was wiederum zu Aggression und Gewalt führt. Besonders Familienväter fürchten Respekts- und Statusverlust innerhalb ihrer Familie und der Umgebung.

Ein 19-jähriger Roma mit Duldungs-Status, der bereits seit 17 Jahren mit seiner Großfamilie aus dem ehemaligen Jugoslawien in Deutschland lebt, erzählte bereitwillig von seinen Beutezügen: „gezogene Portemonnaies", um damit einzukaufen, was man anprobieren muss, alles andere „lässt man sowieso mitgehen". Er zeigte der Interviewerin einen nagelneuen, gerade in einem Kaufhaus gestohlenen tragbaren CD-Player. Auf die Frage nach weiteren Straftaten gab er Jugendhaft für Körperverletzungen an. Ein Kurde habe damals seine Mutter beleidigt, was er nicht auf sich sitzen lassen wollte. Dass sein Opfer ins Koma fiel, wollte er nicht und bezeichnet das als „Pech". Die anschließende Haftzeit empfand er als angenehm, da er arbeitslos war. Zum Ende des Interviews holte er eine Waffe aus der Tasche: „Keine Angst, ich tu dir nichts, du bist ja nett." Diese Geste wirkte tatsächlich nicht bedrohlich, sondern sollte wohl seine Souveränität in jeder Lebenslage demonstrieren.

Solche „Offenherzigkeit" eines Befragten blieb ein Einzelfall, zeigt aber auch deutlich die große Heterogenität dieser Befragtengruppe, die nur sehr vereinfachend unter der Bezeichnung „Asylbewerber" zusammengefasst wird. So gab es auf der anderen Seite viele Befragte, die sich nach eigenen Angaben sehr bemühten, hier alles „richtig zu machen", damit sie bleiben dürfen.

Asylbewerber und Duisburger Polizei im Übergangsheim

Im Gegensatz zum öffentlichen Raum, in dem sich Polizeikontakte mit der untersuchten Gruppe meist auf Personenkontrollen oder die allgemeine Ausübung des Polizeigesetzes erstrecken, stellt sich die Situation in den Heimen wesentlich komplexer dar. Hierzu wurden nicht nur die Bewohner befragt, sondern auch die Mitarbeiter vor Ort, um ein möglichst wirklichkeitsgetreues Bild zu bekommen. Da zu diesem Themenkomplex auch Fragen nach eigenen Vergehen und Delikten von Mitbewohnern sowie sozialen Konflikten und deren Lösungen gehörten, war ein Vergleich der gewonnenen Daten durch eine Befragung der „Experten" unerlässlich.

Grundsätzlich gaben alle Bewohner an, in Konfliktfällen zuerst eine Lösung mit Hilfe der Hausmeister zu suchen. Dabei handelte es sich um immer wiederkehrende Probleme des täglichen Miteinanders wie Lärm, nicht geputzte Küchen oder Sanitärbereiche sowie Streitigkeiten der Hausbewohner über die Waschküchenbenutzung. Darüber hinaus gab es Vorfälle, die entweder in der Zeit nach 16 Uhr stattfanden, wenn das Büro nicht mehr besetzt war bzw. mit einer massiven körperlichen Bedrohung einhergingen. Dann standen gewöhnlich zwei Strategien offen, wie berichtet wurde: Hilfe durch Mitbewohner oder Anruf bei der Polizei.

Im ersten Fall kann man den Begriff „Mitbewohner" fast immer ersetzen durch Mitbewohner der eigenen Nationalität. Denn die Ursachen der schärferen Konflikte, obwohl selten berichtet, hatten in erster Linie mit landesspezifischen Verhaltensweisen zu tun. Die Befragung ergab z.B., dass gläubige Moslems Alkoholgenuss in ihrem Zimmer oft nicht tolerierten und darüber ein Streit ausbrach, der gefährliche Formen annehmen konnte.

Angehörigen bestimmter Nationalitäten wurde eine höhere Gewaltbereitschaft attestiert, vornehmlich Russen und Kosovo-Albanern. Hilfe war dann nur von Angehörigen der eigenen Ethnie zu erwarten. Nur wenn es nicht gelang, die Situation zu entschärfen, wurde die Polizei gerufen. So berichtete ein 33-jähriger Kurde von einem Drogenhandel durch Russen in Sichtweite des Wohnheims, wobei es zu Auseinandersetzungen mit Waffen gekommen sei. Vor diesem Personenkreis hatten die anderen Bewohner Angst. Er selbst wurde zur Einschüchterung durch Russen mit dem Messer bedroht, hatte sich aber an die Polizei gewandt. Daraufhin hatte es bei diesen Russen Polizeikontrollen gegeben, Waffen oder Drogen wurden jedoch nicht gefunden.

In verschiedenen Heimen wurden oftmals Fahrräder gestohlen. Das zeigten die Bewohner zwar an, aber es herrschte die Ansicht vor, dass die Duisburger Polizei sich für „kleinere" Straftaten, begangen an Asylbewerbern, nicht interessiere. In anderen Fällen war das Vertrauen in die Polizei größer. Ein Heimbewohner mit Alkoholproblemen rastete öfters aus, schlug seine Frau auf brutale Weise und ging auf Bewohner los, wenn diese helfen wollten. In diesem Fall machten die Asylbewerber mit der Polizei gute Erfahrungen. Trotzdem gab es auch Kritik. So wurde bemängelt, dass oft mehrere Anrufe nötig seien, bis die Polizei erscheine. Das führten die Asylbewerber allgemein auf ihren geringen gesellschaftlichen Stellenwert zurück. Ein Algerier resignierend:

> „Früher habe ich geglaubt, hier ist es gerechter, das glaube ich nicht mehr."

Leitfadeninterviews mit den städtischen Mitarbeitern

Kurzbeschreibung der städtischen Angestellten
Befragt wurden der Arbeitsgruppenleiter des Amtes für Soziales und Wohnen im Sachgebiet Asylbewerber- und Spätaussiedlerangelegenheiten der Stadt Duisburg. Hinzu kam eine Sachbearbeiterin für die Unterbringung von Asylbewerbern und Flüchtlingen und eine Koordinatorin, die regelmäßig alle Wohnheime besucht und sich um Probleme kümmert, die die Mitarbeiter vor Ort nicht alleine bewältigen können. Außerdem wurden Heimleiter aus Übergangswohnheimen befragt. Viele Mitarbeiter, speziell die Heimleiter, waren für ihre Funktion fachlich nicht besonders qualifiziert. Alle gaben an, nicht über größere Fremdsprachenkenntnisse zu verfügen, sondern sich mit „Händen und Füßen" zu verständigen. Insgesamt drängt sich der Verdacht auf, dass es sich eher um Hausmeister als um Heimleiter handelt. Die Auswahlkriterien der Stadtverwaltung scheinen sich oftmals auf handwerkliche Fähigkeiten und ein autoritatives Auftreten bzw. Durchsetzungsvermögen zu erstrecken, um die diversen Anforderungen dieses Arbeitsfeldes zu meistern. Daher wünschten sich einige Befragte Hilfe von Sozialarbeitern und Psychologen – für die Bewohner und sich selbst. Eine Stelle dieser Art existiert bei der Stadt Duisburg allerdings nicht. Vom Arbeitsgruppenleiter war zu erfahren, dass er zur Unterstützung Supervisionen eingerichtet hat. Keiner der Mitarbeiter würde aber die Tätigkeit aufgeben wollen. Alle gaben an, den Job gerne zu machen.

Beurteilung des Verhältnisses zwischen Polizei und Asylbewerbern
Als bezeichnend für das Verhältnis zwischen Polizei und Asylbewerbern kann folgender Satz einer Heimleiterin gelten:

> „Wenn die Polizei auftaucht, knallen hier plötzlich alle Türen."

Sämtliche Mitarbeiter bestätigten dies mehr oder weniger. Das steht im deutlichen Kontrast zu den Angaben der befragten Asylbewerber, die ihr Verhältnis zur Polizei als „gut" beschrieben hatten. Ebenso widersprüchlich stehen sich die Aussagen zu der Frage gegenüber, wen man bei massiveren Konfliktfällen zu Hilfe holt. Während die Asylbewerber die Polizei nannten, konnten das die Hausmeister nicht bestätigen. Nach ihrer Erfahrung rufen die Bewohner höchst selten die Polizei. Auf die Frage nach den Gründen für die Diskrepanz zwischen den Berichten der Asylbewerber und den Erfahrungen der Mitarbeiter, gab es folgende Erklärungen:

- Angst vor Vergeltung durch Mitbewohner
- Schlechte Erfahrungen mit der Polizei im Heimatland
- Eigenes schlechtes Gewissen aufgrund verübter Delikte
- Nationalitätsspezifische Handlungsmuster, d.h. Tendenz zur internen Regelung

Danach scheint eine unterschiedliche Gewichtung zwischen Straße, d.h. öffentlichem Raum, und Heim, d.h. Privatsphäre, zu existieren. Innerhalb des Wohnheims sind andere Faktoren maßgeblich für die Wahl der Handlungs- und Lösungsstrategien.

Angaben der Heimleiter zu Delikten der Bewohner

Heimleiter werden über Straftaten oder einen Straftatverdacht ihrer Bewohner selten von offizieller Seite informiert. Sie erfahren davon durch andere Bewohner und durch ihre Funktion als Poststelle. In der Praxis heißt das: Ein Asylbewerber erhält Post von der Polizei oder der Staatsanwaltschaft, die ihm von der Heimleitung ausgehändigt wird. Oft genug muss sie dann beim Lesen behilflich sein oder nimmt für den Betreffenden Kontakt mit den Behörden auf. So bekommen die Heimleiter im Laufe der Zeit einen guten Überblick über Delikte und Delikthäufigkeiten der einzelnen Bewohner des Heims.

„Ich kenne meine Pappenheimer".

Zudem liegen die Büros an „strategisch günstigen" Stellen, sodass der Heimleiter das Kommen und Gehen im und vor dem Wohnheim, zumindest bis 16 Uhr, beobachten kann. Keiner der Heimleiter gab aber gerne über Straftaten Auskunft.

„Ich will nicht darüber nachdenken, sonst kann ich sie nicht mehr gleich behandeln".

Dennoch wurden als typische Delikte von jedem Heimleiter folgende Taten angegeben:

- Schwarzarbeit
- Scheckbetrug
- Schwarzfahren
- Urkundenfälschung
- Diebstahl

Die Heimstruktur erwies sich als wichtiger Faktor für die jeweiligen Kriminalitätsformen und deren Häufigkeit. In Heimen mit ausschließlich männlicher Singlestruktur schätzten die Mitarbeiter, dass mindestens die Hälfte der Heimbewohner in strafbare Handlungen verwickelt sei. Viele Männer waren sehr jung, zwischen 19 und 25 Jahren. Sie kamen unter den abenteuerlichsten Umständen nach Duisburg, hatten keine andere soziale Bindung als ein eigenes, sehr lockeres Netzwerk untereinander und oft nur eine geringe Schulbildung, bis hin zum Analphabetismus. Insbesondere in diesen Heimen kamen auch andere Delikte vor, wozu in der Reihenfolge der genannten Häufigkeit zählten:

- Drogendelikte (Konsum und Handel, aber vornehmlich Handel)
- Körperverletzung
- Organisierter Einbruch und Diebstahl
- Hehlerei
- Waffenbesitz

Übergangsheime mit Wohnungscharakter hingegen wurden als eher ruhig beschrieben. Hier wohnen ausschließlich Familien oder Einzelpersonen mit Kindern. Die Kriminalitätsbelastung wurde von den Mitarbeitern dort auf ca. 30% geschätzt, die zuletzt aufgelisteten Delikte kamen kaum vor, dagegen Diebstahl sehr häufig.

Angaben über nationalitätsspezifische Delikte
Bis auf eine Hausmeisterin, in deren Heim fast nur Roma lebten, und die deshalb nur diese Gruppe kannte, herrschte Einigkeit darüber, dass es Deliktformen gebe, die man bestimmten Nationalitäten besonders häufig zuordnen könne:

- Russen und Kosovo-Albanern wird ein hohes Gewaltpotenzial nachgesagt, außerdem organisierter Einbruch und Diebstahl
- Schwarzafrikaner und Kosovo-Albaner handeln eher mit Drogen
- Schwarze Frauen und Russinnen prostituieren sich häufig

- Roma stehlen alles, sammeln Sperrmüll, handeln mit gestohlenen Autos, sind in allen Heimen unbeliebt und machen Probleme jeder Art

Die Angaben der Mitarbeiter in der Reihenfolge der Interviews:

„Russen haben oft Post von der Staatsanwaltschaft, alle [Heimbewohner, M.L.] haben Angst vor ihnen, aber hier sind sie eigentlich friedlich… Roma haben auch immer Autos vor der Tür, sind aber nicht auf sie gemeldet. Ein Roma hat immer Busse, die ständig wechseln. Sie handeln mit allem, Waschmaschinen, Kühlschränke, einfach alles. Für einen kaputten Fernseher bekommen sie in Dortmund 25 Euro, da kauft ein Afrikaner alles LKW- weise (…) Bei den Schwarzen waren schon Drogen in die Gardinen eingenäht und bei einer Razzia haben sie die Gardinen abgerissen und sind damit aus dem Fenster gesprungen."

„Ich habe zwei Familien aus Russland hier, die haben nicht mal untereinander Kontakt."

„Russen halten zusammen, sie sind auch manchmal aggressiv, aber nicht mir gegenüber…Kosovo-Albaner haben sehr viel zu verbergen. Zuhause und hier. Sind alle in Schwarzmarktgeschäfte verwickelt, haben auch viel mit Gewalt zu tun, hintenrum und stickum. Sie sind sehr organisiert, ich glaube, sie müssen Schutzgeld zahlen. Es gibt Waffen, einer ist mit dem Messer auf jemanden losgegangen, aber nicht im Heim. (…) Ich kann keinen Roma aus Mazedonien mit einem Albaner zusammenpacken. Es geht nur räumliche Trennung in zwei Häusern [dieses Wohnheim hat mehrere Gebäude, M.L.], vor der Tür gehen sie sich aus dem Weg. Jeder hat dann seine Truppe, die helfen würde, es geht nur nicht auf engem Raum. (…) Eine Familie aus Mazedonien (Moslems) ist seit '93 hier. Ich habe erst vor kurzem erfahren, dass die Mädchen geschlagen werden, die Jungen nicht. Eine musste jetzt ins Krankenhaus. Den Vater stört bereits, dass sie zur Schule gehen. Die anderen Bewohner haben das wohl immer gehört oder gewusst. Die Mädchen sind in einer Folklore-Tanzgruppe, es wurde eine Stunde später und sie mussten die ganze Nacht vor der Tür verbringen. Für Kinder greift hier keiner ein. (...) Schwarze dealen, werden oft an der Ecke abgeholt. Schwarzarbeiter auch. Habe es dem Arbeitsamt mitgeteilt, aber die reagieren nicht. (…) Prostitution sind hauptsächlich Afrikanerinnen und Russinnen. Das ist für sie normal, ist eben ein anderer Kulturkreis. Eine fährt jeweils eine Woche nach Belgien. Falls sie ein Kind bekommen, hier haben wir vier oder fünf Schwarzafrikanerinnen mit deutschen Kindern, haben sie Bleiberecht. Die Kinder haben einen deutschen Pass. Unsere Weiber sind clever. (...) Freiwillig würde hier keiner die Polizei holen. Für andere vielleicht. Vor vier Monaten wurden hier gleich 20 Fahrräder geklaut. Ich: Holt die Polizei. Sie: Nein, da kümmern wir uns selbst drum. Ich glaube, sie haben selbst zuviel Dreck am Stecken. Zum Beispiel: Es kommt eine Familie und hat nach zwei Wochen ihre Einrichtung komplett. Wie funktioniert das?"

„Kosovo-Albaner sind aufbrausend und aggressiv. Wenn sie sich nicht sofort durchsetzen können, sind sie sauer. Beispiel: Einer will Wäsche waschen und ist erst nächste Woche dran. Ich setze mich durch, zur Not auch mit Pfefferspray, oder ich sage: Ich hau euch mit dem Knüppel auf den Kopf. Polizei habe ich noch nicht gebraucht. (...) Schwarzafrikaner dealen, schwarze Frauen oft Prostitution, und das Sozialamt bezahlt die Abtreibung. (...) Ich hatte Roma-Familien, die mit Kindern handeln, immer aus anderen Familien, nicht die eigenen. Die Mädchen hatten Spuren am Handgelenk, weil sie sie an die Heizung gefesselt hatten, um sie zu verkaufen. Wir haben die Polizei geholt, die Mädchen wurden in Sicherheit gebracht. Ich wurde bedroht, ich hatte ihnen ja das Geschäft vermasselt. Sie bekamen zwar Knast, aber haben einen Folgeantrag gestellt und sind jetzt in der R.straße.“[11]

„Die Kosovos mehr Einbruch und Autos, Gewalt, aber nicht hier im Heim. Sie beschimpfen mich wir hätten durch Bomben ihr Land kaputt gemacht. Sie sind sehr undurchsichtig, kommen z.b. mit Autos und haben immer viel geklautes Zeug. Sie haben hier oft alles kaputt gehauen und sind meist sehr jung, 18-20. Sie bringen Mädchen mit und feiern, dagegen habe ich mich durchgesetzt. (...) Bei Schwarzafrikanern unterscheide ich englisch- und französischsprachige. Die, die Französisch sprechen, sind kultivierter. Die Englischsprachigen dealen, meist im Duisburger Park oder am Amtsgericht. Auch in Marxloh, August-Bebel-Platz. Schwarzarbeit gibt es bei allen Nationalitäten, aber hauptsächlich Inder und Sri-Lanka.“

„Roma drohen im Heim mehr (ich steche dich ab, ich schlage dein Aquarium kaputt, ich bringe deine Familie um), aber Kosovos sind draußen schlimmer. Beide schlagen ihre Frauen und Mädchen. Roma verkaufen ihre Töchter, das ist da ganz normal, aber nur innerhalb ihrer Gruppe. Sie klauen alles, was nicht angebunden ist, z.B. auf dem Nachhauseweg vom Einkaufen, egal, ob sie es brauchen oder nicht. Oft völlig wertlosen Kram. Hier dürfen sie nur noch alleine waschen, sonst fehlt den anderen Wäsche. Ständig kommen Anzeigen aus den Geschäften der Umgebung. An Diebstahl machen die alles, oft Autos. Ich musste schon Hunderte von Fahrrädern vor der Tür abholen lassen. Kosovo-Albaner sind Zuhälter, z.B. in Marxloh. Sie klauen gezielter als die Roma, nur das, was sie möglichst am nächsten Tag verkaufen können, z.B. Stereoanlagen usw., alles, was man sofort zu Geld machen kann. Sie sind sehr gewalttätig, auch untereinander, sie haben meist Waffen und sind in Schießereien verwickelt. Beispiel: Bei mir im Heim wollte ein Kosovo waschen. Ein Schwarzer hatte noch seine Wäsche in der Maschine, die hat der Kosovo rausgenommen. Der Schwarze kam grade dazu und hat sich beschwert. Sofort steckte das Messer in seiner Brust, nicht sehr tief, und der Kosovo hat gesagt, er fühlte sich bedroht. (…) Sie erzählen von ihren Waffen ganz öffentlich, damit die anderen Respekt haben. (…) Aber die Russen sind mittlerweile am schlimmsten, auch die mit Familie. Das macht bei denen keinen Unterschied. Wenn die meinen, Sie sind reif [zum Interviewer, M.L.], dann sind Sie reif. Beispiel: Auf einem Automarkt wollte ein Russe aus ei-

---

[11] Nach häufig störendem Verhalten oder Haftstrafen werden Asylbewerber in andere Heime verlegt.

nem Tank Sprit klauen. Der Wärter hat das bemerkt, er wurde zusammengeschlagen und schwer verletzt. Der Russe sitzt jetzt ein paar Monate in der JVA. Seine Frau, die noch hier ist, fährt dienstags nach Dinslaken in eine Russen-Disco, die soll es da geben, und prostituiert sich. Sie ist erst 22, hat 2 Kinder, das erste schon mit 16. Und so viel Brüder, die sie besuchen, kann sie gar nicht haben. Ich sehe das an ihrer Kleidung, nur Markenartikel, die könnte sie sich sonst nicht leisten. Die russischen Männer sind den ganzen Tag unterwegs. (…) Jeden Tag kommt Post von den Grünen [gemeint ist die Polizei, M.L.] für die aus Osteuropa. (…) Schwarzafrikaner dealen schätzungsweise zu 50%, hauptsächlich in Düsseldorf. Die packen ganze Tüten [Aldi-Tüten, M.L.]. Den einen habe ich dreimal abgemeldet, dann bekommt er ja kein Geld mehr, aber er hat es wohl auch nicht gebraucht. Er war aus Gabun. Jetzt kommt er nicht mehr. Sie hatten schon Drogen draußen neben der Haltestelle vergraben.[12] (...) Die aus Sri Lanka und Asien arbeiten oft schwarz im Restaurant oder in der Pizzeria. (…) Alle haben ein Handy, manchmal zeigen sie uns Rechnungen über ein paar Tausend Mark und sagen: ,Guck mal, Chef, die wollen uns betrügen.' Aber bei denen ist ja offiziell nichts zu holen, das Handy wird gesperrt, und schwupps, haben sie ein neues."

Der Arbeitsgruppenleiter für Asylangelegenheiten, dem alle Duisburger Heimleiter unterstellt sind und der aufgrund seiner Position und ambitionierten Arbeit einen Gesamtüberblick über die meisten Geschehnisse in den Häusern hat, konnte die geschilderten Beispiele und Einschätzungen seiner Mitarbeiter vor Ort bestätigen. Jeder Donnerstag sei für Besprechungen und Austausch mit diesem Mitarbeiterkreis reserviert, und „wenn es brennt", werde er telefonisch informiert. In manchen Fällen sei er es dann, der die Polizei kontaktiere. Besonders die Stellungnahmen zur Gewalt unter Russen und Kosovo-Albanern konnte er bekräftigen:

„Kosovo-Albaner und Russen machen keine Gefangenen. Der Mensch ist da nichts wert. Beide sind sehr gewalttätig, nicht in der eigenen Gruppe. Besonders die Junggesellen führen ihren Krieg hier weiter, sie haben nie etwas anderes kennen gelernt."

Erfahrungen der Heimleiter mit der Duisburger Polizei
Es wurde bereits darauf hingewiesen, dass sich die Gruppe der Asylbewerber als „unwichtig" empfindet, d.h. als Menschen mit einem geringen gesellschaftlichen Stellenwert. Als eine Begründung dafür wurde angeführt, dass die Polizei erst nach mehrmaligem Anruf ins Wohnheim komme, auch wenn es um körperliche Auseinandersetzungen gehe und nicht nur um eine Bagatelle.

Um die subjektive Sicht der Befragten, einschließlich des darin enthaltenen Vorwurfs, genauer zu beleuchten, wurden die städtischen Mitarbeiter zu ihren

---

[12]   In anderen Heimen werden Rattenfallen als Versteck benutzt.

Erfahrungen mit der Polizei am Arbeitsplatz befragt – jede dieser Personen verfügt über einen jahrelangen Erfahrungsschatz in Übergangsheimen. Gefragt wurde nach dem Verhältnis zur Polizei, nach Einsätzen im Heim und nach dem Maß der gegenseitigen Kooperation. Hier sollen zuerst übereinstimmende Meinungen, Kritikpunkte oder Wünsche aufgelistet werden, danach kommen die Mitarbeiter selbst zu Wort.

Übereinstimmende Angaben der Befragten:

1. Die Polizei kommt manchmal nur nach mehrmaligem Anruf. Als Gründe wurden angegeben: zu dünne Personaldecke und Revier-Unterschiede.
2. Bis zum Erscheinen der Beamten vergeht oft zu viel Zeit.
3. Die Heimleiter geben der Polizei öfters Tipps, aber die Behörde reagiert nicht immer.
4. Die Polizisten stellen sich manchmal ungeschickt an und bringen die Heimleiter dadurch in Schwierigkeiten, da sie verraten, dass sie Hinweise auf mögliche Täter gegeben haben.
5. Es wird mehr Polizeipräsenz zur Prävention gewünscht.
6. Es besteht der dringende Wunsch, über alle Polizeieinsätze im Heim, d.h. auch über solche außerhalb der Dienstzeit, informiert zu werden.

Der letzte Punkt, die nur selten erfolgende Information über Polizeieinsätze in Abwesenheit der Heimleiter, wurde besonders negativ kommentiert:

> „Wir sollen kooperieren, wir geben jede Information weiter, obwohl immer gesagt wird, wir arbeiten schlecht. Wir schreiben alles auf, aber die Polizei informiert uns nie. Dabei müssten wir doch grade wissen, was abläuft. Wir haben hier Hausrecht. (…) Bei mir haben sie schon Türen eingetreten, obwohl Schlüssel da sind und ich in fünf Minuten da sein kann, wenn man mich anruft. Jede Tür kostet 500-600 Mark. Nachdem ich mich darüber massiv beschwert habe, ist es jetzt besser."

Auch die anderen Heimleiter gaben an, nicht von der Polizei, sondern, wenn überhaupt, durch andere Bewohner von Polizeieinsätzen im Haus zu erfahren. Alle halten solche Informationen für wichtig für ihre Arbeit vor Ort und wünschen sich in diesem Punkt eine bessere Zusammenarbeit. Mit Blick auf die anderen Kritikpunkte merkten die Heimleiter zur Duisburger Polizei noch an:

> „Die Leute hier halten die deutsche Polizei für gar keine Polizei. Sie [die Polizei, M.L.] wollen keine Arbeit mit uns haben und interessieren sich nicht. Ich gebe Tipps, aber sie reagieren nicht. Außerdem verhalten sie sich dumm, z.B.: Ein Roma kommt in mein Büro mit einer riesigen schwarzen Tasche mit Zigaretten und bietet mir tatsächlich welche an. Als er weg ist, rufe ich die Polizei in X an. Die kommt,

steht auf dem Hof und ruft in Anwesenheit anderer Bewohner: ‚Haben Sie wegen Zigaretten angerufen?' Wie doof ist die Polizei? (...) Ich bekam auch schon eine Morddrohung, ist länger her. Da hatte ich der Polizei einen Tipp gegeben, und sie haben das Band den Beschuldigten vorgespielt, mit meiner Stimme. Das hatte ich dann davon."

„Hier musste ich die Polizei noch nie rufen, aber in dem Heim vorher. Dort waren sie schnell da, ich habe nur positive Erfahrungen gemacht. Ab und zu kam der Polizist aus X mit dem Fahrrad vorbei. Wir haben Kaffee getrunken, das war gut für die Leute. Aber einmal gab's dort Verdacht auf Rauschgift. Ich wollte den Schlüssel holen, aber trotzdem hat der Polizist die Tür eingetreten. Musste wohl schnell gehen."

„Bei der Polizei gibt es Unterschiede. In X z.B. hat die Polizei es sich einfach gemacht. Sie riefen meine private Telefonnummer an, um im Notfall die Schlüssel zu bekommen. Dann kamen oft Anrufe: ‚Wir haben einen Anruf bekommen. Könnten sie ins Heim fahren?' Und das abends und am Wochenende. Ich habe mich beschwert. (…) Ich gebe der Polizei Tipps und als es noch Y gab, kamen die immer gleich. Jetzt dauert es lange, X ist zuständig. Ich glaube, die sind überfordert. Im Notfall komme ich mir verraten vor. (…) Die Polizei ist höflich und nett zu allen, aber trotzdem holt sie freiwillig keiner [der Bewohner, M.L.]. Ich hole die Polizei ganz öffentlich, das kann jeder sehen."

„Die Polizei drückt sich oft, z.B. ein Roma hatte keinen Führerschein und das Auto war nicht angemeldet. Ich habe die Polizei gerufen. Sie haben alles im Sande verlaufen lassen. Dann haben wir eine andere Dienststelle geholt. Die war besser. Die Polizei ist in unterschiedlichen Stadtgebieten anders. Die verhalten sich total unterschiedlich [die anwesende Koordinatorin bestätigt dies, M.L.]. Manche tun nichts, obwohl ich alles beschreibe. Ich bin sehr enttäuscht. Die Polizei ist mir so dämlich, ich habe die Schnauze voll. Ich helfe mir selbst. (...) Man hat auch schon vor meinen Augen gedealt, ein Schwarzafrikaner und ein Albaner. Die Polizei hat dann observiert und kam dann mit einer Hundertschaft. Aber der Einsatz war schlecht geplant. Die Drogen waren im Luftschacht in der Waschküche und draußen vergraben. Sie fanden Hehlerware und 8.000 oder 9.000 Mark, Drogen nur minimal. Aber es gab zehn Festnahmen. Danach kommt keiner mehr ins selbe Heim zurück. Diese Maßnahme soll das Klima verbessern."

„Asylanten holen die Polizei selber nicht. Ich glaube, nicht aus Angst vor der Polizei, sondern aus Angst vor den Kumpeln. Dann gibt es ein Nachspiel. Meist geht der Konflikt von ‚Freunden', also Fremdschläfern, aus. Ich schlage ihnen dann vor, zu mir zu kommen. (…) Das Verhältnis zur Polizei hier im Süden ist sehr gut. Zu 70% lassen mir die Polizisten einen Zettel an der Tür, wenn sie z.B. einen Schlüssel mitnehmen, sonst erzählen es mir die Bewohner. (…) Drogenhandel merke ich an den vielen Leuten, die hierher kommen und nicht hier wohnen. Manchmal gebe ich der Polizei dann einen Tipp. Die verhält sich dumm. Kommen rein und sagen: ‚Herr E., Sie haben uns angerufen?' (…) Die KK wegen Rauschgift kommen in Zivil. Die haben sich hier schon morgens rumgekloppt. Der Grund ist oft, dass ein Verdächtiger eine Vorladung bekommen hat und nicht hingeht. Also kommt die KK ins Heim. Ich würde sagen, es gibt Revierunterschiede. X ist rigoroser. Kontrollen fallen oft flach, kein Personal, z.B. für Fremdschläferkontrolle. (…) Oder ich halte jemanden fest und muss eine dreiviertel Stunde warten. Soviel Zeit habe ich nicht."

„Für den Staat ist Asyl tabu. Die Gerichte und andere Instanzen wollen sich nicht damit beschäftigen, nach dem Motto: ‚Die sind eh bald wieder weg'. Aber manche sind schon zwölf Jahre hier. Da gelten andere Kriterien als für normale Bürger. Die werden gar nicht richtig gecheckt. Sie bekommen vielleicht 20 Arbeitsstunden, wofür andere in den Knast gehen. Die Polizei macht zwar ihre Arbeit, aber ein paar Stunden später sind sie mit ihrem Anwalt für 300 - 500 Euro wieder raus. Dafür haben sie meistens Geld, ich frage mich, woher. Die Polizeiarbeit läuft für uns schlecht. Wahrscheinlich haben die keine Lust mehr. Es ist ja immer alles für die Katz. Manchmal sind die Verdächtigen schneller wieder hier, als die Polizei auf ihrer Wache. (...) Sie kriegen nicht mehr so schnell einen Wagen wie früher, die Polizei hat Personalknappheit. Wenn die Grünen kommen sollen, müssen Sie heute eine Stunde warten. Manche Wachen haben nur Fahrräder. X hat nur einen Wagen, der aus Y ist alleine und kommt zu Fuß, aber er ist nett. (...) Ich rufe an und höre: ‚Das dauert aber noch.' Meist haben sie andere Einsätze. (...) Wir hatten mal eine Massenschlägerei und ich habe fünfmal anrufen müssen, bis die Grünen endlich kamen. Es war Auszahlungstag und mein Kollege lag vor Angst unterm Schreibtisch. Als draußen jemand mit dem Wagenheber auf eine junge Frau mit Kind losging, bin ich raus und habe mich eingemischt. Anderthalb Stunden später kam die Polizei. (...) Es gibt ein Sonderkommando in Zivil [vermutlich ein ziviler Einsatztrupp, M.L.]. Die sollen ganz gut sein. (...) Hatte zwei, für die es einen Haftbefehl gab. Ich rief die Polizei an, die fuhr auf den Hof und rief: ‚Sind sie Herr F.? Wegen welcher Leute haben Sie uns angerufen?' Dazu fällt mir nichts mehr ein. Oder: Zwei Kosovo-Albaner sollten abgeschoben werden, hatten aber im letzten Moment ein Psycho-Attest. Ich habe das Ausländeramt informiert, die wollten trotzdem abschieben, hatten aber keine Leute und wollten die Polizei schicken. Ich sollte vor den Beiden so tun, als würde ich auf einen Rückruf warten, um sie festzuhalten. Nach fast einer Stunde kam dann die Polizei, hatte aber keine Unterlagen, die sie zur Mitnahme berechtigte. Ich hatte Angst, was die Psychos anstellen, wenn sie bleiben. Die schieben dann alles auf uns. Schließlich haben sie sie auf die Wache nach X mitgenommen, drei Stunden später waren sie wieder da. Sie sagten: ‚Jetzt wissen wir über Dich Bescheid, Chef.' (...) Ich wundere mich manchmal, wie schlecht die Streife ausgebildet ist. Jeder Bürger könnte das besser als die Polizei. Besonders die jungen. Sie haben zwar Interesse, aber kennen nicht die Realität. (...) Die Heimbewohner halten die Polizei für gut, aber nicht durchsetzungsfähig. Es passiert ihnen ja kaum was. Wir hören immer: ‚Bei uns ist die Polizei anders, so was würde es nicht geben. Die sind ja harmlos.'"

„Die Polizei ist chronisch unterbesetzt. Wenn ich anrufe, dauert es zwanzig Minuten, bis sie kommt. Dann ist schon alles vorbei. Der Polizist aus X ist eine große Hilfe. Wenn etwas war, wenn ich nicht hier bin, erkundigt er sich für mich und informiert mich dann. Er hat zwar kein Auto und muss zu Fuß kommen, aber er ist hilfsbereit [vermutlich ein Bereichsdienst-Beamter, M.L.]. (...) Hier sind nur Roma, ich weiß nicht, welches Verhältnis sie zur Polizei haben."

Fazit

Eine abschließende Betrachtung des Verhältnisses zwischen Asylbewerbern und der Duisburger Polizei auf der Grundlage der vorliegenden Daten macht eine divergierende Beurteilung des Kontakts in zwei Begegnungsräumen unübersehbar:

1.   Die Begegnung im öffentlichen Raum und
2.   die Begegnung im Wohnheim.

Das Verhältnis zur Polizei im *öffentlichen* Raum, d.h. bei Personalüberprüfungen auf Plätzen, am Bahnhof usw. wird von den Asylbewerbern als durchgängig gut beschrieben. Die Beamten verhalten sich höflich und korrekt. Von rassistischen Äußerungen oder Gewalt wird in keinem Fall berichtet. Polizistinnen werden allerdings als strenger beschrieben, zwischen jüngeren oder älteren Beamten dagegen kein Unterschied bemerkt. Schwarzafrikaner werden deutlich häufiger als andere Ausländer kontrolliert, was von den anderen Asylbewerbern bestätigt wird. Hier könnte eine sensiblere Vorgehensweise der Polizei hilfreich sein. Das Vertrauen in die Polizeiarbeit wird mit „gut bis sehr gut" beschrieben. Die zumeist negativen Erfahrungen mit der Polizei im Heimatland tragen sicherlich zu dieser positiven Einschätzung bei.
   Wesentlich komplexer zeigen sich die Ergebnisse der Polizeikontakte *innerhalb* der Wohnheime. Asylbewerber geben an, sich im Falle sozialer Konflikte zuerst an die Heimleitung zu wenden; nur im Ernstfall, d.h. bei körperlicher Bedrohung, würden sie die Polizei rufen. Aber auch informelle Strategien kommen vor. Entsprechend dem Erfahrungshintergrund im Heimatland gehört dazu hauptsächlich die Hilfe aus der eigenen ethnischen Gruppe. Wollen sie doch die Polizei einschalten, bemängeln viele Asylbewerber, dass es oft mehrerer Anrufe bedürfe, bis diese komme, oder dass ein Einsatz erst spät erfolge. Aus der Sicht der Flüchtlinge nimmt die Polizei aufgrund der geringen gesellschaftlichen Stellung bzw. Beschwerdemacht von Asylbewerbern deren Hilferufe nicht ernst. Innerhalb der Heime ist man der Polizei gegenüber misstrauischer eingestellt als im öffentlichen Raum. Dafür gibt es zwei zusätzliche, wenn auch wesentliche Gründe:

1. Die meisten Bewohner mit Duldungsstatus sind ständig von Abschiebung
    bedroht, und die Polizei gehört mit zu den ausführenden Institutionen.
2. Unter den Asylbewerbern gibt es einen hohen Prozentsatz an Delinquenz.

Die Angaben der städtischen Mitarbeiter sollten die gewonnenen Erkenntnisse
der Asylbewerber-Befragung validieren, aber auch die eigenen Erfahrungen mit
der Duisburger Polizei abbilden. In der Einschätzung über Delikte, insbesondere
solcher „nationalitätsspezifischer Art", waren sich die Heimleiter weitgehend
einig. In Heimen mit ausschließlich männlicher Singlestruktur und solchen mit
Mischcharakter sei die Kriminalitätsbelastung deutlich höher als in Wohnheimen
für Familien.

Heimleiter machen die Erfahrung, dass Asylbewerber nur selten selbst die
Polizei rufen, Dafür seien, wie erwähnt, Angst vor Vergeltung und ein eigenes
„schlechtes Gewissen" verantwortlich. Sie teilen allerdings nicht die Ansicht der
Bewohner, die Polizei komme aufgrund ihrer „Unwichtigkeit" spät. Sie sehen
die Gründe dafür eher in der Personalknappheit bei der Polizei bzw. den weiten
Anfahrtswegen, bedingt durch die Zusammenlegung sowohl der Reviere als auch
der Polizeiinspektionen.

Allerdings sehen die Mitarbeiter ihre Kooperation mit der Polizei als eher
einseitig an und wünschen sich mehr Polizeipräsenz sowie einen besseren Infor-
mationsfluss zwischen Polizei und Heimleitung. Einige Polizeieinsätze in
Wohnheimen wurden von der Heimleitung als deutlich „missglückt" angesehen,
woraus auch der Wunsch resultiert, dass die Polizei bei ihrem Vorgehen mehr
Sensibilität walten lassen möge. Informiert beispielsweise ein Mitarbeiter telefonisch die zuständige Polizeidienststelle, um über einen gerade beobachteten Tat-
bestand oder eine gesuchte Person zu unterrichten, so gerät er anschließend in
die Schusslinie der Bewohner, da ihm „Spitzeldienste" nachgesagt werden, wenn
die Polizei sich ungeschickt verhält. Auch von Bedrohungen der Heimleiter nach
solchen Situationen wurde berichtet. Die Motivation der Betroffenen, bei der
Aufklärung einer Straftat zu helfen, sinkt damit naturgemäß.

Abschließend ist zu sagen, dass die Heimleitungen innerhalb des Stadtge-
biets Unterschiede je nach Revier feststellen. Die Beurteilung der Arbeit verschiedener Polizeiwachen fällt daher unterschiedlich aus. Dabei können sich
Heimleitungen nicht nur auf Erfahrungen in „ihrem Revier" berufen, sondern
haben aufgrund von gegenseitigen Krankheitsvertretungen auch Vergleichsmög-
lichkeiten mit polizeilichem Vorgehen in anderen Stadtteilen.

Daraus ergeben sich zweifellos praktische Ansatzpunkte für ein verbessertes
Miteinander zwischen Asylbewerbern, den Mitarbeitern in Übergangsheimen
und der Duisburger Polizei. Es wird allerdings auch deutlich, dass der Auslöser
vieler Konflikte auf der deutschen Asylpolitik beruht, und die Polizei nur ausfüh-

rendes Organ ist. Beispielhaft sei hier die Personenkontrolle genannt. Aufgrund von Langeweile durch ein jahrelanges Arbeitsverbot und von mangelnden Rückzugsmöglichkeiten in z.T. Fünfbettzimmern lungert ein großer Teil der überwiegend jungen männlichen Asylbewerber an öffentlichen Plätzen herum. Die unausweichliche Ausweiskontrolle empfinden sie als schikanös und frustrierend. Die Länge der Asylverfahren, nicht selten zwölf Jahre und mehr, und die große Zahl der immer nur für wenige Monate ausgestellten Duldungen führen zu Stress, Krankheit und Aufgabe der Wertmaßstäbe.

In der Folge werden Überlebensstrategien entwickelt, die die legalen Möglichkeiten überschreiten. Die ständige Furcht vor Abschiebung provoziert Verstöße gegen Melde- bzw. Anwesenheitspflicht im Wohnheim. Gesellschaftliche Partizipation über die Finanzierung des eigenen Lebensunterhalts wird durch eine restriktive Asylpolitik eingeschränkt oder ganz ausgeschlossen. Der Schritt der Betroffenen in die Illegalität ist oft die logische Folge.

Literatur

Amnesty International (Hrsg.) (2001): Jahresbericht 2001. Frankfurt/Main: S. Fischer Verlag

Angenendt, Steffen (Hrsg.) (1997): Migration und Flucht. Aufgaben und Strategien für Deutschland, Europa und die internationale Gemeinschaft. München: Oldenbourg Verlag

Bade, Klaus J. (1994): Ausländer, Aussiedler, Asyl. München: C.H. Beck Verlag

Ethnomedizinisches Zentrum Hannover e.V. (1992): Was macht Migranten in Deutschland krank? Hamburg: E.B. Verlag Rissen

Glatzel, Horst (1997): Bilaterale Rücküberahmeübereinkommen und multilaterale Harmonisierungspolitik. In: Angenendt, Steffen (Hrsg.): 107-115

Kühne, Peter/Rüßler, Harald (2000): Die Lebensverhältnisse der Flüchtlinge in Deutschland. Frankfurt/Main: Campus Verlag

Lillig, Marion (2004): Polizisten und Asylbewerber in Duisburg. In: Duisburger Beiträge zur soziologischen Forschung 2. 2004

Lillig, Marion/Strasser, Hermann (2004): Asylbewerber im Teufelskreis: Ergebnisse einer empirischen Studie in Duisburg. In: IZA Zeitschrift für Migration und Soziale Arbeit, Heft 2. 2004. 123-132

Nuscheler, Franz (1995): Internationale Migration, Flucht und Asyl. Opladen: VS Verlag

Rittstieg, Helmut/Rowe, Gerard C. (1992): Einwanderung als gesellschaftliche Herausforderung. Baden-Baden: Nomos Verlag

Semnar-Höfling, Bettina (1995): Flucht und deutsche Asylpolitik. Münster: Verlag Westfälisches Dampfboot

Die Prostituierten

Steffen Zdun, Marion Lillig und Natalie Scherer

Die Prostitution ist das „älteste Gewerbe der Welt". Gehen auch täglich rund eine Million Männer in Deutschland oder, statistisch gesehen, rund ein Drittel der männlichen Einwohner zumindest einmal im Leben zu einer Prostituierten, so lässt sich damit kaum das ganze Ausmaß abschätzen, in der sich Prostitution abspielt. Ziel dieses Beitrags ist es daher, die derzeitige Lage in Deutschland auch vor dem Hintergrund veränderter Gesetze, die seit 2002 für die Prostitution gelten, näher zu beleuchten. Es soll vor allem klar werden, dass Prostitution nicht allein „Straßenstrich" oder „Bordell" bedeutet. Natürlich stellt die käufliche Liebe auch kein rein weibliches Phänomen dar, wenngleich die Männer in diesem Gewerbe auf der Anbieterseite in der Unterzahl sind.

Nicht zuletzt hat Prostitution mit Menschenhandel zu tun, was wiederum auf die Unterscheidung zwischen legal und illegal eingereisten Prostituierten verweist. Allerdings kommt es zum Kontakt zwischen Polizei und Prostituierten nicht nur über die Illegalität des Aufenthaltsstatus und die Zwangsprostitution. Es kommen weitere Delikte hinzu, mit denen die Prostituierten in Verbindung gebracht werden. Zudem gibt es die Zuhälterei, an deren Illegalität auch die neue Gesetzgebung nichts geändert hat.

Im Rahmen dieser Teilstudie wird ein bislang einmaliger Einblick in das Verhältnis zwischen Prostituierten und Polizeibeamten geboten. Dazu wurden zum einen in Duisburg tätige Prostituierte befragt. Zum anderen wurden städtische Mitarbeiter interviewt, die im Rahmen ihrer Tätigkeit regelmäßig mit den Prostituierten zusammentreffen. Beide Personengruppen berichten über ihre Erfahrungen im Milieu und über die Kontakte zwischen Polizei und Prostituierten. Zudem werden die Einstellungen der Duisburger Polizeibeamten zur Prostitution und zu den Prostituierten beleuchtet.

Prostituierte – Wer sie sind, wie sie arbeiten und wer zu ihnen geht

Prostitution ist sowohl auf der Anbieter- als auch auf der Kundenseite ein komplexes Phänomen, dessen gemeinsamer Nenner darin besteht, dass ein oder mehrere Kunden für eine sexuelle Dienstleistung eines oder mehrerer Anbieter zahlen. Eine wichtige Unterscheidung sind hierbei die „Arbeitsplätze", an denen Prostituierte anzutreffen sind. In die Befragung wurden Prostituierte verschiedener Arbeitsorte einbezogen. In einer vorausgegangenen Feldsichtung wurden die Rahmenbedingungen an den verschiedenen Orten dokumentiert. Diese Beobachtungen fließen in die weiteren Ausführungen ein.

Der Straßenstrich

Der Strich unterteilt sich in den Männer- und Frauenstrich; beide sind grundsätzlich räumlich getrennt. Die männlichen Prostituierten bedienen in der Regel eine männliche Kundschaft und bieten ihre Dienstleistung an einschlägig bekannten Orten an (z.B. in Bahnhofshallen). Bekannter und größer sind meistens die Straßenstriche der Frauen, die es in der Mehrzahl der deutschen Großstädte gibt, so auch in Duisburg in der Nähe des Zoos.

Auf dem Strich gelten die geringsten Preise im Bereich der Prostitution, aber auch hier gibt es Unterschiede. So gibt es einerseits den „Armutsstrich", auf dem sich vorwiegend Drogenabhängige anbieten, denen es darum geht, ihre weit fortgeschrittene „Drogenkarriere" zu finanzieren, worunter in der Regel auch das Äußere der Frauen gelitten hat (vgl. Geißler-Hehlke/Hitzke 1998). Auf der anderen Seite besteht der „normale Strich". Auch hier verdienen die Prostituierten weniger als in den Bordellen und Clubs, aber mehr als auf dem „Armutsstrich". Hier handelt es sich überwiegend um ältere und weniger attraktive Frauen. Das wirkt sich wiederum auf die Kundschaft aus – viele Freier haben geringe Einkommen oder sind Arbeitslose bzw. Empfänger von Alg 2 bzw. Hartz IV.

Die Anbieterseite besteht freilich nicht nur aus Prostituierten, sondern auch aus den Zuhältern. Kowatsch (1991) argumentiert, dass insbesondere in Städten mit Sperrbezirken die Konkurrenz um Standorte größer sei. Deshalb möchten die Zuhälter bestimmte „Plätze" für sich gewinnen, was Macht- und Verdrängungskämpfe zur Folge haben könne. Die Frauen an den jeweiligen Standorten sind somit an bestimmte Zuhälter gebunden, auch wenn diese in der Regel nicht in Erscheinung treten. Sie befinden sich aber oft in direkter Nähe und halten Sichtkontakt, um die Lage zu überwachen. Die Zuhälter interessieren sich weitgehend nur für die Frauen, die Stricher sind meistens auf sich gestellt.

Bordelle und Clubs

Bordelle, Eros-Center und Clubs sind die Domäne der weiblichen Prostituierten. Hier arbeiten die Frauen in Gruppen zusammen, so dass den Freiern eine Auswahl an Prostituierten zur Verfügung steht. Die Auswahl und die Absprache der

Preise werden in einem meist gemütlichen Raum, teilweise auch mit einer Sekt-
bar ausgestattet, durchgeführt, bevor sich der Kunde mit einer oder mehreren
Damen in eines der Separées zurückzieht.

Eine andere Bordellart bilden abgesperrte Straßen mit kleinen Häusern, an
deren Fenstern sich die Damen wie in Schaufensterscheiben den Freiern anbieten. Leicht bekleidet warten sie auf interessierte Kunden bzw. sprechen diese aus
den Fenstern heraus an, um über Angebot und Preise zu sprechen und die Männer auf Wunsch in ihre Räume einzuladen. Solche Straßen sind allerdings nur in
wenigen deutschen Großstädten zu finden. Die wohl bekannteste Adresse ist die
Herbertstraße auf St. Pauli, eine weitere überregional bekannte Adresse findet
sich auf der Stahlstraße in Essen. In verschiedenen Häusern finden sich hier
Damen aus verschiedenen Ländern und mit unterschiedlichen Angeboten, um
möglichst alle Kundenwünsche abzudecken.

Eine weitere Variante sind die Studios. Damit sind Einrichtungen gemeint,
die Dienstleistungen anbieten, die der Sado-Maso-Szene zuzurechnen sind. Die
Studios können sowohl Teil größerer Bordellkomplexe sein, z.B. gibt es auch auf
der Essener Stahlstraße einen Trakt für „besondere Erziehungsmaßnahmen", als
auch auf Hinterhöfen in kleinem Rahmen angeboten werden. Dementsprechend
variiert auch die Anzahl der „Dominas" und „Zofen" (Gehilfinnen), die hier tätig
sind.

Die drei Arten der Prostitution sind den Bordellen und Clubs zuzuordnen,
allerdings bestehen erhebliche Unterschiede, nicht zuletzt was das Angebot betrifft. So arbeiten in der zuerst aufgeführten Art von Bordellen vor allem Frauen
im Alter zwischen 18 und 30 Jahren. Je nach Exklusivität des Hauses differieren
sowohl die Attraktivität der Frauen als auch die Preise. Verschiedene Nationalitäten sind vertreten, und die Frauen wechseln regelmäßig zwischen verschiedenen Etablissements und Städten. Zumindest offiziell verantwortlich sind in der
Regel nicht Zuhälter, sondern die so genannte „Puffmutter". Sie berechnet den
Prostituierten eine „Miete", verkauft Getränke und sorgt dafür, dass die Einrichtung instand gehalten wird.

In den Schaufenstern der Straßen herrscht 24 Stunden Betrieb. Abgestimmt
auf die Nachfrage zu bestimmten Zeiten hält sich dort eine unterschiedliche
Anzahl von Damen auf, wobei hier tendenziell eine geringere „Qualität des An-
gebots" als in den Clubs besteht. Es sind kaum jüngere deutsche Frauen, also
unter 25 Jahren, zu finden, vielmehr sind ältere Frauen – bis Ende 40 – tätig. Sie
zahlen ebenfalls Miete, die allerdings für jeden Tag des Monats aufzubringen ist,
also nicht nur an den Tagen, an denen gearbeitet wird. Zudem haben nicht wenige Frauen einen Zuhälter, den sie bezahlen müssen.

Bei den Dominas handelt es sich größtenteils um ehemalige „normale"
deutsche Prostituierte. Die Frauen sind häufig bereits Mitte 30 und älter, und es

wird für sie immer schwieriger, gegen die junge Konkurrenz anzukommen. Außerdem hat der Beruf der Domina den Vorteil einer geringeren physischen Belastung. Um sich allerdings in der SM-Szene zu etablieren, haben sie als „Zofe" zunächst die verschiedenen Praktiken zu erlernen. Eine weitaus größere Herausforderung des Berufs stellen die enormen psychischen Beanspruchungen dar. Indem sie sich sozusagen in die „Abgründe" der Seele bewegen, nehmen sie die Gefahr in Kauf, nicht nur gegenüber ihren Kunden, sondern auch gegenüber anderen Menschen abzustumpfen. Zuhälter sind auch in diesem Bereich der Prostitution eher die Ausnahme.

Die Kundschaft dieser drei Formen der Prostitution setzt sich aus allen Alters-, Bildungs- und Einkommensgruppen der Gesellschaft zusammen. In Duisburg gibt es verschiedene Einzelstandorte von Bordellen und Clubs. Daneben gibt es in Duisburg-Hochfeld auf der Vulkanstraße einige Häuser, die ausschließlich der Prostitution dienen. Hier erwarten die Frauen ihre Freier vor ihren Zimmertüren. Hygienischer Zustand, Bausubstanz sowie Attraktivität der Frauen sind jedoch als unteres Niveau zu bezeichnen und nicht mit denen in den „Glaskästen" anderer Städte vergleichbar.

Die Bars

Die Bars sind äußerlich dadurch erkennbar, dass die Sicht nach Innen verborgen ist. Durch Vorhänge und abgedunkelte Verglasung wird den Besuchern und Damen ein Mindestmaß an Anonymität gewährt. In den Fensterscheiben oder auf Plakaten kann allerdings auf spezielle Angebote, wie *table dance*, aufmerksam gemacht werden. Im Innenraum befinden sich an der Theke und in den Sitzecken sowohl die Bedienung als auch die Prostituierten – sie meistens in Dessous bzw. Badebekleidung gehüllt. Der Gast kann sich mit einer oder mehreren Damen gleichzeitig unterhalten, es wird aber erwartet, dass er ihnen ein alkoholisches Getränk spendiert. Für das allein wird bereits ein nicht geringer Preis berechnet. Auch wenn „normale" Konversation möglich ist, besteht das Ziel der Frauen darin, sich mit den Kunden in einen der Hinterräume zurückzuziehen. Dies ist nicht bindend für den Gast, allerdings setzen die Frauen alles daran, ihn dazu zu bringen, da sich vor allem daraus ihr Verdienst ableitet.

In den Bars sind ebenfalls nur Frauen beschäftigt. Diese und das Ambiente können erheblich differieren, sind allerdings häufig auf einem hohen Niveau angesiedelt. Immerhin ist es das Ziel, den Kunden über ein Getränk hinaus in der Bar zu halten, und dass er regelmäßig wiederkommt. Von den Damen wird auch hier eine Raummiete erwartet, die aber nur für geleistete Arbeitstage fällig wird. Aufgrund der geschützten Einrichtung sind Zuhälter nicht erforderlich, es ist jedoch auch hier nicht auszuschließen, dass einige Zuhälter selbst Bars betreiben, in denen sie ihre attraktivsten Prostituierten „anschaffen" lassen.

Wohnungsprostitution

Die Wohnungsprostitution ist nicht mit der Prostitution in anderen Gebäuden zu verwechseln, auch wenn Bordelle teilweise in Wohnungen betrieben werden. Ein wesentlicher Unterschied besteht darin, dass bei der Wohnungsprostitution neben „professioneller" Arbeit auch „private" Angebote, z.B. von Hausfrauen und Studentinnen, möglich sind, die sich dadurch einen Zusatzverdienst erwirtschaften wollen. Sie werben für sich, um Freier entweder im eigenen „Heim" oder in einer speziell dafür angemieteten Wohnung zu empfangen. Diese Frauen stehen fast ausnahmslos nicht in Verbindung mit Zuhältern und arbeiten nur an bestimmten Tagen in der Woche.

Anders sieht das bei der restlichen Wohnungsprostitution aus. Diese wird überwiegend von Zuhältern gesteuert, wobei vor allem legale, aber auch illegale ausländische Prostituierten eingesetzt werden. Die Frauen mit Aufenthaltserlaubnis arbeiten wie Prostituierte in Clubs, mit dem Unterschied, dass die Freier in den Wohnungen nicht die Wahl zwischen mehreren Frauen haben. Die Wohnungsprostitution ist allerdings auch die Hauptform der illegalen Prostitution in Deutschland (vgl. Katins 1999). Denn sie kann in weitaus geringerem Maße als die anderen Formen durch die Polizei und das Ordnungsamt kontrolliert werden. Da den Illegalen die Abschiebung droht, sind die Zuhälter sehr darum bemüht, dass die Frauen nicht entdeckt werden.

Zu diesem Zweck wechseln die Frauen ständig die Standorte und Städte oder werden in Wohnungen und Räumen eingesetzt, die sonst zu weiteren „Geschäften" der Zuhälter dienen. Ferner werden immer wieder kurzzeitig Wohnungen über Dritte, angeblich zu Wohnzwecken, angemietet, um nach einer Weile wieder aufgegeben zu werden. Zwar wird für die Illegalen oft auch in Anzeigenblättern geworben, allerdings ohne auf deren illegalen Status hinzuweisen. Nicht nur diese Umstände, auch mangelnde Ressourcen und fehlendes Personal seitens der Polizei sind weitere Hürden, um diese Form der Ausbeutung von Frauen staatlich zu verfolgen.

Für die Prostitution ausländischer Frauen – legaler wie illegaler – gibt es verschiedene Gründe. Vor allem gilt es, zwischen der freiwilligen und der erzwungenen Prostitution zu unterscheiden. Freiwillig entscheiden sich hierzu manche Frauen erst in Deutschland, andere schon vor der Einreise. Immerhin ist es eine Art von Arbeit, der man ohne besondere Qualifikationen und Bildungsabschlüsse nachgehen kann und zudem ein hohes Einkommen verspricht. Immerhin liegt die Ursache für die Migration in vielen Fällen in den schlechten wirtschaftlichen Verhältnissen der Herkunftsländer. Wird der Plan zur Prostitution bereits vor der Ausreise gefasst, sind die Frauen häufig schon dort Prostituierte. Oder sie sehen darin die beste Chance, um schnell Geld zu verdienen. Es besteht der Wunsch nach materieller Besserstellung oder der Ernährung der in der Heimat verbleibenden Familie (vgl. Henning 1997).

Fällt der Entschluss zur Prostitution erst in Deutschland, sind nicht selten Bildungs- und Ausbildungsdefizite sowie Sprachprobleme das Motiv, die die Chancen auf dem übrigen Arbeitsmarkt verringern. Falsche Versprechen und Erwartungen sowie die empfundene Ausweglosigkeit im Herkunftsland führen in dieser Lage Frauen in die Prostitution. Opfer erzwungener Prostitution werden hingegen vorwiegend Frauen ohne Aufenthaltserlaubnis. Ihnen werden von den Zuhältern oder bereits von Schleppern vor oder nach der Einreise die Papiere abgenommen, so dass sie sich nicht ausweisen und ausreisen können. Außerdem werden sie überwacht, so dass sie kaum fliehen können.

Hausbesuche

Bei Hausbesuchen wird der Freier aufgesucht, z.B. zu Hause, in Hotels oder im Büro. Die Kontaktaufnahme erfolgt in der Regel durch den Kunden, der Kontaktadressen bzw. Telefonnummern aus einer Zeitung, Zeitschrift, dem Internet oder sonstigen Werbemedien erfährt. Per Anruf kann er sich weitere Informationen geben lassen und einen Termin vereinbaren (vgl. Kowatsch 1991). Da der Freier die Hin- und Rückfahrt zu bezahlen hat, handelt es sich hierbei um das höhere Preissegment, wenn auch hier Hausfrauen und Studentinnen tätig sind. Hausbesuche sind aber auch das Arbeitsfeld der so genannten „Edelprostituierten", so dass es sich insgesamt bei den Kunden um Besserverdienende handelt. Die „Einstiegspreise" für die Dienste der Prostituierten gleichen denen der Bordelle, wobei diese mit Exklusivität der Dienstleistung und Niveau bzw. Attraktivität der Frauen steigen.

Auf diese Weise arbeiten aber nicht nur einzelne Prostituierte, sondern auch Agenturen mit Begleitservice. Es ist allerdings zu unterscheiden zwischen Unternehmen, die auf erotische bzw. sexuelle Dienste spezialisiert sind, und solchen, die diese ausschließen. Auch die Mitarbeiterinnen von Bordellen sowie Dominas haben das lukrative Geschäft entdeckt, so dass sie während oder außerhalb ihrer offiziellen Arbeitszeit auch Hausbesuche durchführen. Außerdem sind in diesem Bereich männliche Prostituierte zu finden, die so genannten Callboys. Letztgenannte bieten sich nicht nur Männern, sondern auch Frauen an.

Das Ausmaß der Prostitution in Deutschland

Wie eingangs bereits erwähnt, entscheiden sich in Deutschland nach offiziellen Schätzungen täglich rund eine Million Bürger für die Inanspruchnahme von Dienstleistungen Prostituierter. Ferner wird davon ausgegangen, dass insgesamt etwa 400.000 Frauen und Männer in diesem Gewerbe tätig sind.[1] Darüber hinaus werden von der Gesellschaft zur Förderung wissenschaftlicher Studien zur Arbeiterbewegung (1999) die jährlichen Einnahmen auf ca. 12,5 Milliarden Mark geschätzt. Weitaus höher greifen da die Annahmen von 3sat (2002), die „von bis zu 40 Milliarden Euro" ausgehen. Diese weite Spanne macht zum einen die grundlegende Unwissenheit über die tatsächlichen Zahlen, zum anderen die enormen Gewinne in diesem Bereich deutlich.

Auch mit Blick auf die Frage, zu welchem Anteil es sich bei den Prostituierten um Ausländerinnen handelt, herrscht Uneinigkeit. Das liegt u.a. an der Unklarheit über die Anzahl von solchen ohne gültige Aufenthaltserlaubnis. Vermutet wird zumindest, dass zwischen 50 und 75 Prozent der in Deutschland tätigen Prostituierten aus dem Ausland stammen (vgl. Altink 1995) und dass sich die Mehrzahl von ihnen illegal hier aufhält (vgl. Hirsch 1996).

Diese hohen Prozentsätze spiegeln aber auch wider, wie groß das Interesse an ausländischen Prostituierten bei den Freiern ist. In diesem Kontext sei auch daran erinnert, dass Deutschland eine erhebliche Zahl an Sextouristen stellt (vgl. Ackermann 1994). Zu den Hauptherkunftsgebieten zählt nach Katins (1999: 29) der osteuropäische Raum mit Polen, Russland und der Ukraine. In Lateinamerika sind es vorwiegend Brasilien und Kolumbien, in Afrika Ghana und Kenia. Schließlich nennt sie noch Thailand und die Philippinen für den fernen Osten. Brussa (1999) verweist überdies auf Bulgarien, Rumänien, Tschechien und die Dominikanische Republik.

Neue Gesetze, neues Glück?

Bevor wir auf die Verbindungen zwischen Prostitution und Kriminalität bzw. Kriminellen eingehen, sollen die aktuellen deutschen Gesetze, die die Prostitution betreffen, erläutert werden, auch weil sie sich zu Beginn des Jahres 2002 geändert haben und in den Medien wenig darüber berichtet wird.

---

[1] Die oben angesprochene hohe personelle Fluktuation in bestimmten Bereichen der Prostitution macht es praktisch unmöglich, genaue Angaben über die Anzahl der Prostituierten vorzulegen (vgl. Lenz et al. 1993).

Beim neuen Prostitutionsgesetz handelt es sich um Modifizierungen bislang bestehender Gesetze. So wurde § 138 des Bürgerlichen Gesetzbuches (BGB) dahingehend geändert, dass Prostitution nun als Arbeit anerkannt wird und nicht länger als sittenwidrig gilt. Demzufolge sind Vereinbarungen zwischen Prostituierten und Freiern rechtens und die finanziellen Leistungen einklagbar. Ferner führt die neue Gesetzeslage dazu, dass sich freiberufliche Prostituierte künftig als solche versichern dürfen und nicht länger falsche Angaben zu ihrer Tätigkeit machen müssen. Angestellte Prostituierte müssen sich nun grundsätzlich wie jeder andere Arbeitnehmer auch versichern. Damit steht ihnen im Rahmen der sozialstaatlichen Maßnahmen auch das Recht auf „Umschulung und die (Wieder-)Eingliederung in den ‚normalen' Arbeitsmarkt" (WDR 2002) zu.

Handelt es sich künftig um ein quasi „normales" Angestelltenverhältnis, so doch nicht in allen Punkten. Zwar dürfen nun Arbeitszeiten festgelegt und beidseitig eingefordert werden, hat der Arbeitgeber jedoch nicht das Recht, Freier gegen den Willen der Prostituierten auszuwählen. Zudem gelten keine Kündigungsfristen.

Ersetzt wurde auch der bisherige § 180a des Strafgesetzbuches (StGB), indem nicht länger die „Förderung der Prostitution", sondern die „Ausbeutung von Prostituierten" untersagt ist. So dürfen Prostituierte auch weiterhin nicht „in persönlicher oder wirtschaftlicher Abhängigkeit gehalten werden", während etwa Maßnahmen zur Verbesserung der Arbeitssituation, wie das Bereitstellen von Kondomen in den Zimmern, in Zukunft erlaubt sein sollen. Verboten bleiben weiterhin die Zuhälterei und der Menschenhandel, die Zwangsprostitution sowie die Prostitution Minderjähriger.

Wie die Ausführungen deutlich machen, bringen diese Neuerungen zwar einige Verbesserungen für die Arbeit im Bereich der legalen Prostitution, jedoch gibt es auch weiterhin die illegale Form der Prostitution. Dort wird sich nach Einschätzung von Experten (vgl. WDR 2002) die Situation keineswegs verbessern, sondern eher noch verschlechtern. Deshalb wird gefordert, diese Änderungen nur als einen ersten Schritt zu verstehen, auf den es aufzubauen gelte. Ein weiteres Problem der neuen Gesetzgebung liegt darin, dass viele legal arbeitende Prostituierte gar nicht daran interessiert sind, sich zu versichern, was sie daher nach Möglichkeit auch nicht tun werden. Darüber hinaus wird das neue Gesetz nichts an der Zuhälterei ändern.

Prostitution zwischen tabuisierter Tätigkeit und Kriminalität

Bei der Prostitution handelt es sich um einen Beruf, der im Spannungsfeld realer Kriminalität und tabuisierter Grauzone steht. Prostituierte können entweder

(Mit-) Täter oder Opfer sein. Da die Tätigkeit nicht kriminell ist, stellt sich die Frage, welche Vergehen in Verbindung mit der Prostitution auftreten können. Zum einen ist der Drogenkonsum zu nennen. Zwar sind an der reinen Beschaffungsprostitution nur ein Teil der Prostituierten beteiligt, jedoch greifen nicht wenige der übrigen auch zu Drogen, um sich zu betäuben bzw. vom Job abzuschalten. Zudem sind Prostituierte am Handel sowie am Import illegaler Drogen beteiligt und sie fallen infolge von Diebstahlsdelikten auf, z.b. beim Bestehlen von Freiern („Beischlafdiebstahl"). Zur Geldbeschaffung, etwa zur Finanzierung des Drogenkonsums, kommt es nicht selten zur Hehlerei.

Ältere Prostituierte, die in Vertretung oder selbstständig ein Bordell betreiben, können sich der Ausbeutung von Prostituierten, aber auch der Zuhälterei strafbar machen. Außerdem verhalten sich Prostituierte kriminell, wenn sie zur Strafvereitelung beitragen: Indem sie Zuhälter, Schlepper bzw. Menschenhändler und Förderer von Minderjährigenprostitution decken, verhindern sie deren strafrechtliche Verfolgung. Ein weiteres Vergehen, das aber selten verfolgt wird, ist die Steuerhinterziehung, auch wenn sie sich bis heute kaum nachweisen lässt, da sich die Steuerbeamten auf die Angaben der Prostituierten verlassen müssen. Auch durch die neuen Gesetze hat sich daran wenig geändert.

Bei der verbotenen Prostitution von Minderjährigen treten vor allem Mädchen und junge Frauen sowohl als Opfer als auch als Täter auf. Als Opfer treten sie dann in Erscheinung, wenn sie etwa mittels „psychischer und physischer Gewalt zur Aufnahme der Prostitution gezwungen werden und sich dieser nicht widersetzen oder entziehen können" (Geißler-Hehlke/Hitzke 1998). Hierzu zählen nicht nur illegal in Deutschland lebende Mädchen, sondern auch deutsche Mädchen. Neben dem Zwang gibt es das „Hineinreden" und den freiwilligen Einstieg. So entwickeln manche junge Frauen aufgrund geringer beruflicher Perspektive die Bereitschaft zur Prostitution, während andere infolge mangelnder Lebenserfahrung diesen Schritt wagen. Überdies können emotionale Probleme, z.B. aufgrund von Konflikten in der Familie, dazu beitragen, dass sich die Mädchen Zuhältern zuwenden, deren Zuneigung sie sich über den eingenommenen „Liebeslohn" erkaufen wollen.

Neben den Minderjährigen können auch Erwachsene zu Opfern werden. Insbesondere ausländische Frauen ohne gültige Aufenthaltserlaubnis werden zur Prostitution gezwungen und nicht selten zu diesem Zweck nach Deutschland verschleppt. Nach dem Urteil von Sachverständigen im Familien- und Frauenausschuss des Deutschen Bundestages (1998) sind davon jährlich rund eine halbe Million Frauen betroffen.

Die ausländischen Frauen werden aber nicht immer verschleppt, sondern oft mit falschen Versprechen, etwa Arbeit, Heirat usw., ins Land gelockt. Manche wissen auch im Voraus von der künftigen Tätigkeit, jedoch nicht um die sie erwartenden Arbeitsbedingungen (vgl. Hughes 2000). Diese beschreibt Detlef Ubben vom LKA Hamburg wie folgt: „Wir haben festgestellt, dass die Frauen in Schichten arbeiten müssen. Sie werden permanent überwacht und beobachtet. Es wird ihnen knallhart vorgeschrieben, wie sie was zu tun haben, wie viel Geld für was sie verlangen müssen, welche Sexualpraktiken sie ausüben sollen. Am Schluss aber bleibt ihnen kein Geld übrig, da sie alles an Zuhälter abgeben müssen." Weiter bemerkt er, dass in den Herkunftsländern „internationale Banden (...) am Werk [sind] (...), [die] Frauen quasi (...) besorgen. 500 bis 3.000 Mark pro Frau werden da bezahlt." Insbesondere seit dem Fall des „eisernen Vorhangs" boomt der Menschenhandel in und aus Mittel- und Osteuropa, während zuvor eher Asiatinnen sowie Mittel- und Südamerikanerinnen den Markt bestimmten.

Eine weitere Möglichkeit der Anwerbung besteht darin, dass Frauen, die bereits illegal als Prostituierte tätig sind, dazu gezwungen werden, andere Frauen in den Herkunftsländern zu rekrutieren. Als Gegenleistung müssen sie nicht länger selbst „anschaffen" gehen. Das geschieht in der Regel erst dann, wenn sie „ausreichend" Profit erwirtschaftet haben bzw. die Zuhälter davon ausgehen, dass aufgrund von Verletzungen und Verstümmelungen keine weiteren Profite zu erwarten sind (vgl. Hughes 2000).

Diese Frauen entpuppen sich in diesem Geschäft als Besitz der Zuhälter und sind deren Wünschen und Launen ausgesetzt. Nach Ankunft im „Bestimmungsland" haben sie bereits Schulden, die sie abzahlen müssen. Solange sie das nicht können, „gehören" sie dem Zuhälter (Lenz et al. 1993). Die Schulden entstehen durch die Reisekosten, hinzu kommen die Lebenshaltungskosten, die vom Zuhälter festgelegt werden, über den die Frauen sämtliche Waren beziehen müssen. Zur Arbeit gezwungen und festgehalten werden sie sowohl mittels physischer als auch psychischer Gewalt. Dazu zählen neben Einsperren und Schlägen Vergewaltigungen und Drohungen. Speziell bei der illegalen Prostitution kommt es auch zu Morden, wenn einzelne Frauen wiederholt ungehorsam sind, um die übrigen einzuschüchtern (vgl. Hughes 2000).

Menschenhandel ist allerdings ein schwer nachweisbares Vergehen, da die Opfer aufgrund der beschriebenen Arbeits- und Lebensbedingungen häufig große Angst haben. Bei einer Aussage müssen die Frauen befürchten, nicht nur sich selbst, sondern auch ihre Angehörigen in Gefahr zu bringen. Zudem nutzt ihnen eine Verurteilung der Täter wenig, da sie grundsätzlich nach Prozessende ins Herkunftsland abgeschoben werden. Die der Abschiebung vorausgehenden Gerichtsverfahren können sich wiederum über Jahre hinziehen, in denen ihnen bloß der Sozialhilfemindestsatz zusteht, was wenig verlockend ist. Zudem ist das Vertrauen der Frauen in die Polizei und die Justiz durch Erfahrungen mit den deutschen Beamten und denen in den Herkunftsländern ohnehin gering, was einer Kooperation ebenfalls entgegensteht. Obendrein reden den Frauen die Zuhälter ein, dass sie mehrjährige Gefängnisstrafen infolge gefälschter Papiere erwarten, wenn die Polizei sie entdeckt, was die Frauen zusätzlich einschüchtert. Der Verfolgung des Menschenhandels, die oft intensive und langwierige verdeckte Ermittlungen benötigt, steht außerdem der Personal- und Ressourcenmangel der Polizei entgegen (vgl. Lenz et al. 1993).

Einen Eindruck von den Ermittlungen ermöglichen die vom Bundeskriminalamt (BKA) sowie vom Landeskriminalamt (LKA) NRW vorgelegten Zahlen zum Menschenhandel: So wurden nach BKA-Angaben im Jahr 2004 bundesweit 370 Fälle (mit 972 Opfern) und 2005 317 Fälle (642 Opfer) untersucht (vgl. BKA 2006). In NRW ermittelten die Behörden des Landes 2004 in 75 Fällen (mit 132 Opfern), wohingegen es 2005 78 Fälle mit 130 Opfern waren (vgl. LKA NRW 2006). Diese Zahlen sind nicht mehr als ein Tropfen auf dem heißen Stein.

Zum Verhältnis zwischen Polizei und Prostituierten ist abschließend auf eine Beobachtung von Geißler-Hehlke/Hitzke (1998) aufmerksam zu machen, dass insbesondere Beschaffungsprostituierte davor zurückschreckten, Vergewaltigungen und Misshandlungen anzuzeigen. Das liege daran, dass sie davon ausgingen, dass man ihnen keinen Glauben schenke. Zudem wüssten diese Prostituierten um ihr eigenes kriminelles Verhalten in Bezug auf ihren Drogenkonsum und seien deshalb kaum an Begegnungen mit der Polizei interessiert. Als vertrauensfördernde Maßnahmen könnten städtische oder regionale Absprachen dienen, die es ihnen ermöglichten, beispielsweise in Sperrbezirken ihren Geschäften nachzugehen, ohne dass gegen sie ermittelt werde. Dann müssten sie weniger rechtliche Maßnahmen gegen sich fürchten, was zumindest in Einzelfällen die Kooperationsbereitschaft mit der Polizei und Gerichten steigern könnte.

Vorgehensweise bei der Untersuchung

Die Datenerhebung erfolgte in zwei Schritten:

1. Persönliche Befragung der Prostituierten mit Hilfe eines Leitfaden gestützten Fragebogens und
2. Leitfadeninterviews mit städtischen Mitarbeitern des Gesundheits- und Ordnungsamtes, die im Rahmen ihrer Tätigkeit regelmäßig mit Prostituierten in Kontakt treten.

Der Zugang zum Feld erwies sich als äußerst schwierig. Erste Kontakte wurden über die Beratungsstelle des Gesundheitsamtes der Stadt Duisburg hergestellt. Die dort für Duisburger Prostituierte zuständige Sozialarbeiterin machte das Forschungsteam darauf aufmerksam, dass der überwiegende Teil der Frauen nicht bereit sei, an einer Befragung teilzunehmen.

Dafür lassen sich verschiedene Gründe anführen. Zum einen möchten die Frauen ihre Anonymität außerhalb des Arbeitsbereichs gewahrt wissen. Zum anderen ist eine Umfrage vor Ort eher schwierig, da dadurch möglicherweise Freier abgeschreckt werden und die Frauen einen Arbeitsausfall nicht in Kauf nehmen möchten. Weitere Probleme ergeben sich z.B. am Straßenstrich am Duisburger Zoo, da dort Zuhälter die Frauen überwachen und eine Präsenz von Fremden nicht dulden. Insbesondere sind an diesem Standort auch Sprachprobleme hinderlich, weil der Großteil der Frauen aus Osteuropa stammt und die deutsche Sprache nur bedingt beherrscht.

Es wurden insgesamt sieben Prostituierte interviewt, darunter zwei Clubbetreiberinnen und eine Aussteigerin. Das Alter der befragten Frauen lag zwischen 21 und 56 Jahren, die Befragungsdauer bei etwa einer halben bis anderthalb Stunden. Die Interviews fanden zwischen Juli 2002 und Februar 2003 statt. Nachfolgend die soziodemografischen Daten der interviewten Prostituierten im Überblick:[2]

Melanie: 42 Jahre, verheiratet, ein Kind, Staatsangehörigkeit deutsch. Prostituierte und Clubbetreiberin in Duisburg-Neudorf, seit 20 Jahren im Gewerbe tätig.

Anke: 42 Jahre, geschieden, zwei Kinder, Staatsangehörigkeit deutsch, keine Ausbildung. Ehemalige Prostituierte, war 15 Jahre im Gewerbe tätig (davon lange Zeit als Domina).

Veronika: 56 Jahre, zweimal geschieden, ein Kind (zur Adoption freigegeben), Staatsangehörigkeit deutsch, Ausbildung zur Kosmetikerin. Prostituierte auf dem Straßenstrich, seit fast 35 Jahren im Gewerbe tätig.

Helena: 43 Jahre, verheiratet, keine Kinder, gebürtige Kroatin, studierte in ihrer Heimat Architektur. Prostituierte und Clubbetreiberin in Duisburg-Buchholz, seit elf Jahren im Gewerbe tätig. Die nachfolgenden Frauen sind in ihrem Club beschäftigt:

Hanna: 29 Jahre, ledig, lebt in einer festen Partnerschaft, Staatsangehörigkeit deutsch, mittlere Reife, Ausbildung zur Kosmetikerin. Arbeitet halbe Tage als Call-Center-Agentin und in ihrer Freizeit als Prostituierte, seit neun Jahren im Gewerbe tätig.

Sabine: 32 Jahre, ledig, ein Kind, Staatsangehörigkeit deutsch, keine Ausbildung. Prostituierte, seit elf Jahren im Gewerbe tätig.

Katja: 21 Jahre, mit einem Freier verheiratet, gebürtige Weißrussin, gelernte Buchhalterin. Prostituierte, seit einem Jahr im Gewerbe tätig.

---

[2]　Die Namen wurden aus datenschutzrechtlichen Gründen geändert.

Im Rahmen der Untersuchung wurden auch drei Mitarbeiter der Stadt Duisburg befragt. Sie haben regelmäßig mit Duisburger Prostituierten zu tun und wurden hinsichtlich ihrer Erfahrungen befragt. Nachfolgend werden die im Rahmen der Experteninterviews befragten Personen und ihr Tätigkeitsfeld vorgestellt:

Diplom-Sozialarbeiterin in der Beratungsstelle des Gesundheitsamtes der Stadt Duisburg, 42 Jahre, verheiratet, zwei Kinder. Ihre Stelle wurde im April 1994 eingerichtet, weil der so genannte „Bockschein" für Prostituierte zum Jahresende 1993 abgeschafft wurde. Damit entfallen die sonst üblichen Kontrollen der Prostituierten nach dem Geschlechtskrankheitengesetz. Um den Kontakt zu den Frauen weiter aufrecht zu erhalten, bietet sie Hilfestellung in allen Lebenslagen an. Zu ihrem Beratungsauftrag gehören u.a. Ausstiegshilfe, Begleitung bei Behördengängen, Krankenhilfe, Schuldner- und Schwangerschaftskonfliktberatung.

Verwaltungsangestellter A beim Ordnungsamt Duisburg-Mitte, 46 Jahre, seit 22 Jahren im Dienst, zunächst im Außendienst für Sonderaufgaben, u.a. für Prostituierte.

Verwaltungsangestellter B beim Ordnungsamt Duisburg-Mitte, 38 Jahre, seit vier Jahren dort, vorher elf Jahre im Bezirksamt Duisburg-Walsum tätig. Zu seinen Arbeitsbereichen zählt die Überwachung der Prostitution in Duisburg. Diese erfolgt in allen Bereichen des Milieus. Dazu zählen sowohl Bordelle, Clubs und der Straßenstrich als auch Wohnungen, in denen Prostitution betrieben wird. Die Mitarbeiter des Ordnungsamtes kontrollieren zum einen die Zulässigkeit der Betriebe, d.h. sie überprüfen, ob die Örtlichkeit für die Ausübung der Prostitution geeignet ist. In ihren wöchentlichen Rundgängen überprüfen die Mitarbeiter darüber hinaus, ob Frauen mit illegalem Aufenthalt der Prostitution nachgehen. Sie kontrollieren die Personalausweise und geben der Polizei in entsprechenden Fällen die Daten weiter.

Erfahrungsberichte von Prostituierten

Die Erfahrungen der Prostituierten mit der Polizei sind sehr unterschiedlich. Das soll in einem ersten Schritt an der ehemaligen Prostituierten Anke aufgezeigt werden. Sie stieg vor etwa vier Jahren aus der Branche aus. Dies begründete sie damit, dass ihre Tochter mit 15 Jahren ein Kind bekommen hatte und Anke als Großmutter erzieherische Pflichten übernehmen wollte. In dieser Zeit wurde sie zur Alkoholikerin. Ihr übermäßiger Alkoholkonsum machte sie aggressiv und hatte zur Folge, dass sie, wenn sie von Männern „angesprochen" wurde, auf diese einschlug. Deshalb hatte sie eine Bewährungsstrafe wegen Körperverletzung zu verbüßen.

Sie beklagte im Interview, dass der Ausstieg für Prostituierte sehr schwierig sei und sie kaum Hilfe von den zuständigen Ämtern erhalten habe. Prostituierte stünden relativ alleine da, wenn sie aus dem Geschäft ausstiegen und ein neues Leben aufbauen wollten. Erschwerend komme für viele Frauen die Problematik hinzu, plötzlich mit viel weniger Geld als zuvor auskommen zu müssen. Anke hatte beispielsweise ein sehr hohes Einkommen mit bis zu 250 Euro pro Freier. Inzwischen arbeitet sie als Putzhilfe, um ein einigermaßen „normales" Leben führen zu können. Durch ihre finanziellen Probleme verspürt sie manchmal einen starken Drang, wieder mit der Prostitution anzufangen, um sich einen besseren Lebensstandard leisten zu können.

Zum Verhältnis zwischen Polizei und Prostituierten berichtet sie, dass die Frauen in manchen Clubs durch die Betreiber dazu genötigt würden, Alkohol und Drogen zu sich zu nehmen. Dies scheine ihrer Ansicht nach die Polizei nicht weiter zu interessieren, da die Beamten darüber zwar Bescheid wüssten, aber nichts dagegen unternähmen, ganz abgesehen davon, dass die Polizei nur selten Kontrollen in den ihr bekannten Clubs durchführe, um diesem Treiben Einhalt zu gebieten.

Hingegen kritisierte sie die regelmäßige Präsenz der Polizeistreifen auf dem Straßenstrich am Duisburger Zoo. Es werde kein Gefühl der Sicherheit auf Seiten der Prostituierten durch die Präsenz der Beamten vermittelt. Sicherheit erfahre man eher dadurch, dass man allabendlich ein Standgeld von 100 Euro vor Dienstbeginn bezahle, um von drei Männern vor Ort beschützt zu werden. Prostituierte, deren Sicherheit durch Zuhälter gewährleistet wird, haben daher auch kein sonderlich großes Interesse am Polizeischutz, da die Beamten Kunden abschrecken könnten. Umgekehrt legten Prostituierte ohne Zuhälter Wert darauf, dass staatliche Ordnungskräfte hin und wieder Präsenz zeigten.

Die eigenen Erfahrungen mit der Polizei beschrieb Anke durchwegs als negativ. Das erläutert sie beispielhaft daran, dass sie mehrere Jahre mit einem Türken liiert gewesen sei, der rasch seinen Job aufgegeben habe, um ihr Zuhälter zu werden, und sie dann regelmäßig verprügelt habe. Mehrere Male erstattete sie gegen ihn Anzeige, jedoch ohne Erfolg. Sie ging davon aus, dass nichts unternommen worden sei, da sie eine Prostituierte gewesen sei. Sie beschrieb Situationen, in denen die Polizeibeamten sich eine halbe Stunde Zeit gelassen hätten, um am Tatort zu erscheinen, oder dass man den Hörer in der Polizeizentrale auflegte, nachdem sie ihren Namen nannte. So habe sie den Eindruck gewonnen, dass die gegen sie verübten Misshandlungen seitens der Polizei regelmäßig als „Kavaliersdelikte" abgetan würden und nicht ernst genommen würden.

Des Weiteren wies sie darauf hin, dass ihr Schwiegersohn permanent Haschisch in der Nähe einer Polizeiwache verkauft habe. Die Beamten unternahmen wiederum nichts dagegen, obwohl Anke diese darauf aufmerksam gemacht habe. Daraufhin habe sie einen einzelnen Polizeibeamten angesprochen, zu dem sie bis heute einen guten Kontakt pflege. Er sei der einzige Polizist, zu dem sie Vertrauen aufbauen konnte. Er veranlasste auch, dass der Schwiegersohn nach dem Kauf von Drogen an der deutsch-niederländischen Grenze verhaftet worden sei.

Dieses negative Bild von den Duisburger Polizisten im Umgang mit Prostituierten hängt offenbar mehr mit ihren privaten Erfahrungen und weniger mit solchen im Berufsleben zusammen. Da sie das Vertrauen in die Polizei verloren hat, greift sie, wenn man ihr glauben darf, gelegentlich zur Selbstjustiz, um andere zu bestrafen.

Welche Erfahrungen machten die anderen Prostituierten? Melanie, die Clubbetreiberin in Duisburg-Neudorf, versteht sich als „gewerbliche Zimmervermieterin", indem sie Frauen Zimmer gegen Entgelt zur Verfügung stellt. Es arbeiten sechs bis acht Prostituierte in ihrem Club, die unterschiedlichen Altersklassen (von 18 Jahren aufwärts) und Nationalitäten (russisch, polnisch, afrikanisch) angehören. Die Frauen handeln die Preise, die sich zwischen 50 und 150 Euro, je nach angebotener Leistung, bewegen, mit den Kunden selbst aus. Die Clubbetreiberin schaltet sich in die Verhandlungen nicht ein, auch gibt es keine Zuhälter.

Die Clubbetreiberin berichtet von keinen Konflikten mit der Polizei. Hingegen weist sie auf Probleme mit anderen Institutionen wie dem Finanzamt hin (unterschiedliche Besteuerung von privat und öffentlich arbeitenden Prostituierten) oder mit dem Ordnungsamt, wenn die Prostituierten beispielsweise Sozialhilfe empfangen und trotzdem arbeiten. Auch die geänderte Gesetzgebung ist nach Melanies Ansicht problematisch. Eine Vermittlung durch das Arbeitsamt sei schwierig, da man sich dort nicht ausreichend in der Szene auskenne. So sei dort unbekannt, dass sich privat arbeitende Prostituierte niemals für den *table dance* vermitteln ließen, da dies sowohl finanziell als auch gesundheitlich – die Frauen, die das tun, seien angehalten, mit den Kunden Alkohol an der Bar zu trinken – schlechter stellten. Außerdem bevorzugten viele Frauen, einer Besteuerung zu entgehen, indem sie schwarz arbeiteten.

Leider war es nicht möglich, Prostituierte des Clubs zu befragen, um die Aussagen Melanies zu validieren. Allerdings ermöglichte ein Mitarbeiter des Ordnungsamtes ein Treffen mit der Clubbetreiberin Helena und ihren Mitarbeiterinnen. Helena reiste elf Jahre zuvor nach Deutschland ein, um ihre Schwester zu suchen, die von einem Zuhälter zur Prostitution gezwungen wurde. Dabei geriet sie selbst in die Prostitution. In ihrem Club sind drei Frauen beschäftigt, sie selbst arbeitet ebenfalls, wenn es nötig ist, z.B. im SM-Bereich. Die Kunden beschreibt sie als gehobenes Publikum, unter ihnen seien auch Staatsanwälte und Ärzte.

Im Laufe des Interviews erzählte sie ausführlich von ihren Erfahrungen mit der Polizei. Sie beschreibt sich als „gute Seele der Mädchen", die bei Problemen auf ihre Hilfe zählen könnten. In diesem Sinne habe sie wenige Monate zuvor illegale Mädchen aufgenommen, um ihnen Arbeit zu geben. Das sei aufgefallen, und sie habe eine Anzeige wegen Schleusens erhalten. Daraufhin habe sie einen Mitarbeiter des Ordnungsamtes um Hilfe gebeten. Sie wollte in diesem Zusammenhang nicht die Polizei in Anspruch nehmen. In einem weiteren Fall sei sie der Vermittlung einer Scheinehe bezichtigt worden. Ein Kunde hätte auf ihren Vorschlag hin eines ihrer Mädchen geheiratet, sie sei daraufhin von der Polizei vernommen worden. Bislang sei in dieser Angelegenheit kein Verfahren gegen sie anhängig, allerdings rechne sie mit Konsequenzen.

Dass viele Prostituierte nicht zur Polizei gingen, führt sie darauf zurück, dass man sich schlecht behandelt fühle. So berichtet Helena von Vorfällen auf der Wache, wo speziell Beamtinnen sie abfällig mit Blicken bedacht hätten. Insgesamt beschrieb sie die Polizeibeamten als oberflächlich, zu sachlich und zu fachlich. Sie seien unsensibel, würden die Probleme der Frauen nicht verstehen und diese wie Verbrecher behandeln. Sie komme daher zu dem Schluss: „Die Polizei hilft nicht." Lediglich ein Polizeibeamter genieße ihr Vertrauen. Bei Schwierigkeiten wende sie sich allerdings lieber an Mitarbeiter des Ordnungsamtes.

Eine in Helenas Club tätige Frau ist Hanna. Sie ist vor neun Jahren zur Prostitution gekommen, als ihre große Liebe sie dazu brachte, in der Branche zu arbeiten. Sie führt ein Doppelleben, denn weder Eltern noch Lebenspartner wüssten von ihrer Tätigkeit. Sie sei mit den Arbeitsbedingungen im Club sehr zufrieden und bewertete im Gegensatz zu anderen Befragten die neuen gesetzlichen Regelungen als positiv. Sie halte die Gesetze besonders für Frauen für sinnvoll, die aus dem Gewerbe aussteigen wollten. Da sie daran allerdings nicht denke, spielten sie für sie keine Rolle. Befragt zum Verhältnis zwischen Polizei und Prostituierten gehe sie nicht davon aus, dass die neue Gesetzgebung an der Vorgehensweise der Beamten etwas ändern werde. Das spiele für sie aber nur eine geringe Rolle, da sie außer den üblichen Personenkontrollen bislang keine Berührungspunkte mit der Polizei gehabt habe. Die Kontrollen seien immer ohne Schwierigkeiten verlaufen. Die Frage, ob sie die Polizei in einer Notsituation in Anspruch nehmen würde, bejahte sie im Gegensatz zu anderen Prostituierten.

Auch ihre Kollegin Katja hat zum Verhältnis zwischen Polizei und Prostituierten wenig zu berichten. Das ist darauf zurückzuführen, dass sie erst seit einem Jahr im Gewerbe tätig ist. Sie sei durch eine Freundin zur Prostitution gekommen, denn in ihrem Heimatland Weißrussland sei sie diesem Beruf nie nachgegangen, da die Gesellschaft dort anders damit umgehe. In Deutschland sei das deshalb anders, weil sich nach Katjas Einschätzung hier niemand darum kümmere, ob man Prostituierte sei. Auch sie berichtet, dass sie die Polizei in Gefahrensituationen rufen würde, allerdings habe sie noch nie Gewalt im Gewerbe erlebt und sei noch nie in gefährliche Situationen geraten, die das erforderlich gemacht hätten.

Eine weitere Mitarbeiterin, Sabine, weiß hingegen über die Polizei zu berichten. Sie ist seit elf Jahren im Gewerbe tätig. Eine Freundin habe einen Privatclub gehabt, in dem sie zunächst nur den Telefondienst übernommen habe und schließlich als Prostituierte tätig geworden sei. Sie berichtet auch, dass die Polizei den Club einige Male auf illegale Frauen hin durchsucht habe. Die Beamten seien aber stets höflich gewesen, und es habe keine weiteren Probleme gegeben. In einer Notsituation würde sie sich durchaus an die Polizei wenden. Daran änderten auch private unangenehme Kontakte mit der Polizei nichts. So berichtet sie, einmal mit einem frisierten Auto eine Verfolgungsjagd mit der Polizei erlebt zu haben – eine Geschichte, die nach Einschätzung der Interviewerin allerdings nicht sehr glaubwürdig wirkt. Ihre Autopapiere seien wohl in Ordnung gewesen, aber die Beamten hätten Sabine angeblich geschubst und gesagt: „Wenn wir dich noch mal mit der Karre erwischen, drängen wir dich von der Straße." In einem anderen Fall habe sie ein herrenloses Fahrrad im Gebüsch gefunden. Als ihr Sohn es zur Polizei gebracht habe, sei er beschuldigt worden, es gestohlen zu haben. Aufgrund dieser Erlebnisse bezeichnet sie das Vorgehen der Polizei teilweise als willkürlich, wenngleich sie das im Gegensatz zu anderen Frauen nicht auf ihre Tätigkeit als Prostituierte zurückführt.

Eine andere Prostituierte wurde am Straßenstrich am Wedau-Stadion befragt. Veronika ist zum Befragungszeitpunkt 56 Jahre alt und arbeitet seit 1968 offiziell als Prostituierte. Die ersten Berufsjahre erlebte sie

„als Mensch zweiter Klasse bei den Behörden. Die Polizisten haben sich vor uns aufgebaut, um uns zu kontrollieren. Wir mussten auch jede Woche zum Gesundheitsamt, um den Schein zu kriegen, die haben uns auch schikaniert. Hat ja alles mit dem Zeitgeist zu tun, wir warn ja früher Kriminelle. Das hat sich ja geändert. Die Gesellschaft projiziert trotzdem alles das, was sie nicht sein will, auf uns und straft uns dann. (...) In den Medien z.B. erzählen sie immer, wie viel Geld wir verdienen und wie reich wir sind. Wo leben die denn?"

Nach einer mehrjährigen Pause als Prostituierte war sie zum Befragungszeitpunkt wieder seit über zehn Jahren im Geschäft und arbeitete selbstständig in einem Wohnwagen. Sie lehnte sowohl die Arbeit in Clubs als auch in Bordellen ab, da die Frauen dort ständig über Männer und Beziehungen tratschten; sie sei eher eine Einzelgängerin in ihrem Beruf. Angst vor Gewalt habe sie nicht, so dass sie weder auf die Polizei noch auf einen Zuhälter angewiesen sei. Sie vertraue auf ihren Instinkt. Hinzu kommt, dass nach ihren Angaben 80 bis 90% der Freier Stammkunden sind, die schon lange zu ihr kommen. Nur ein einziges Mal wurde es für sie gefährlich. Kurze Zeit nach dem Mauerfall begannen osteuropäische Zuhälter damit, die Wagen ihrer Mädchen auf Stammplätze der ansässigen Prostituierten zu stellen.

> „Wir dürfen nur an bestimmten Stellen stehen und haben gegenseitig auf unsere Plätze aufgepasst, wir können ja nicht immer da sein. Das war unter uns so üblich, denn der Platz sichert ja unsere Lebensgrundlage, das ist ja unsere Existenz. Und da hat sich so eine auf den Platz einer Kollegin gestellt. Ich bin hin und einer der Zuhälter kam mit einer *pump gun* auf mich zu. Ich bin nicht zurückgewichen, wenn man einmal Angst zeigt, ist man immer dran. Man muss die Angst aushalten. Mir ist nichts passiert, er hat den Spiegel an meinem Wohnwagen demoliert, aber dann auf meinen teuren Wagen gezielt. Da hätte ich draufgezahlt und bin sieben Monate nicht gekommen."

Die Folge war ein Einschreiten der Behörden. Keine Frau darf mehr im Wohnwagen ihrem Geschäft nachgehen. Sie können sich auf dem Parkplatzgelände nur noch anbieten und müssen dann mit dem Kunden an einen anderen Ort fahren. Deshalb beklagt sie, dass man sie nicht in Ruhe arbeiten lasse.

> „Wir haben niemanden gestört, jeder Jogger kennt uns. Wir waren immer korrekt gekleidet, nicht wie an der Monning in Strapsen und so. Dabei ist das jetzt ein anerkannter Beruf. Ich würde auch Standgeld zahlen."

Darüber hinaus gab sie an, dass sie in einem Notfall die Polizei auf keinen Fall holen würde, was sie folgendermaßen begründet:

> „Ich bin kein Steuerzahler, dann nehme ich auch nicht die Polizei in Anspruch. Die Frauen, die sie ständig holen, sind nicht besonders intelligent. Das sind die, die auch ständig beim Sozialamt stehen und erklären, auf was sie alles Anspruch haben. Gute Frauen tun so etwas nicht, mir käme das nicht in den Sinn. Die schalten sogar die Frauenbeauftragten, ich glaube aus Bottrop, ein."

Dennoch befürwortet sie die regelmäßige Polizeipräsenz am Stadion, da das Zuhälter abschrecke. Außerdem beschreibt sie ihr Verhältnis zu den Beamten als gut. Sie betont, dass es Demütigungen von Prostituierten wie in früherer Zeit nicht mehr gebe und man sich gegenseitig kenne und respektiere.

Erfahrungsberichte von städtischen Mitarbeitern

Die interviewte Sozialarbeiterin beurteilt die Kooperation mit der Polizei als sehr positiv. Die Beamten seien sehr darum bemüht, die Prostituierten gut zu behandeln. Beispielsweise würde die Polizei durch ihre abendliche Präsenz im Streifenwagen den Frauen auf dem Straßenstrich ein Gefühl von Sicherheit vermitteln. Entgegen den Angaben der Prostituierten Anke beschreibt die Sozialarbeiterin, dass die Präsenz von den Prostituierten durchwegs positiv aufgenommen werde.

Allerdings verleugnet sie nicht, dass in Einzelfällen auch Probleme auftreten könnten, die vermeidbar seien. So erzählt sie, dass beispielsweise einmal eine Prostituierte zusammengeschlagen worden sei und Anzeige erstattet habe. Nachdem die Frau eine Weile nichts mehr von der Polizei gehört habe, habe sie sich an die Sozialarbeiterin gewandt, die daraufhin erfahren habe, dass das Verfahren kurz vor der Einstellung gestanden habe. Entsprechend verschiedener Berichte von Prostituierten gewann auch die Sozialarbeiterin den Eindruck, dass solche Vorfälle mitunter als „Kavaliersdelikte" abgetan würden. Nachdem sie sich eingeschaltet hätte, sei das Verfahren weiter gelaufen. In einem anderen Fall sei ein Polizist demonstrativ mit Handschellen auf Prostituierte zugegangen, um diese einzuschüchtern. Diesen Vorfall hatte die Sozialarbeiterin gemeldet und den Eindruck gewonnen, dass die Polizeibehörde sich darum bemüht habe, dass sich solche Vorfälle in Zukunft nicht wiederholten.

Außerdem berichtet sie, dass es bei zivilen Kontrollen, sowohl durch die Polizei als auch das Ordnungsamt, für die Frauen häufig nicht klar sei, von welcher Behörde sie überprüft würden. Damit spielte sie allerdings nicht auf mögliche Sprachbarrieren von ausländischen Prostituierten an, sondern hob hervor, dass das gleiche Problem auch bei deutschen Prostituierten auftrete. Hinzu komme, dass die Prostituierten in der Regel nicht wüssten, welcher Behörde sie zu welchen Aussagen verpflichtet seien, was von Beamten teilweise ausgenutzt würde. Beispielsweise müssen Frauen, die Sozialhilfe beziehen und trotzdem als Prostituierte arbeiten, der Polizei darüber keine Auskunft geben. Diese Auskunftspflicht besteht nur gegenüber Mitarbeitern des Ordnungsamtes. Diese wird zudem durch Sprachbarrieren forciert, wenn die Frauen nicht in der Lage sind, sich ausreichend über ihre Rechte und Pflichten zu informieren.

Dennoch zeigten viele Frauen, entgegen der oben genannten Aussagen einzelner Prostituierter, nach Einschätzung der Sozialarbeiterin eine relativ hohe Bereitschaft, die Polizei in Anspruch zu nehmen, wenn sie Opfer einer Straftat geworden seien. Dies hänge allerdings vom Delikt ab. Wenn ein Freier der Täter sei, sei die Wahrscheinlichkeit größer, dass die Frauen Anzeige erstatteten, als wenn es ein Zuhälter sei. Das erklärt auch, warum die interviewten Frauen in Bordellen, in deren Geschäfte selten Zuhälter involviert sind, am ehesten die Polizei in Anspruch nehmen würden. Diese Ansicht bestätigt auch der Mitarbeiter B des Ordnungsamtes. Er berichtet beispielsweise von zwei Prostituierten, die von Freiern vergewaltigt worden und zur Polizei gegangen seien, um Anzeige zu erstatten.

Mitarbeiter B berichtet weiter, dass versucht werde, Konflikte im Milieu häufig zunächst intern zu lösen, d.h. die Polizei werde erst im äußersten Notfall oder nach der Verübung schwerwiegender Delikte gerufen. Beispielsweise rufe man im Bordell nur dann die Polizei zu Hilfe, wenn man die Situation nicht selbst meistern könne. Das dürfte darauf zurückzuführen sein, dass man gemeinsam mit mehreren Frauen arbeitet und sich dadurch weniger schutzlos fühlt. Hingegen riefen nach Ansicht von Mitarbeiter A des Ordnungsamtes Prostituierte, die in privaten Wohnungen arbeiteten, eher die Polizei, da sie meist auf sich allein gestellt seien. Zu Polizeieinsätzen in Bordellen könne es aber auch dann kommen, wenn es zu Delikten wie „Beischlafdiebstahl" oder „nicht erbrachte Leistungen" komme. Dies seien für Mitarbeiter A die häufigsten Fälle, in denen die Polizei in Bordelle komme, d.h. es handelt sich um Situationen, in denen sich der Freier als Opfer an die Polizei wendet.

Bei Frauen mit Zuhälter dürften die Angst vor dessen Vergeltung, aber auch Einzelerfahrungen, bei denen Taten von Zuhältern durch die Polizei als Kavaliersdelikte abgetan wurden, die Bereitschaft zur Inanspruchnahme der Polizei reduzieren. So hängt die Bereitschaft zu dieser Inanspruchnahme auch von persönlichen Erfahrungen ab, die man mit der Polizei gemacht hat. Taten durch Freier dürften für Frauen mit Zuhälter eine eher geringe Rolle spielen, da sie in der Regel durch ihre Zuhälter ausreichend Schutz erfahren und diese bei Delikten einschreiten, ohne dass die Polizei gerufen wird.

Generell weist Mitarbeiter B des Ordnungsamtes darauf hin, dass Prostituierte und Polizei in Duisburg nur wenig miteinander zu tun hätten. Häufig fehle es der Polizei an zeitlichen Ressourcen, um sich um jeden einzelnen Betrieb zu kümmern. Außerdem habe das Ordnungsamt hier ähnliche Befugnisse wie die Polizei. Beispielsweise dürften die Mitarbeiter bei Gefahr bzw. bei einem Straftatbestand die Handtaschen der Frauen durchsuchen. Überdies weist er darauf hin, dass die Suche nach illegalen Prostituierten zwar eine primäre Polizeiaufgabe sei, die aber durch das Ordnungsamt infolge des Zeitmangels der Polizei vielfach mit übernommen werde. Die illegalen Prostituierten würden vor allem dadurch auffallen, wenn Freier wegen Diebstahls die Polizei verständigten. Außerdem hätten hiesige Prostituierte großes Interesse am Auffinden der illegalen Frauen, weil diese oft unter Preis und ohne Verhütung arbeiteten. Positiver Nebeneffekt der Kontrollen durch das Ordnungsamt sei, so die Mitarbeiter, dass in Duisburg damit osteuropäischen Mafiastrukturen im Milieu entgegengewirkt werden könne.

Trotz des mehrfach thematisierten Zeitmangels der Polizei wünscht sich Mitarbeiter B mehr Präsenz der Polizei auf Duisburgs Straßen, damit den Prostituierten mehr Sicherheit geboten werden könne. Wenn nämlich die Frauen auf Zuhälter angewiesen seien, reduziere das die Wahrscheinlichkeit, dass die Prostituierten mit den Beamten kooperierten. Der Zeitmangel der Polizei sei nur ein Grund, warum die Frauen in Duisburg eher in Kontakt mit dem Ordnungsamt gerieten. Ein anderer Grund sei, dass der Großteil der Frauen nach Angaben von Mitarbeiter B Angst vor der Polizei habe. In Problemsituationen wende man sich lieber an die Mitarbeiter des Ordnungsamtes, als zur Polizei zu gehen. Die Frauen hätten kein Vertrauen in die Polizei, wohingegen man die Mitarbeiter des Ordnungsamtes positiver einschätze. Wenn es nötig sei, würden die Mitarbeiter auch mit den Frauen gemeinsam zur Wache fahren, um ihnen die Angst vor der Polizei zu nehmen und dafür zu sorgen, dass sie Anzeige erstatteten. Das trage auch dazu bei, dass sie sich von den Polizeibeamten eher ernst genommen fühlten, die ansonsten aus Zeitgründen teilweise ausweichend reagierten.

Wenn Prostituierte und Polizisten dennoch außerhalb von Polizeidienststellen aufeinander treffen, gingen die Beamten nach Ansicht von Mitarbeiter B meist ruppiger und härter mit den Prostituierten um als mit einem anderen polizeilichen Gegenüber. Dies führt er darauf zurück, dass Polizisten stressbedingt immer mehr abstumpften. Besonders Polizistinnen verhielten sich den Prostituierten gegenüber härter als ihre männlichen Kollegen.

Negativzuschreibungen nach Geschlecht der befragten Polizisten

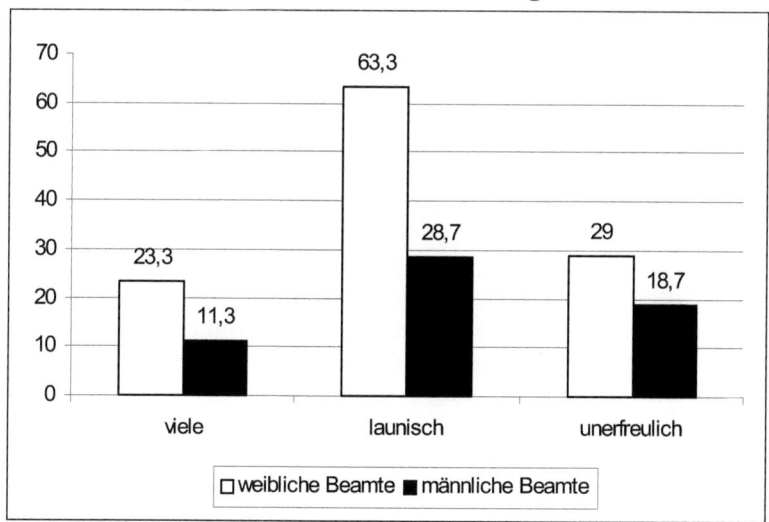

Quelle: Schweer/Scherer (2007: 328)

Dass Polizistinnen eine negativere Einstellung zu Prostituierten haben als Polizisten, bestätigen die Ergebnisse der quantitativen Beamtenbefragung. So war jede vierte Polizistin der Ansicht, dass es *viele* Prostituierte gebe. Auf Seiten der männlichen Beamten meinte dies nur jeder Zehnte. Ferner beurteilten knapp zwei Drittel der Polizistinnen Prostituierte als *launisch*, während nicht einmal ein Drittel der männlichen Polizisten diese Einschätzung teilte. Außerdem nahmen fast ein Drittel der Beamtinnen Prostituierte als *unerfreulich* wahr im Vergleich zu 18,7% ihrer männlichen Kollegen.

Über die Ursache für die unterschiedlichen Einstellungen von Polizeibeamten gegenüber Prostituierten kann nur spekuliert werden. Eine schlüssige Erklärung könnte darin bestehen, dass Polizistinnen infolge des gleichen Geschlechts eher mit Unverständnis gegenüber der „käuflichen Liebe" reagieren. Außerdem befinden sich die weiblichen Beamten in einer beruflichen Männerdomäne und werden dort öfters in die Rolle eines Sexualobjekts gedrängt.[3] Vielleicht können deshalb Männer auch unbefangener mit Prostitution umgehen, ganz abgesehen davon, dass Polizisten im Gegensatz zu ihren Kolleginnen in ihrer Freizeit auch als Freier in Frage kommen.

Schlussfolgerungen für die Praxis

Die vorliegende Studie beschäftigt sich mit den Erfahrungen von Prostituierten und städtischen Mitarbeitern, vor allem was den Umgang mit dem Problem der Prostitution und das Verhältnis zwischen Prostituierten und Polizeibeamten anbelangt. Aufgrund der geringen Stichprobe können die vorliegenden Ergebnisse nicht als repräsentativ angesehen werden. Sie geben aber Hinweise auf mögliche Missstände im Umgang der Ordnungshüter mit dem polizeilichen Gegenüber. Nachfolgend die wichtigsten Ergebnisse der geführten Interviews im Überblick:

1. Die Aussagen zum Verhältnis zwischen Prostituierten und Polizisten sind sehr divergierend. Ein Teil der befragten Frauen äußerte sich positiv über die Kontakte mit der Polizei, während andere Prostituierte überwiegend negative Einschätzungen abgaben. Auffallend ist Folgendes: Je länger die Prostituierten im Gewerbe tätig sind, desto schlechter sind ihre Einstellungen in Bezug auf die Polizei.
2. In diesem Zusammenhang lässt sich, ähnlich wie bei den Asylbewerbern, ein Unterschied hinsichtlich des Umfelds feststellen, in dem die Frauen mit der Polizei in Kontakt treten. Die Prostituierten schilderten zumeist, dass sie während ihrer Tätigkeit im Milieu kaum Berührungspunkte mit der Polizei

---

[3]   Auf diesen Umstand und auf die Spannungsverhältnisse innerhalb der Institution Polizei wurde bereits im ersten Kapitel verwiesen.

hätten, da Beamte nur selten in den Etablissements anzutreffen seien. Bei den gelegentlich durchgeführten Personenkontrollen gab es nach Aussagen der Prostituierten keine besonderen Vorkommnisse.

3. Die Prostituierten hingegen, die in ihrem persönlichen Umfeld bereits mit der Polizei zu tun hatten, äußerten sich durchwegs negativ über die Ordnungshüter. Die schlechte Bewertung der Beamten resultiert in erster Linie daher, dass die Polizisten sie aufgrund ihrer Tätigkeit im Milieu nicht so wie andere Bürger behandeln würden.

4. Die Frauen, die weder im Milieu noch im persönlichen Umfeld schlechte Erfahrungen mit der Polizei gemacht haben, würden sich in einer Notfallsituation an die Polizei wenden.

5. Die Polizeibeamten können sich selten in die Belange der Frauen hineinversetzen. So werden beispielsweise Übergriffe gegen sie häufig als „Kavaliersdelikte" abgetan. Dieses Unverständnis wird durch die städtischen Mitarbeiter bestätigt, die oftmals eine Vermittlerfunktion übernehmen.

6. Es fehlt offenbar ein Ansprechpartner bei der Polizei, der die Prostituierten versteht und sich mit ihren Belangen auseinandersetzt. Nach Aussage eines Ordnungsamtsmitarbeiters habe ein Großteil der Frauen Angst vor der Polizei, was vor allem für Frauen aus dem Ausland zutreffe. Daher wendeten sich die Prostituierten in Problemsituationen lieber an das Ordnungsamt, als die Polizei um Hilfe zu bitten.

7. Weibliche Beamte gehen meist ruppiger mit Prostituierten um als ihre männlichen Kollegen. Das könnte aus institutionellen Sozialisationseffekten resultieren.

8. Der Polizei stehen nicht ausreichende Ressourcen zur Verfügung, um im Milieu präsent zu sein. Daher übernimmt das Ordnungsamt durch regelmäßige Kontrollen wichtige Aufgaben der Polizei. Dadurch kann man nach Einschätzung der Mitarbeiter des Amtes kriminelle Strukturen in Duisburg verringern. Dennoch gibt es Hinweise auf organisierten Menschenhandel und der größte Straßenstrich der Stadt befindet sich fest in den Händen ausländischer Zuhälter.

9. Darüber hinaus „regelt" sich das Milieu selbst, was einen genaueren Überblick z.B. über Straftaten gegen Prostituierte erschwert. Viele Übergriffe auf Prostituierte bleiben so ungeahndet. Dies kann dazu führen, dass sich die betroffenen Frauen in ihrer Opferrolle weiter bestärkt sehen. Zudem bleiben aufgrund der ausländischen Durchdringung des Milieus viele Delikte im Bereich des organisierten Menschenhandels unentdeckt. Die Folge ist ein großes Dunkelfeld.

Die Ergebnisse zeigen, dass Handlungsbedarf im Umgang der Polizei mit den Prostituierten in Duisburg besteht. Trotz mangelnder Personalressourcen ist es empfehlenswert, eine Kontaktperson bzw. Anlaufstelle bei der Polizei einzurichten, die sich um die Belange der Prostituierten kümmert. Dadurch könnte eine Vertrauensbasis entstehen, die beiden Seiten zugute käme. Zum einen gewänne die Polizei einen genaueren Einblick in die teilweise kriminellen Machenschaften des Milieus, zum anderen könnte der Schutz der Frauen besser gewährleistet werden.

Literatur

3sat (2002): Neue Zeiten für altes Gewerbe. Was bewirkt das Gesetz zur legalisierten Prostitution? URL: http://www.3sat.de/3sat.php?a=1&url=http://www.3sat.de/kultur zeit/themen/27660 (Stand: 20.4.2003)

Ackermann, Lea (1994): Sex tourism and organized trafficking in women from countries of the third world: Extent and underlying causes. In: Friedrich-Ebert-Stiftung (1994): 9-17

Altink, Sietske (1995): Stolen lives: Trading women into sex and slavery. London: scarletpress

Sachverständige im Familien- und Frauenausschuss (Hrsg.) (1998): Bericht der Sachverständigen im Familien- und Frauenausschuss des Parlaments in Bonn am 27. Mai 1998. Bonn

Brussa, Licia (Hrsg.) (1999): Health, migration & sex work: the experience of Tampep, Transnational AIDS/STD Prevention among Migrant Prostitutes in Europe. Amsterdam

BKA (Hrsg.) (2006): Lagebild Menschenhandel 2005. Wiesbaden

Friedrich-Ebert-Stiftung (Hrsg.) (1994): Strategies to combat sex tourism and international trafficking in women. Bonn

Friedrich-Ebert-Stiftung (Hrsg.) (1999): Die Auswirkungen der Wirtschaftskrise in Asien auf die Sexindustrie. Bonn

Geißler-Hehlke, Jutta/Hitzke, Andrea (1998): Situation und Problemlagen von Prostituierten. URL: http://www.diakonie.de/publikationen/diak_dok/02-98/abschnitt02.htm (Stand: 20.4.2003)

Gesellschaft zur Förderung wissenschaftlicher Studien zur Arbeiterbewegung (1999): Das Geschäft mit der Prostitution in Deutschland. URL: http://gsa.essen.de/material/ analysen_99-33_prostitution.htm (Stand: 20.4.2003)

Henning, Juanita (1997): Kolumbianische Prostituierte in Frankfurt. Ein Beitrag zur Kritik gängiger Ansichten über Frauenhandel und Prostitution. Freiburg: Lambertus

Hirsch, Michele (1996): Plan of action against trafficking in women and forced prostitution. Council of Europe. Straßburg: Council of Europe

Hughes, Donna M. (2000): The „Natasha" trade – The transnational shadow market of trafficking in women. URL: http://www.uri.edu/artsci/wms/hughes/natasha.htm (Stand: 20.4. 2003).

Katins, Sigrun (1999): Sexkundschaft und Frauenhandel. Ein Beitrag von Sigrun Katins. In: Friedrich-Ebert-Stiftung (1999): 26-35

Kowatsch, Daniel (1991): Der vermietete Körper. Interview mit einer Prostituierten. URL: http://www.jpberlin.de/aetzettera/inter1.htm (Stand: 20.4.2003)

LKA NRW (2006): Lagebild Menschenhandel in Nordrhein-Westfalen 2005. Düsseldorf

Lenz, Ilse/Ramil-Weiss, Norma/Thiemann, Heidi (1993): Internationaler Frauenhandel. Eine Untersuchung über Prostitution und Heiratshandel in Nordrhein-Westfalen und die Interventionsmöglichkeiten von Institutionen und Frauengruppen. Forschungs-expertise für das Ministerium für die Gleichstellung von Frau und Mann des Landes Nordrhein-Westfalen. Düsseldorf

Nollmann, Gerd (Hrsg.) (2007): Sozialstruktur- und Gesellschaftsanalyse. Sozialwissen-schaftliche Forschung zwischen Daten, Methoden und Fakten. Festschrift für Her-mann Strasser. Wiesbaden: Westdeutscher Verlag

Schweer, Thomas/Scherer, Natalie (2007): Soziale Kontrolle am Rande der Gesellschaft. Polizisten und Prostituierte in Duisburg. In: Nollmann, Gerd, Hrsg. (2007): 304-332

WDR (2002): Schlechte Karten für Zuhälter. Prostitution ist nicht mehr sittenwidrig. URL: http://online.wdr.de/online/politik/aenderungen/prostituierte.phtml (Stand: 20.4.2003)

Die türkischen Ecksteher

Güler Celikbas und Steffen Zdun

Die Situation türkischer Jugendlicher

Die türkischen Migranten machen nicht nur die Mehrheit der Ausländer in Deutschland aus, sie sind auch eine Gruppe mit zahlreichen Integrationsproblemen.[1] Diese zeigen sich vor allem bei den Türken, die in ehemaligen Arbeitervierteln, wie z.B. den Zechen- und Industriesiedlungen des Ruhrgebiets, wohnen. Hier bleiben die türkischen Migranten weitgehend unter sich und bauen kaum Kontakte zu anderen Bevölkerungsgruppen auf. Sie wohnen in kleinen und alten Mietwohnungen, mit im Durchschnitt fünf bis sechs Familienmitgliedern. Aufgrund eines relativ hohen Anteils an Jugendlichen, die ihre Schullaufbahn ohne Abschluss beenden, Menschen mit unqualifizierter Arbeit, hoher Arbeitslosigkeit und einem hohen Anteil an Empfängern staatlicher Transferleistungen sind viele Bewohner solcher Quartiere der sozialen Unterschicht zuzurechnen (vgl. Pfeiffer/Wetzels 2001).

Hinzu kommen intraethnische Rückzugstendenzen, Vorurteile der Mehrheitsbevölkerung und die Etablierung eigener Infrastrukturen, wie z.B. Geschäfte, Vereine und Kindergärten, die Argwohn in der deutschen Gesellschaft hervorrufen. Neben dem Vorwurf der Etablierung von Parallelgesellschaften von Migranten, die sich nicht integrieren wollen, kursieren Befürchtungen einer zunehmenden Islamisierung der Türken in Deutschland – mit der Folge, dass junge Türken nicht nur ins Visier des Verfassungsschutzes geraten (Stichwort: Terrorismusabwehr). Es kommt überdies zu interethnische Spannungen unter den Bewohnern der so genannten „Problemstadtteile" und dazu, dass die Deutschen diesen Wohngebieten, wenn es für sie finanziell möglich ist, den Rücken kehren. So werden diese Quartiere oftmals zu Agglomerationen von Menschen, die auf staatliche Transferleistungen und günstigen Wohnraum bzw. sozialen Wohnungsbau angewiesen sind (vgl. Rommelspacher 1998: 12ff.).

Die deutsche Politik reagierte erst spät auf diese Problematik, die mittlerweile in zahlreichen Städten zu beobachten ist. In immer stärkerem Maße werden

---

[1] Mit Integration sind hier „alle äußeren Lebensbereiche, also die materielle, soziale und kulturelle und nicht zuletzt auch die innerpsychische Situation [gemeint]. Dies ist kein einseitiger Prozess, (…) sondern basiert auf beiderseitigem Wandel" (Reich et al. 1999: 353).

ehemalige Arbeiterquartiere der großen Industriestädte zu sozialen Brennpunkten, die in erster Linie von Menschen bewohnt werden, die als soziale Randgruppen[2] bezeichnet werden können. Kommunen, Land und Bund versuchen gemeinsam, mit verschiedenen Projekten gegen die Gettoisierung anzukämpfen, z.B. mit dem Programm „Soziale Stadt", jedoch lassen die Ergebnisse oftmals zu wünschen übrig.

Unter diesen Bedingungen leiden besonders die Heranwachsenden, die ihren Platz in der Gesellschaft suchen. Für die türkischen Jugendlichen kommt erschwerend hinzu, dass viele von ihnen zusätzliche Probleme bei der Integration haben. Ihnen fehlen nicht nur positive Kontakte zur deutschen Gesellschaft, sie haben häufig auch Sprachprobleme und eine geringe Schulbildung. Sie verbringen ihre Freizeit an Straßenecken in ihren Vierteln, da sich nur wenige Alternativen bieten: Die elterlichen Wohnungen sind zu klein, die Möglichkeiten öffentlicher Jugendtreffs und Freizeiteinrichtungen sind sehr begrenzt, und es fehlt vielfach das Geld, um andere Freizeitangebote in Anspruch zu nehmen. Aber auch im übertragenen Sinn wissen viele junge Türken nicht, wohin sie gehören. Sie sitzen zwischen zwei Stühlen. Auf der einen Seite streben sie nach den Kulturgütern der deutschen Gesellschaft, auf der anderen Seite hängen sie an der türkischen Tradition, die ihnen durch die Familie vermittelt wird.

Man muss allerdings auch bedenken, dass Treffen im öffentlichen Raum für türkische Jugendlichen – wie für die Russlanddeutschen – ein typisches kulturelles Handlungsmuster sind, das nicht gleichbedeutend mit Abweichung ist. Sie treffen sich oft an Straßenecken, Marktplätzen und Spielplätzen und „hängen" in ihrer Freizeit dort herum. Sie gehen weder einer bestimmten Aktivität nach noch haben sie gemeinsame Ziele. Im Gegenteil, ihre Gemeinsamkeiten sind zum einem ihre Ziellosigkeit, zum anderen ihre deutliche Ausgrenzung von der restlichen Gesellschaft. Dabei unterscheiden sie nicht zwischen deutscher Aufnahme- und türkischer Herkunftsgesellschaft, weil sie inzwischen auf beiden Seiten Anpassungsprobleme haben.

---

[2]   Unter dem vieldeutigen Begriff der „sozialen Randständigkeit" soll hier eine Zuschreibung verstanden werden, durch die Einzelpersonen bzw. Personengruppen unfreiwillig Stigmatisierungen durch die Mehrheitsgesellschaft erfahren, die dazu beitragen, dass die Betreffenden vom gesellschaftlichen Miteinander ausgegrenzt sind (vgl. Bellebaum 1974: 278ff.). Die „Soziodynamik der Stigmatisierung" beschreiben Elias/Scotson (1990: 13ff.) als einen Prozess, in dem die Mitglieder der „Etabliertengruppe" den Angehörigen einer „Außenseitergruppe" die Eigenschaften und Merkmale zusprächen, die sich anfangs lediglich auf Einzelne bezögen. Da es sich um rein subjektive Zuschreibungen handele, sei es im Stigmatisierungsprozess nicht relevant, ob die ursprünglichen „Anschuldigungen" gerechtfertigt seien. Entscheidend sei vielmehr die Frage, inwiefern die Vorwürfe mehrheitsfähig seien bzw. in der Etabliertengruppe Verbreitung fänden, da die Stigmatisierung der Außenseiter Solidarität der Etablierten voraussetze (vgl. Elias/Scotson 1990: 238ff.).

In diesem Beitrag werden die Gründe und Folgen dieses Phänomens beschrieben. Es soll herausgearbeitet werden, inwiefern Ziellosigkeit und ein „Herumhängen" von türkischen Jugendlichen zu Kontakten mit der Polizei führen und welches Verhältnis zu den Beamten besteht. Dazu wurden Befragungen in drei sozialen Brennpunkten in Duisburg – Bruckhausen, Hochfeld und Marxloh[3] – durchgeführt.

Türkische Migranten in segregierten Wohngebieten

In der Bundesrepublik Deutschland leben nach Angaben des Bundesministeriums des Innern über 1,7 Mio. Menschen mit türkischem Pass. Hinzu kommen rund 800.000 Menschen mit türkischem Migrationshintergrund, die sich haben einbürgern lassen. Mehr als ein Drittel von diesen 2,5 Mio. Bürgern sind im Alter bis 25 Jahre, d.h. es handelt sich um eine relativ junge Population.

Den türkischen Migranten[4] sowie den Menschen mit türkischem Migrationshintergrund[5] wird vorgeworfen, sie würden Gettos[6] bilden und sich dadurch von der deutschen Bevölkerung abkapseln – ein Vorwurf, der nur zum Teil stimmt. „Die überwiegende Mehrheit (66%) der türkischenstämmigen Migranten wohnen in Gegenden mit überwiegend deutscher Bevölkerung, 13% in gleichmäßig gemischten Wohnquartieren. Jede fünfte Familie wohnt in ethnisch geprägten Stadtvierteln, die jedoch im Vergleich zu 1999 schrumpfen" (Zentrum für Türkeistudien 2000: 6).

Es ist also keineswegs so, dass die türkischen Mitbürger grundsätzlich zum Leben in Gettos tendieren. Es gibt aber Ortsteile, wo die türkische Bevölkerung einen erheblichen Anteil ausmacht – so auch in den drei Quartieren Duisburgs, in denen die Befragungen mit den jungen Türken durchgeführt wurden. In solchen Gebieten ist die Infrastruktur – von Dienstleistungsangeboten über Einkaufsmöglichkeiten bis zu sozialen Einrichtungen, wie z.B. Vereine und Moscheen – weitgehend „türkisch".

---

[3] Alle drei Quartiere waren am Förderprogramm „Stadtteile mit besonderem Erneuerungsbedarf" beteiligt.

[4] Migranten sind Personen, die eine Migration durchleben. „In den Sozialwissenschaften werden unter dem Begriff der Migration allgemein solche Bewegungen von Personen und Personengruppen im Raum verstanden, die einen dauerhaften Wohnortwechsel bedingen" (Han 2000: 7).

[5] Der Lesefreundlichkeit halber werden im Weiteren beide Begriffe synonym verwendet.

[6] „Ein Getto ist ein Gebiet, in welchem Raum und Rasse miteinander verbunden sind, um eine bestimmte Bevölkerungsgruppe, die von der herrschenden Gesellschaft als minderwertig angesehen und dementsprechend behandelt wird, zu definieren, zu isolieren und einzugrenzen" (Marcuse 1998: 179).

Aber nicht alle türkischen Migranten leben freiwillig in den Gettos. Daher sollen hier sowohl die Entstehungsgründe und die Entwicklung der Gettos als auch das Leben der türkischen Migranten in den benachteiligten Stadtteilen, speziell das der Jugendlichen, beleuchtet werden. Außerdem werden Sozialisation und Kriminalität bei türkischen männlichen Jugendlichen thematisiert.

Der Weg vom Gastarbeiter zum Migranten

Seit 1961 haben sich zahlreiche türkische Migranten in der Bundesrepublik niedergelassen. Der Grund war das Anwerbeabkommen vom 30. Oktober 1961 zwischen der Bundesrepublik und der Türkei.[7] Hunderttausende Türken kamen, um in Deutschland in kurzer Zeit viel Geld zu verdienen und danach wieder in ihre Heimat zurückzukehren (vgl. Münz 1997: 38). Dieses Vorhaben wurde von der Bundesregierung unterstützt, denn beide Seiten planten keinen langen Aufenthalt der Gastarbeiter. Es galt zunächst das Rotationssystem, wonach die Arbeitskräfte innerhalb von zwei Jahren Deutschland verlassen und gegen andere Bewerber ausgetauscht werden sollten. Das unpraktische und außerdem kostspielige Rotationsmodell ließ sich aber nicht lange durchhalten. Auf das Drängen der Arbeitgeberverbände reagierte die Bundesregierung mit einer „Erleichterung der Verlängerung von Aufenthaltsgenehmigungen" (Münz 1997: 52, 40).

Viele Türken der ersten Generation waren einfache Arbeiter, die im Bergbau oder in der Schwerindustrie arbeiteten. Ihnen wurden ihre Quartiere zugewiesen. Sie wohnten zunächst in Baracken nahe ihrer Arbeitsplätze, später in Arbeitervierteln in engsten Räumen. Dies nahmen sie in Kauf, um möglichst viel Geld sparen und der Familie in der Türkei schicken zu können. Als allerdings Deutschland mit der Genehmigung der Familienzusammenführung in den 1970er Jahren praktisch zum Einwanderungsland wurde, änderten die Türken ihr Wohnverhalten, da sie künftig mehr Wohnraum benötigten. Sie blieben zwar vielfach in den Arbeitervierteln, da diese nahe ihrer Arbeitsplätze lagen und günstig waren, aber sie suchten sich größere und daher auch teurere Wohnungen. Außerhalb dieser Gebiete wäre ihnen die Bezahlung der Mieten für ausreichenden Wohnraum noch schwerer gefallen, ganz abgesehen davon, dass sich die einheimische Bevölkerung in den „besseren Gegenden" vielfach gegen eine ethnische Durchmischung wehrte, sodass sich die Türken auf bestimmte Quartiere konzentrier-

---

[7]   Nach dem Zweiten Weltkrieg konnten in Deutschland in einigen Branchen der Industrie Arbeitsplätze nicht besetzt werden, da ein Fachkräftemangel bestand. 1955 wurde der erste Anwerbevertrag mit Italien abgeschlossen, um vorübergehende Arbeitskräfte zu bekommen. In den darauf folgenden Jahren wurden Verträge mit Spanien (1960), Griechenland (1960), Türkei (1961), Marokko (1963), Portugal (1964), Tunesien (1965) und ehemaliges Jugoslawien (1968) geschlossen (vgl. Treibel 2003: 55ff.).

ten, in denen viele selbst in der zweiten und dritten Generation noch heute wohnen.

In diesen Stadtgebieten ist der Ausländeranteil daher weiterhin sehr hoch, wenn auch viele durch die Schließung der Werke an den Industriestandorten ihren Arbeitsplatz verloren haben. Dadurch ist dort die Arbeitslosigkeit im Vergleich zu sonstigen Stadtgebieten überdurchschnittlich hoch. Diejenigen, die es sich leisten können, ziehen weg (vgl. Rommelspacher 1998: 12ff.). Übrig bleiben häufig die Angehörigen ethnischer Minderheiten und sozialer Randgruppen, die vielfach auf staatliche Transferleistungen angewiesen sind. Die verschiedenen Bevölkerungsgruppen stehen hier untereinander in Konkurrenz um die knappen Ressourcen (vgl. Hohm 2003: 43ff.), und die Gebiete gelten – abhängig von der Perspektive – als soziale Rückzugsräume bzw. segregierte Wohnräume (vgl. Häußermann/Oswald 1997a: 11ff.).

Mit Segregation ist „die Projektion sozialer Struktur auf den Raum [gemeint]. Sie bezeichnet die empirische Tatsache, dass die sozialen Gruppen sich nicht gleichmäßig etwa über das Gebiet einer Stadt verteilen, sondern sich in bestimmten Räumen und zu bestimmten Zeiten konzentrieren. Jede soziale Gruppe hat ihre typischen Wohn-, Arbeits- und Freizeitorte. So definiert, ist Segregation ein universelles Phänomen. Seit es Städte gibt, gibt es Segregation" (Häußermann/Siebel 2001: 70). Heutzutage steht der Begriff in Deutschland „als Faktor sozialer Ungleichheit und ethnisch-kultureller Differenz- und damit als ein Gerechtigkeits- und Integrationsproblem" (Häußermann/Siebel 2001: 71).

So verwundert es auch nicht, dass gerade der Kinder der zweiten und dritten Generation der Türken in diesen Stadtgebieten Identitätsprobleme haben. Die Heranwachsenden versuchen, sich an die Tradition der Herkunftsgesellschaft anzupassen und sehnen sich nach den Kultur- und Konsumgütern der Aufnahmegesellschaft. Die so entstehenden Gewissenskonflikte rufen bei ihrer Sozialisation immense Probleme hervor. Die in Deutschland geborenen türkischen Jugendlichen erleben einen Kulturkonflikt. Die Eltern versuchen einerseits, ihre Kinder nach der kulturellen Vorstellung ihres Herkunftslandes zu erziehen. Die außerfamiliären Instanzen andererseits erwarten Verhaltenweisen von den Kindern, die den Vorstellungen der Eltern nicht selten widersprechen.

Doch sind die Unterschiede zwischen der elterlichen Erziehung und der außerfamiliären Sozialisation stark abhängig von der Lebenseinstellung der Eltern. Relevant sind unter anderem das Bildungsniveau, die Religiosität, die Sprachkompetenz und die Integration der Eltern in die Aufnahmegesellschaft. Als Faustformel scheint zu gelten: Je stärker die Eltern in die Aufnahmegesellschaft integriert sind, d.h. je weniger sie segregiert leben, umso weniger Probleme haben die Kinder in ihrer Entwicklung (vgl. Häußermann/Siebel 2001). Allerdings sind solche wenig problematischen Familienstrukturen seltener in segregierten Wohngebieten anzutreffen.

Auch die hier ins Forschungsvisier genommenen Kinder und Jugendliche sind in ihrer Sozialisation durch multiple Problemlagen im Elternhaus und in der individuellen Entwicklung geprägt. Die sich daraus ergebenden „Identitätsstörungen" (Rottacker/Akdeniz 2000: 34) bei männlichen türkischen Jugendlichen stehen auch im Vordergrund des Beitrags.

Die Sozialisation männlicher türkischer Jugendlicher

Die türkische Familie ist patriarchalisch strukturiert. Das bedeutet, dass das älteste männliche Familienmitglied das Familienoberhaupt ist (vgl. Rottacker/Akdeniz 2000: 12). So kann es passieren, dass der älteste Sohn, wenn der Vater nicht mehr lebt, mehr zu bestimmen hat als die Mutter. Daher ist es für die Familie bzw. für den Vater wichtig, den Söhnen frühzeitig die traditionellen Werte zu vermitteln. Zu diesen Werten gehören Namus[8] (Ehre), Seref[9] (Würde, Ansehen, Prestige) und Saygi[10] (Achtung).

So gehen die Söhne nach der Beschneidung in die Obhut des Vaters. Während dieses Verhältnis durch Disziplin und Autorität geprägt ist, ist die Beziehung der Söhne zur Mutter wesentlich emotionaler. Der Erziehungsprozess beim Vater basiert auf dem Erlernen der Werte der Ehre und familiären Verantwortung „und setzt damit türkische junge Männer einem besonderen Druck aus, denn die althergebrachten Schemata stoßen im Migrationsland auf außerfamiliäre Gegenpole, welche die Erfüllung der Erwartung verkomplizieren" (Rottacker/ Akdeniz 2000: 44). Trotzdem können männliche Jugendliche im Gegensatz zu den Mädchen außerhalb der Familie bis zu ihrer Eheschließung ausgelassen jugendlichen Aktivitäten nachgehen.

Zur traditionellen Erziehung, speziell im Milieu wenig gebildeter Eltern, gehört auch, dass die Kinder und Jugendlichen unter Umständen regelmäßig

---

[8]   „Der Vater, der die Familienautorität verkörpert, besitzt hohe Verantwortung hinsichtlich des Verhaltens der Familienmitglieder. Dem Vater obliegt auch der Schutz der Familie nach außen. Erfolgt eine Verletzung des inneren Bereiches, zum Beispiel durch Belästigung der weiblichen Familienmitglieder von Außenstehenden, so kommt es zu einer bedingungslosen entschiedenen Gegenwehr durch die männlichen Familienmitglieder" (Rottacker/Akdeniz 2000: 21).

[9]   „Die autoritäre Position und ein ehrenhaftes Leben wirken ansehenssteigernd, das heißt der Vater oder die ältere Frau, denen Achtung entgegengebracht wird, genießen ein gesteigertes Ansehen in der Öffentlichkeit" (Rottacker/Akdeniz 2000: 23).

[10] „Saygi, was so viel bedeutet wie Respekt oder Achtung, regelt sowohl das Zusammenleben in der Familie als auch den Umgang miteinander in der Gesellschaft. Dieser Begriff gibt Aussagen über die hierarchischen Strukturen der Familie wieder. Respekt und Achtung werden allen höher gestellten Personen entgegengebracht" (Rottacker/Akdeniz 2000: 20).

körperlicher Gewalt ausgesetzt sind. Ungehorsam gegenüber dem Vater sowie Missachtungen der traditionellen Werte führen rasch zu Züchtigungen und Misshandlungen. In diesem Sinn sind auch die Ergebnisse von Pfeiffer/Wetzels (2001) zu interpretieren, dass junge Türken deutlich mehr Erfahrungen mit häuslicher Gewalt machten als Deutsche. Dabei scheint es keine Rolle zu spielen, ob es sich um eingebürgerte oder nicht eingebürgerte Türken handelt.

Erfahrung von elterlicher Gewalt von Jugendlichen

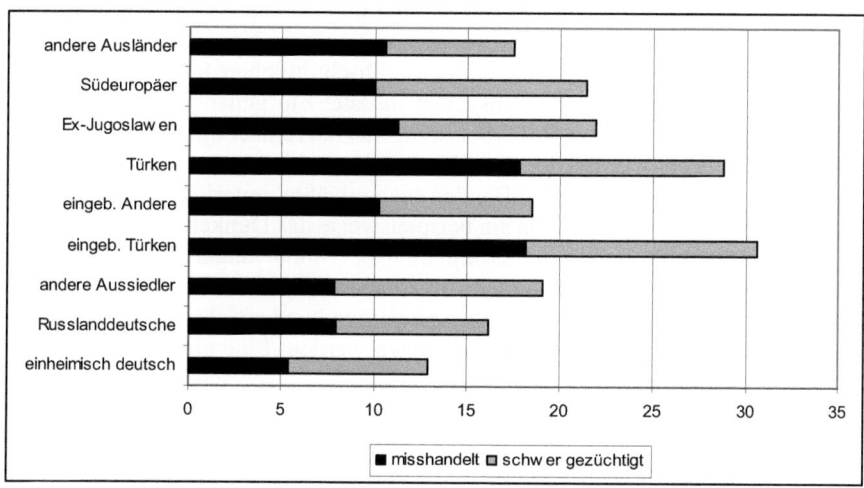

Quelle: Pfeiffer et al. (1999)

In den außerfamiliären Sozialisationsinstanzen (Schulen, Kindergarten, Vereine, Ausbildungsstätten und Medien) kommen die Heranwachsenden zumeist zum ersten Mal mit den Kulturgütern der Aufnahmegesellschaft in Kontakt. Diese müssen sie sich aneignen, wollen sie nicht zu sozialen Außenseitern werden. Das Hin- und Hergerissensein zwischen zwei Welten erschwert die Suche nach der eigenen Identität, was wiederum leicht zu Persönlichkeitsstörungen und Resignation führt (vgl. Pfeiffer/Wetzels 2001: 62ff.).

Verstanden fühlen sie sich häufig nur von Freunden, die gleiche Sozialisation erlebt haben. „Je stärker die innerfamiliären Konflikte, je länger die institutionellen Diskriminierungen anhalten und sich die fremdenfeindliche Gewalt zur Dauer-Bedrohung auswächst, umso mehr steigt die Bedeutung des Rückzugs in die eigene ethnische Gruppe" (Heitmeyer 1996: 406). Solche Ablehnungserfahrungen und die sich aus nicht ausreichender deutscher Sprachkompetenz und schlechten oder keinen Bildungsabschlüssen ergebende Perspektivlosigkeit be-

günstigen wiederum abweichendes Verhalten – durchaus im Sinne Mertons
(1995), wenn die institutionalisierten Mittel nicht zu den allseits erwünschten
und kulturell definierten Zielen führen.

Kriminalität türkischer Jugendlicher

In der Polizeilichen Kriminalstatistik (PKS) wurden von Türken 2006 108.771
Straftaten erfasst.[11] Das macht einen Anteil von 23,3% der Tatverdächtigen
nichtdeutscher Herkunft aus. Dieser Wert liegt unter ihrem Anteil von rund 25%
an der nichtdeutschen Bevölkerung, so dass man entsprechend dieser Hellfeldda-
ten zunächst einmal nicht von einer überdurchschnittlichen Kriminalitätsbelastung der Türken in Deutschland ausgehen müsste. Ein genauerer Blick auf die
Zahlen zeigt allerdings eine Höherbelastung der tatverdächtigen Türken in bestimmten Bereichen, z.B. bei der Gewaltkriminalität mit 34,8%.[12]
   Wie in anderen Kapiteln des Bandes auch erwähnt, unterliegt die PKS allerdings zahlreichen Schwächen. Da sie beispielsweise das Dunkelfeld nicht erfasst,
ist zu klären, welche Daten zur Kriminalitätsbelastung junger Türken sich aus
wissenschaftlichen Dunkelfeldstudien ergeben. Aufschlussreich sind die Erhebungen des Kriminologischen Forschungsinstituts Niedersachsen (KFN), in denen große repräsentative Stichproben gezogen werden. Eine aktuelle Schülerbe-
fragung der 9. Jahrgangsstufe ergab, dass junge Türken speziell in den Bereichen
personale Gewalt (Bedrohung mit Waffe, Raub und Körperverletzung) auffällig
seien.
   Für die relativ hohen Prävalenzen bei bestimmten Delikten gibt es eine Reihe von Gründen. Es gibt beispielsweise zahlreiche Gesetze, gegen die nur Ausländer verstoßen können.[13] Rechnet man diese Vergehen von der registrierten
Gesamtkriminalität der türkischen Jugendlichen ab, ist der Anteil immer noch
recht hoch. Außerdem ist die polizeiliche Ermittlungspraxis zu berücksichtigen,
d.h. durch häufige Personenkontrollen der Migranten wird das Entdeckungsrisi-
ko von Delikten erhöht (vgl. Hüttermann 2000: 539f.). Ohnehin ist die Dunkel-
ziffer bei den typischen Vergehen junger Türken wie Körperverletzung und bei
der Straßenkriminalität geringer als beispielsweise bei Steuerbetrug. Hinzu

---

[11]   Hierbei handelte es sich in 9.260 Fällen um Tatverdachte, bei denen es um Verstöße gegen das
       Ausländer- und Asylverfahrensgesetz ging, die in diesem Zusammenhnag allerdings von nach-
       rangiger Bedeutung sind und deshalb vernachlässigt werden können.
[12]   Hierunter werden in der PKS Mord, Totschlag, Vergewaltigung und sexuelle Nötigung, Raubde-
       likte, Körperverletzung mit Todesfolge, schwere Körperverletzung, erpresserischer Menschen-
       raub und Geiselnahme zusammengefasst. Beispielsweise lag der Wert bei 35,3% für Mord,
       30,6% für Totschlag, 32,4% für Vergewaltigung und sexuelle Nötigung sowie 30,6% für Raub-
       delikte.
[13]   Dies sind beispielsweise Verstöße gegen das Ausländer- und Asylverfahrensgesetz.

kommt eine höhere Anzeigebereitschaft der deutschen Bevölkerung gegen nichtdeutsche Täter. Nach Pfeiffer/Wetzels (2001) würde jede fünfte Gewalttat angezeigt, wenn Opfer und Täter beide Deutsche sind. Dagegen würde jeder dritte Fall bei der Polizei gemeldet, wenn der Täter anderer ethnischer Herkunft ist. Weitere Untersuchungen zeigen zudem, dass ausländische Jugendliche härter bestraft würden als deutsche bei gleicher Vorgeschichte und Straftat (vgl. Pfeiffer/Wetzels 2001).

Anteil delinquenter Jugendlicher nach ethnischer Gruppe (12-Monats-Prävalenz, in %)

	Deutsch		*tk.*	*ru.*	*ju.*	*po.*	*sü.*	*andere*	*Cramers V*
	beide Eltern deutsch	Migrationshintergrund							
Sachbeschädigung	17,3	22,4	15,3	19,5	15,7	24,9	17,4	15,8	.056**
Ladendiebstahl	15,2	20,0	11,8	16,6	18,8	22,3	17,5	15,0	.061**
personale Gewalt	13,6	20,1	27,0	23,3	24,1	23,9	20,8	20,7	.128**
keine Angabe	1,0	1,3	1,7	2,2	3,8	1,7	1,5	2,1	.052**
Erpressung	0,7	1,4	1,9	1,6	2,5	0,5	0,8	1,1	.052**
Bedrohung mit Waffe	1,7	3,1	**3,4**	2,9	3,7	2,9	0,4	1,1	.055**
Raub	2,0	3,5	**4,9**	5,0	5,1	4,9	3,8	2,6	.071**
Körperverletzung	12,5	19,4	**25,6**	21,0	22,8	23,3	19,8	20,1	.129**
Diebstahl	5,7	8,6	7,0	10,4	8,8	9,5	7,8	5,9	.059**

Quelle: Baier et al. (2006: 246) (n=14.301, ** p < .01). tk = türkisch, ru. = russisch, ju. = jugoslawisch/albanisch, po. = polnisch, sü. = südeuropäisch

Daraus ergibt sich, dass junge Migrantengruppen, die eine Vielzahl ihrer Delikte im öffentlichen Raum verüben, eher erwischt und angeklagt werden, so dass relativ hohe Deliktzahlen in der PKS auf eine recht gute Aufdeckungsquote bei den entsprechenden Vergehen zurückzuführen ist. Dieser Umstand erklärt allerdings noch nicht, warum die selbst berichteten Werte der Kriminalität bei den Migranten teilweise deutlich höher als bei gleichaltrigen Einheimischen ausfallen.

Es gibt verschiedene Gründe, warum türkische Jugendliche eher zu bestimmten Delikten tendieren als deutsche Jugendliche. Eine wichtige Rolle spielen die gesellschaftlichen Rahmenbedingungen, denn türkische Jugendliche wachsen überdurchschnittlich häufig unter sozial benachteiligten Umständen auf. Sie werden in sozialen Brennpunkten groß, in denen sie einer sozialen Randgruppe angehören. Ihre Familien stammen aus der unteren Schicht der Gesellschaft, sind oft von Arbeitslosigkeit betroffen und haben im Vergleich zu den deutschen Jugendlichen niedrigere Bildungsabschlüsse (vgl. Pfeiffer/Wetzels 2001: 117). Als Nicht-EU-Bürger wird ihnen zudem gesetzlich die Berufswahl erschwert. So dürfen Arbeitgeber bei gleicher Voraussetzung einen deutschen oder EU-Bürger bevorzugen (vgl. Puskeppeleit/Thränhardt 1990: 21ff., Bremer 2000: 74ff.). In der kriminologischen Forschung herrscht Einigkeit darüber, dass, wenn verschiedene dieser Prädiktoren zusammenfallen, die Wahrscheinlichkeit deutlich höher sei, sich abweichend zu verhalten, als wenn man in behüteten Familienverhältnissen aufwachse (vgl. Groenemeyer 2005).

Es ist, kurz gesagt, davon auszugehen, dass die Kriminalität der jungen Türken nicht auf ethnische Merkmale oder ihre Kultur zurückzuführen ist. Vielmehr handelt es sich um ein Schichtphänomen, d.h. bei denjenigen Migrantengruppen, die überdurchschnittlich stark in der Arbeiter- und Unterschicht vertreten sind, ist mit mehr Kriminalität zu rechnen als bei Bevölkerungsgruppen, die stärker in der Mittel- und Oberschicht verankert sind.

Bei Körperverletzungen, die infolge von Beleidigungen bei Auseinandersetzungen zwischen Jugendgruppen im Namen der Ehre verübt werden, ist wie bei den jungen Russlanddeutschen davon auszugehen, dass die Ehre nur als Vorwand benutzt werde, um ihr Handeln zu legitimieren (vgl. Zdun 2007). Die vermeintlich große Bedeutung von Ehre für Menschen aus dem muslimischen Kulturkreis relativiert sich rasch, wenn man berücksichtigt, dass zwischen den Konfliktparteien Beleidigungen gezielt eingesetzt werden, um die Gegenseite möglichst intensiv zu reizen, so dass sie sich zur Wehr setzen muss, um ihr Gesicht nicht zu verlieren. Mit anderen Worten, von diesen Heranwachsenden wird die Ehre instrumentalisiert und ihrer eigentlichen kulturellen Bedeutung entfremdet.[14]

Eine weitere Ursache der Gewalt liegt in der bereits erwähnten Tatsache, dass die Täter oft selbst Opfer innerfamiliärer Gewalt wurden. Es ist erwiesen, dass Menschen, die Opfer innerfamiliärer Gewalt in ihrer Sozialisation waren, später öfter Gewalt ausüben als diejenigen, die eine stabile Sozialisation ohne Gewalterfahrungen hatten. Wie erwähnt, führen die patriarchalischen Strukturen türkischer Familien durch die autoritäre Erziehung nicht selten zum Einsatz von Gewalt durch das Familienoberhaupt, um seine Macht durchzusetzen und Anerkennung durch die Familie zu bekommen. Die Väter sehen sich als Vorbilder der Söhne und wollen sie zu ihren Nachfolgern als Beschützer der Familie erziehen.

---

[14] Auf die so genannten „Ehrenmorde" soll an dieser Stelle nicht eingegangen werden, da sie nicht als ein typisches Vergehen der zu untersuchenden türkischen Jugendlichen anzusehen sind. Sie werden nur von einzelnen Muslimen verübt und von der großen Mehrheit der Türken als veraltet angesehen (vgl. Farin/Seidel-Pielen 1993: 140).

So werden oft die Verhaltensmuster der Väter von den Söhnen übernommen (vgl. Pfeiffer/Wetzels 2001: 121).

Auch bei der Gewalt der Jugendlichen geht es um Anerkennung, zwar weniger um familiäre Anerkennung, aber um soziale und gesellschaftliche Anerkennung, die sie vielfach innerhalb ihres Freundeskreises erfahren können. Gewalt bedeutet für sie Macht, und Macht führt zu Anerkennung. Wenn Anerkennung beispielsweise durch hohe Bildung, Ausübung eines angesehenen Berufes und Besitz von Luxusartikeln fehlen, wird eher auf Gewalt zurückgegriffen. *Die Zeit* (10/2003) bringt es auf den Punkt: „Türkische Jugendliche wollen mit Machtdemonstrationen ihre soziale Unterlegenheit ausgleichen."

Zur Situation der Kriminalität der Türken gibt es auch verschiedene Daten. Im Berichtsjahr 2002 wurden den ermittelnden Behörden in Duisburg 44.477 Gesetzesverstöße bekannt, für die 14.423 Tatverdächtige verantwortlich waren (Polizeipräsidium Duisburg 2003: 1). Dabei handelte es sich um 4.009 nichtdeutsche Tatverdächtige. Da hierzu auch Personen zählen, die gegen das Ausländerrecht bzw. das Asylverfahrensgesetz verstoßen haben, was Deutschen kaum möglich ist, sind diese Fälle herauszurechnen. Der bereinigte Wert ergibt 3.553 nichtdeutsche Tatverdächtige:

> „Unter den nichtdeutschen Tatverdächtigen nehmen die türkischen Tatverdächtigen einen Anteil von fast 40 Prozent ein. Dieser steigt bei der Gewalt- auf 58 Prozent und bei der Straßenkriminalität auf 52 Prozent, bei Körperverletzungen erreicht er 60 Prozent, bei der Rauschgiftkriminalität 54 Prozent. Dagegen sinkt der Anteil türkischer Tatverdächtiger bei Diebstahlsdelikte auf 24 Prozent" (Polizeipräsidium Duisburg 2003:: 20).

Die Polizeidaten geben aber keinen Einblick in die Kriminalitätslage junger Türken in Duisburg; sie beziehen sich auf alle Altersgruppen. Darüber hinaus bilden die Zahlen lediglich das Hellfeld ab und lassen das Dunkelfeld unberührt. Erkenntnisse über das Dunkelfeld der türkischen Duisburger Jugendlichen sammelte Hüttermann (2000: 519f.) in seinen ethnografischen Studien und kommt zu folgendem Schluss:

> „Sie [die türkischen Jugendlichen, Anm. d. Verf.] besetzen die Räume der wohnumfeldnahen Öffentlichkeit, um sich zunächst einmal zu entfalten. Als nicht intendierte Nebenfolge dieser Entfaltung und mangels Alternativen formiert sich vor allem in Marxloh, aber auch in anderen Duisburger Stadtteilen eine männerdominierte und um einen extremen Männlichkeitskult kreisende Street Corner-Society. Diese machistische Street Corner-Society wird, abgesehen von ihren spezifischen Männlichkeitsritualen und -symbolen und ihrem Prestige verbürgenden generösen Umgang mit Geld, durch die Tatsache zusammengehalten, dass ihre Akteure im Medium des Glücksspiels und mittels der in der lokalen Öffentlichkeit ausgetragenen, oftmals

gewaltaffinen oder tatsächlich gewalttätigen Charakterwettkämpfe um das knappe Gut der status- und machtverbürgenden Ehre konkurrieren (...) Angesichts der strukturell bedingten Ohnmacht und fehlender ‚positionaler Anerkennung' (...) drängen vor allem junge männliche Erwachsene (meist Angehörige der zweiten und dritten Generation der Migrantenpopulation) auf expressive, (Geschlechts-)Ehre erheischende Machtentfaltung im öffentlichen Raum und greifen zudem hinter den Kulissen der wohnumfeldnahen Öffentlichkeit z.t. auf illegale Erwerbsquellen zu (Drogenhandel, Hehlerei, kleinere Diebstähle etc.)."[15]

Eigene Studien zur Duisburger *street corner society* (Celikbas 2005) zeigen, dass bei den jungen Duisburger Türken auch von einem „Eckstehermilieu" die Rede sein kann, da diese sich in Gruppen an bestimmten Treffpunkten regelmäßig versammeln. Allerdings sind die türkischen Ecksteher nicht mit der Norton Gang vergleichbar, da keine Gangstrukturen erkennbar sind. Auch der Stellenwert der Freunde bzw. Solidarität spielt in dem türkischen Milieu eine wesentlich geringere Rolle als in der von Whyte beobachteten Gang. Vielmehr wird das türkische Eckstehermilieu in erster Linie durch finanzielle Notlagen, hohe Arbeitslosigkeit, geringes Bildungsniveau, Raummangel und fehlende Freizeitalternativen aneinander gebunden. Ihre Perspektivlosigkeit und Frustration führt zum Herumhängen. Kriminalität (zur Kompensation dieser Situation) scheint nur für einzelne Jugendliche relevant zu sein.

Befragung türkischer Jugendlicher in Duisburg

Es wurde eine quantitative Befragung von 200 männlichen türkischen Jugendlichen durchgeführt. Dabei fiel die Wahl auf ein Querschnittdesign. Die Befragung erfolgte von Januar bis März 2003 in den Duisburger Stadtteilen Bruckhausen, Hochfeld und Marxloh. Diese gehören zu den Wohngebieten mit dem höchsten Anteil an türkischstämmiger Bevölkerung und den segregierten Arbeitervierteln in Duisburg, in denen man eine starke Gettoisierung erkennen kann. Zudem sind hier zahlreiche Cliquen zu beobachten, deren Verhalten als abweichend bezeichnet werden kann. Von den knapp einer halben Million Duisburgern handelte es sich zum Befragungszeitpunkt bei 43.930 um Türken. Die Türken stellen 57,3% der Ausländer in Duisburg und machen mit 8,7% der Gesamtbevölkerung die größte Migrantengruppe in der Stadt aus. Der Anteil der Türken in den drei Stadtteilen zum Befragungszeitpunkt betrug in Bruckhausen 40,4%, in Hochfeld 17,7% und in Marxloh 24,4%.

---

[15]   Der von Hüttermann verwendete Begriff der „Street Corner-Society" geht zurück auf einen Vertreter der Chicagoer Schule, William Foote Whyte (1996), der vor mehreren Jahrzehnten Gangforschung in Amerika betrieb und dafür die so genannte „Norton Gang" lange Zeit begleitete und deren Aktivitäten dokumentierte.

Befragt wurden die Teilnehmer schriftlich mit Hilfe eines standardisierten Fragebogens. Um etwaigen Verständnisproblemen entgegenzutreten, dienten türkische Interviewer als Hilfestellung. Bei der Konzeption des Fragebogens musste beachtet werden, um die Beteiligten nicht abzuschrecken. So durften nicht zu viele Fragen gestellt werden, die Formulierung sollte verständlich und unkompliziert ausfallen und auf offene Fragen weitgehend verzichtet werden. Das erstellte Instrument wurde anschließend noch einem Pretest unterzogen, um mögliche Schwächen und Probleme zu erkennen und die nötigen Veränderungen vorzunehmen. Die Befragung nahm durchschnittlich 30 Minuten in Anspruch.

Bei der Auswahl der Stichprobe wurde auf institutionelle Kontakte weitgehend verzichtet, da im Wesentlichen Jugendliche in die Stichprobe einbezogen werden sollten, die sich regelmäßig auf Straßen, Markt- und Spielplätzen sowie vor Spielhallen und Teestuben aufhalten. Bei der Rekrutierung wurde aber auch auf Jugendliche und junge Erwachsene zurückgegriffen, die sich Teestuben, Sportvereine, Spielhallen, Internetcafes, Moscheen und Jugendfreizeitstätten aufhielten. Anfangs war die Bereitschaft zur Teilnahme an der Befragung groß, der Umfang des Fragebogens schreckten allerdings nicht wenige Jugendliche ab. Jedoch wollten viele dieses Projekt unterstützen, um zu einer Verbesserung der Lebensbedingungen vor Ort einen Beitrag zu leisten. Die Befragung diente ihnen – wie den Asylbewerbern – auch als eine Art „Seelsorge".

Die Heranwachsenden waren zwischen 14 und 25 Jahren alt. Als Mindestalter wurde das 14. Lebensjahr auf Grund der damit verbundenen Strafmündigkeit ausgewählt. Auf das 25. Lebensjahr fiel die Entscheidung, um eine Vergleichbarkeit zu anderen Studien und statistischen Daten über türkische Jugendliche zu gewährleisten. Thiele/Taylor (1998) bezeichnen zudem das 25. Lebensjahr als den ungefähren Zeitpunkt zum Ausstieg aus auffälligen Jugendgruppen.

Einstellungen gegenüber der Duisburger Polizei

Der jüngste Befragte war 14 Jahre alt, der älteste 25 Jahre. Das Durchschnittsalter der Teilnehmer betrug 18,6 Jahre. 23,6% der Befragten kamen aus Bruckhausen, 27,5% aus Hochfeld und 27,5% aus Marxloh. Die restlichen 21,4% waren aus angrenzenden Stadtteilen und trafen sich regelmäßig mit ihren Freunden in den drei Quartieren. Bei den angrenzenden Wohngebieten handelte es sich um solche mit einem hohen Anteil an Ausländern und Tendenzen der Gettoisierung, wie z.B. Beeck.

Von den Befragten mit Schulabschluss hatte fast die Hälfte nur einen Hauptschulabschluss. Jeder Zehnte hatte keinen Abschluss. Die Analyse der Jugendlichen in den drei Stadtteilen widerspiegelt in dieser Hinsicht die Situation eines großen Teils der türkischen Jugendlichen in Deutschland (vgl. Geißler 2002:

298ff.). Da einer der entscheidenden Gründe der Bildungsdefizite bei türkischen Jugendlichen in der mangelnden Sprachkompetenz besteht, wurden die Jugendlichen auch gefragt, wie sie ihre Deutschkenntnisse einschätzten. Knapp zwei Drittel waren der Meinung, dass sie Deutsch verstünden, aber nicht so gut sprechen und schreiben könnten. Nicht einmal jeder Zehnte sagte, dass er Deutsch fließend verstehen, sprechen und schreiben könne.

Positiv ist anzumerken, dass knapp zwei Drittel derjenigen, die die Schule bereits beendet hatten, einen Beruf erlernt haben. Jedoch zeigt die nähere Betrachtung der erlernten Berufe, dass tendenziell eine Ausbildung nur in bestimmten Berufen angestrebt wird, wie z.B. Kfz-Mechaniker, Maler und Lackierer oder Schlosser. Zudem arbeiteten nur 20% von ihnen im erlernten Beruf und rund 40% der Schulabsolventen waren arbeitslos.

Befragt wurden aber nicht nur Personen, die ihren Bildungsweg bereits abgeschlossen hatten, sondern auch Schüler, die die Hälfte der Befragten ausmachten. Die Ergebnisse der Befragung lassen leider keinen Rückschluss darauf zu, welche Schulformen die befragten Schüler besuchten.

Kontakt und Vertrauen zur Polizei

Das Vertrauen in die Polizei ist eng mit persönlichen Erfahrungen sowie Einstellungen gegenüber den Beamten verbunden. Ausschlaggebend können beispielsweise Gruppenerfahrungen sein, wenn man sich mit Freunden in den Abendstunden an öffentlichen Plätzen trifft und sich diskriminiert fühlt, weil man wiederholt als willkürlich empfundene Personenkontrollen über sich ergehen lassen muss, die durch Beschwerden von Anwohnern wegen Lärm oder bei Polizeistreifenkontrollen erfolgen (vgl. Gesemann 2003). Die Heranwachsenden interpretieren solche Kontrollen bzw. die Tatsache, dass bestimmte Beamte wiederholt auf sie zugehen, um mit ihnen ins Gespräch zu kommen, nicht als typische Handlungsstrategie der Polizei, um Präsenz zu zeigen. Das nehmen die Jugendlichen vielmehr als Störung und Generalverdacht wahr, da sie nicht reflektieren, dass das vor allem deshalb geschieht, weil sie sich regelmäßig im öffentlichen Raum aufhalten.

Hüttermann (2000: 533f.) beschreibt das Auftreten der so genannten „Street Corner-Polizisten", auf die die Heranwachsenden bei Polizeikontrollen immer wieder treffen:

> „Der Praxisstil der Street Corner-Polizei ist in speziellen Dienstgruppen, die sich primär der proaktiven Eindämmung und Kontrolle der Straßenkriminalität widmen, stärker ausgeprägt als in anderen Abteilungen (...) Die erste Adresse der Street Corner-Polizei ist die Marxloher Eckensteher-Gesellschaft (...) [So] adaptieren sich die Street Corner-Polizisten hier in Körpersprache und Rhetorik an die Eckersteher-

Gesellschaft. Die Street Corner-Polizei avanciert durch ihre spezifischen, ma-
chistisch aufgeladenen Habitus und dessen alltägliche Anwendung aus der Sicht der
Marxloher Street Corner-Society gewissermaßen zur mächtigsten Gang der Stadt
(...) Über das möglicherweise tragische Schicksal anderer redet er [der Street Cor-
ner-Cop, Anm. d. Verf.] möglichst mitleidslos. Dies akzentuiert seine emotionale
Stabilität. Über die vermeintliche Dummheit eines Kunden lässt er sich insbesondere
im Angesicht von Street Corner-Akteuren möglichst unbarmherzig aus. Letztere sollen keine Zweifel an der letztendlichen Überlegenheit der Beamten hegen (...) Die
,Kundschaft' hat so das Gefühl, dass der Street Corner-Polizist auf alle Situationen
vorbereitet ist und immer überlegen sein wird."

Wohl auch darauf ist es zurückzuführen, dass nur rund ein Drittel der jungen
Türken ein starkes, fast die Hälfte ein mittelmäßiges und etwa jeder Fünfte kaum
Vertrauen in die Duisburger Polizei angaben. Immerhin sagten 12,6% aus, dass
die Polizei nie da sei, wenn man sie benötige, 40,2% waren der Meinung, dass
sie häufig da sei, wenn man sie brauche. Ähnlich verhält es sich mit der Einschätzung, ob die Polizei schnell erscheine, wenn man sie rufe. 22,7% waren
zudem der Meinung, dass die Polizei häufig mehr Probleme als Nutzen bringe.
Knapp 45% glaubten, dass die Polizei manchmal willkürlich handle. Die Mehrheit der Befragten empfand, dass die Polizei bei leichten Vergehen oft übertrie-
ben vorgehe, und 39,8% fanden, dass die Polizei nur manchmal gerecht handle.
Immerhin gingen 79,2% der Befragten davon aus, dass die Polizei das Gesetz durchsetzen und leichte sowie schwere Vergehen aufklären (69%) könne.
Mit Blick auf diejenigen, denen dieses Vertrauen fehlt, ist in Anlehnung an Ge-
semann (2003: 221f.) davon auszugehen, dass teilweise Ängste bestehen, als
Opfer, das die Polizei ruft, weitere Repressalien durch den oder die Täter zu
erfahren. Folglich waren die Betreffenden auch kaum dazu bereit, als Opfer die
Polizei zur Hilfe zu rufen.
Aufgrund dieser relativ negativen Einschätzung der Duisburger Polizei stellt
sich die Frage, ob dies auf persönliche Erfahrungen zurückzuführen sei. In vielen
Fällen dürfte dass der Fall sein, denn beinahe drei Viertel der Befragten hatten
schon Kontakt mit der Polizei. 54,1% der Jugendlichen kamen als Tatverdächtige und davon fast 60% mehr als einmal mit der Polizei in Berührung. Rund 28%
der Tatverdächtigen wurde Bedrohung vorgeworfen und 24% Diebstahl. 20%
wurden eines Raubes oder einer räuberischen Erpressung und knapp zwei Drittel
einer Körperverletzung verdächtigt. 6% wurden beim Fahren unter Einfluss von
Betäubungsmitteln erwischt und 12% unter Alkoholeinfluss. 34% wurde Falsch-
parken vorgeworfen und 28% Geschwindigkeitsübertretung im Straßenverkehr.
Beim Drogenverkauf bzw. -vermittlung waren es 18% der Probanden und beim
Besitz von Drogen 23%.

Immer wieder stellt sich die Frage, ob die Heranwachsenden eine unange-messene Behandlung durch die Polizei erfuhren oder ihre negativen Einstellun-gen eher daher rührten, dass sie wiederholt als Tatverdächtige mit der Polizei in Kontakt gerieten. Diese Erfahrungen sind verständlicherweise nicht zuträglich, die Polizei positiv zu beurteilen, zumal Geld- und Gefängnisstrafen drohen. Auch wenn sich die Richtung dieser Zusammenhänge mit den vorliegenden Da-ten nicht bestimmen lässt, ist, wie in anderen Fällen von Minderheiten und Rand-gruppen, von einem wechselseitigen Prozess der Ablehnung und Vorurteilsbil-dung zwischen Polizisten und jungen Türken auszugehen. Er tritt besonders stark bei Gruppen auf, die im öffentlichen Raum und wiederholt durch Kriminalität auffallen.

Bei den jungen Türken lässt sich eine Differenzierung dahingehend vor-nehmen, wo diese sich am häufigsten versammelten. Bei denjenigen, die sich vor/in Spielhallen trafen, zeigte sich, dass sie sich von der Polizei umso unfairer behandelt fühlten, je öfter sie dort zusammenkamen. Zudem zeigte sich bei den-jenigen, die sich regelmäßig auf Marktplätzen trafen, dass es häufiger zu Kontak-ten mit der Polizei aufgrund wiederholter Personenkontrollen kam. Je häufiger man sich dagegen in Vereinen traf, umso weniger wurde man polizeilich kontrol-liert. Es ist also von einem Zusammenhang zwischen Treffen im öffentlichen Raum und Polizeikontrollen auszugehen, die bei den Heranwachsenden Ableh-nung gegenüber der Polizei hervorrufen.

Das proaktive Auftreten der Polizei erzeugt also nicht nur Respekt, sondern lässt bei jungen Türken auch das Gefühl aufkommen, aufgrund ihres Status als „Ausländer" einem erhöhten Verfolgungsdruck ausgesetzt zu sein (vgl. Gese-mann 2003: 216ff.). Dies begünstigt wiederum die Wahrnehmung, dass das poli-zeiliche Auftreten willkürlich sei – und zwar nicht zuletzt auch bei jenen heran-wachsenden Türken, die nicht der „Street Corner-Society" angehören, aber hin und wieder von der Polizei kontrolliert werden. Hieraus kann sich ein Verlust von Vertrauen in die Institution Polizei ergeben.

Inanspruchnahme der Polizei

Weitere Kritik an der Polizei wurde bei einer Abfrage der Einstellungen zum Verhalten der Polizeibeamten deutlich. Während es im vorherigen Kapitel stär-ker um die Bewertung der Effektivität und der Vorgehensweisen der Polizei ging, wird nun thematisiert, wie Beamten im Alltag gegenüber den jungen Tür-ken auftreten. Da die Datenanalyse zeigt, dass diese Einstellungen teilweise erheblich durch die Variable Polizeivertrauen bestimmt werden, folgt eine Ge-genüberstellung der Angaben von denjenigen, die starkes oder kaum Vertrauen in die Duisburger Polizei hatten.

Beurteilung des Verhaltens der Duisburger Polizeibeamten (in %)

	starkes Polizeivertrauen		kaum Polizeivertrauen	
	stimmt	stimmt nicht	stimmt	stimmt nicht
Weibliche Beamte sind netter als männliche.	60,0	40,0	47,7	52,3
Ältere Beamte handeln besonnener als jüngere.	47,7	52,3	54,5	45,5
Zivilbeamte drücken eher mal ein Auge zu als die Beamten in Uniform.	35,7	64,3	37,2	62,8
Weibliche Beamte sind nicht so rüde wie männliche.	39,5	60,5	40,9	59,1
Ältere Beamte sind gleichgültiger als jüngere.	39,0	61,0	31,1	68,9
Polizisten sind generell zu Türken unfreundlicher als zu Deutschen.	**44,2**	55,8	**77,8**	22,2
Die Beamten handeln durchweg gleich.	**40,5**	59,5	**20,5**	79,5
Junge Beamte sind am schlimmsten.	39,0	61,0	50,0	50,0
Polizisten sehen in jedem türkischen Jugendlichen einen Kriminellen.	**51,2**	48,8	**75,6**	24,4
Streifenbeamte sind unfreundlich und kleinlich.	**48,8**	51,2	**56,8**	43,2
Die Zivilbeamten sind am nettesten.	25,0	**75,0**	25,6	**74,4**
Die Beamten handeln je nach Lust und Laune.	**40,0**	60,0	**66,7**	33,3
Die Art der Behandlung hängt vom Kontrollierten ab.	56,1	43,9	41,3	58,7
Polizisten behandeln Türken und Deutsche in der Regel gleich.	47,6	**52,4**	15,2	**84,8**

Bezeichnenderweise zeigt sich durchgängig der Trend, dass geringes Polizeiver-trauen in einem negativen Zusammenhang mit der Beurteilung der Beamten steht und wahrscheinlich wechselseitig bedingt ist. Zwischen den Geschlechtern der Beamten scheinen aus Sicht der jungen Türken keine großen Unterschiede zu bestehen. Auch das Alter scheint eine verhältnismäßig geringe Rolle zu spielen, wenngleich die Hälfte der Befragten ohne Polizeivertrauen gerade jungen Poli-zisten ein negatives Auftreten zuschreiben. Bei der Frage, ob Türken schlechter behandelt würden, zeigt bei allen Befragten in eine negative Richtung, die insbe-sondere von jenen ohne Polizeivertrauen bestimmt wird. Außerdem fühlen sich zwei Drittel von ihnen von der Polizei willkürlich behandelt. Uneinigkeit besteht jedoch, ob man die negativen Verhaltensweisen eher Streifen- oder Zivilpolizisten anlasten soll, so dass in Anlehnung an Hüttermanns (2000) Anmerkungen zur „Street Corner-Polizei", die in Zivil gekleidet ist, diese weder einen deutlich besseren noch einen deutlich schlechteren Ruf hat als die Streifenpolizisten.

Welchen Einfluss hat nun die relativ negative Beurteilung der Duisburger Polizei auf die Bereitschaft, die Polizei in Anspruch zu nehmen?

Inanspruchnahme der Duisburger Polizei (in %)

	starkes Polizeivertrauen	kaum Polizeivertrauen
Würden Sie als Opfer einer Straftat die Polizei in Duisburg in Anspruch nehmen?		
Ja	48,1	30,4
Kommt auf die Situation an	11,5	19,6
Nein	40,4	50,0
Haben Sie als Opfer einer Straftat die Polizei in Duisburg jemals in Anspruch genommen?		
Ja	11,3	31,1
Nein	88,7	68,9

Die Daten legen den Schluss nahe, dass erwartungsgemäß mehr Heranwachsende mit geringem Polizeivertrauen diese in Anspruch nehmen würden. Die Hälfte schließt das grundsätzlich aus und jeder Fünfte würde es sich je nach Situation überlegen. Männliche Jugendliche, die durch ein ehrenvolles Verhalten an Reputation gewinnen wollen, dürften die Polizei dann ablehnen, wenn vom sozialen Umfeld erwartet wird, dass man seine Probleme selbst löst. Aber selbst die Hälfte derjenigen, die ein starkes Polizeivertrauen bekundet, würde die Polizei grundsätzlich und auch situationsbedingt ablehnen. Es ist also davon auszugehen, dass die Inanspruchnahme der Polizei zwar durch das Polizeivertrauen beeinflusst wird, aber noch andere Faktoren der Inanspruchnahme entgegenstehen können.

Was die Anzeigebereitschaft anbelangt, merkt Gesemann (2003: 221f.) beispielsweise an, dass junge Türken bei gewalttätigen intraethnischen Konflikten häufig schon allein deshalb nicht auf die deutsche Polizei zurückgriffen, weil sie antizipierten, dass ein solches Verhalten als Verrat, d.h. als ein Verlust von Ehre im sozialen Umfeld verstanden werde. Dieses Verhalten ziehe in der Regel eine Vergeltung nach sich.

Wie bei den jungen Russlanddeutschen, scheint ein Gemisch von individuellen Präferenzen, sozialer Kontrolle durch die *peer group*, tradierten Denk- und Handlungsmustern, männlichen Durchsetzungswillen und Machtdemonstrationen sowie Langeweile und Perspektivlosigkeit infolge fehlender struktureller Integration ausschlaggebend zu sein. Aus einem Konglomerat multipler Risikofaktoren kann einerseits die Bereitschaft entstehen, sich abweichend zu verhalten, andererseits polizeiliche Hilfe abgelehnt werden, die dazu dienen könnte, Konflikte gewaltlos zu regulieren.

Schlussfolgerungen

Die vorliegende Teilstudie sollte dazu dienen, das Verhältnis von jungen männlichen Türken zur Polizei in so genannten Problemstadtteilen zu beleuchten. Anhand der Daten von drei Stadtteilen in Duisburg kann dargestellt werden, dass zahlreiche Heranwachsende ein eher negatives Bild von der Polizei haben, was sich in einem eher geringen Polizeivertrauen, negativen Einstellungen in Bezug auf Effektivität und Verhalten der Polizei und einer geringen Bereitschaft zur Inanspruchnahme der Beamten niederschlägt. Da vor allem junge Männer befragt wurden, die sich regelmäßig mit Freunden im öffentlichen Raum versammelten, und in den drei Quartieren alternative ansprechende Treffpunkte fehlten bzw. aufgrund finanzieller Probleme nicht in Frage kamen, haben nicht wenige Befragte Erfahrungen mit Polizeikontrollen gemacht. Denn diese Treffpunkte werden sowohl von der Polizei als auch von Anwohnern mit Argwohn betrachtet und oft zu Angstorten erklärt. In einem Wechselspiel aus – scheinbar willkürlichen – Polizeikontrollen, gegenseitigen Vorbehalten und negativen Erlebnissen schaukelt sich dann rasch eine Situation auf, unter der die Einstellungen der jungen Türken zu Zielen und Mitteln der Polizei leiden.

Die allgemeine Lebenssituation und Perspektivlosigkeit eines beträchtlichen Teiles der Heranwachsenden erschwert diese Situation zusätzlich, da Langeweile aufgrund von Arbeitslosigkeit zum einen dazu beiträgt, dass man sich regelmäßig an den bekannten Treffpunkten mit den Gleichaltrigen versammelt. Zum anderen begünstigt planloses „Herumhängen" von Jugendlichen, dass Erlebnisse gesucht werden, die einen Kick versprechen, wie das beim Drogenkonsum, bei Schlägereien und Mutproben der Falle ist (vgl. Zdun 2007). So entsteht rasch ein Teufelskreis, da die *peers* erheblichen Gruppendruck aufbauen, dem sich das Individuum in der Folge nur noch schwer entziehen kann. Das gilt insbesondere, wenn einem durch das jugendliche Probierverhalten jener Respekt gezollt wird, den einem die Gesellschaft versagt. Schnell fühlt man sich zu neuen und gewagten Taten ermutigt, nicht zuletzt wenn eine Bestrafung auszubleiben scheint. Hinzu kommt, dass in der Gleichaltrigengruppe Anerkennungsdefizite aus dem familiären Umfeld sowie Gewalt- und Misshandlungserfahrungen innerhalb der

Familie kompensiert werden können, wovon zahlreiche junge Türken betroffen sind. Aufgrund dieser Situation ist davon auszugehen, dass sich für die Polizei nur bedingt Möglichkeiten ergeben, zu einer Verbesserung der Situation beizutragen. In jedem Falle nahe liegend ist ein bedachtsames Vorgehen in bestimmten Situationen, um sich weniger dem Vorwurf staatlicher Willkür bei Personenkontrollen auszusetzen. Insbesondere wenn sich Polizeibeamte und Heranwachsende durch frühere Begegnungen bereits kennen, ist es verständlich, wenn Jugendliche in fortgesetzten Kontrollen ihrer Papiere keines Sinn erkennen. Die Gründe eines solchen Vorgehens könnte man aber transparent machen, anstatt, wie bei der „Street Corner-Polizei" nicht unüblich, durch ein möglichst „männliches Auftreten" die eigene Härte zu unterstreichen.

Berücksichtigt man die Ergebnisse aus den anderen Teilstudien, stellt sich die Frage, inwiefern Ansätze des *community policing*[16] von Nutzen sein könnten, um den Dialog zwischen Polizei und jungen Türken zu verbessern. Beispielsweise bei „runden Tischen" oder in Freizeiteinrichtungen könnten Beamte auch die Vorgehensweise der Polizei besser erläutern, als es im hektischen Berufsalltag der Fall ist, in dem die Polizei rasch zum Sündenbock für die staatlichen Versäumnisse in der nachhaltigen Integration der jungen Türken – speziell in Problemstadtteilen – gemacht wird.

Literatur

Angenendt, Steffen (Hrsg.) (1997): Migration und Flucht. Bonn: Bundeszentrale für politische Bildung

Baier, Dirk/Pfeiffer, Christian/Windzio, Michael (2006): Jugendliche mit Migrationshintergrund als Opfer und Täter. In: Heitmeyer, Wilhelm/Schröttle, Monika (2006): 240-268

Bellebaum, Alfred: Randgruppen. Ein soziologischer Beitrag. In: Archiv für Wissenschaft und Praxis der sozialen Arbeit 5. 1974. 277-293

Bremer, Peter (2000): Ausgrenzungsprozesse und die Spaltung der Städte. Zur Lebenssituation von Migranten. Opladen: Leske + Budrich

Celikbas, Güler (2005): Das türkische Eckstehermilieu: Kontrakultur durch fehlende Integration? Diplomarbeit an der Universität Duisburg-Essen

Elias, Norbert/Scotson, John L. (1990): Etablierte und Außenseiter. Frankfurt/M.: Suhrkamp

Farin, Klaus/Seidel-Pielen, Eberhard (1993): „Ohne Gewalt läuft nichts!" Jugend und Gewalt in Deutschland. Köln: Bund-Verlag

---

[16]   Siehe auch die im letzten Kapitel (Ausblick: Auf dem Weg in die Präventionsgesellschaft?) beispielhaft erwähnten Projekte.

Geißler, Rainer (2002): Die Sozialstruktur Deutschlands. Wiesbaden: Westdeutscher Verlag

Gesemann, Frank (2003): „Ist egal ob man Ausländer ist oder so – jeder Mensch braucht die Polizei." Die Polizei in der Wahrnehmung junger Migranten. In: Groenemeyer, Axel/Mansel, Jürgen (2003): 203-228

Groenemeyer, Axel (2005): Ordnungen der Exklusion – Ordnungen der Gewalt. Eine Frage der Ehre? Überlegungen zur Analyse des Zusammenhangs von Exklusion und Gewalt. In: Soziale Probleme 16. 2005. 5-40

Groenemeyer, Axel/Mansel, Jürgen (Hrsg.) (2003): Die Ethnisierung von Alltagskonflikten. Opladen: Leske + Budrich

Häußermann, Hartmut/Oswald, Ingrid (1997a): Zuwanderung und Stadtentwicklung, in: dies. (1997b): 9-29

Häußermann, H./Oswald, I. (Hrsg.) (1997b): Zuwanderung und Stadtentwicklung. Opladen/Wiesbaden. Leviathan Sonderheft 17: Westdeutscher Verlag

Häußermann, Hartmut/Siebel, Walter (2001): Integration und Segregation – Überlegungen zu einer alten Debatte. In: Zeitschrift für Kommunalwissenschaften 1. 2001. 68-79.

Han, Petrus (2000): Soziologie der Migration. Stuttgart: UTB

Heitmeyer, Wilhelm (1996): Gewalt. Schattenseiten der Individualisierung bei Jugendlichen aus unterschiedlichen Milieus. München: Juventa

Heitmeyer, Wilhelm/Anhut, Reimund (Hrsg.) (2000): Bedrohte Stadtgesellschaft. Soziale Desintegrationsprozesse und ethnisch-kulturelle Konfliktkonstellationen. München: Juventa

Heitmeyer, Wilhelm/Dollase, Rainer/Backes, Otto (Hrsg.) (1998): Die Krise der Städte. Frankfurt/M.: Suhrkamp

Heitmeyer, Wilhelm/Schröttle, Monika (Hrsg.) (2006): Gewalt. Beschreibungen, Analysen, Prävention. Bonn: Bundeszentrale für politische Bildung

Hohm, Hans-Jürgen (2003): Urbane soziale Brennpunkte, Exklusion und soziale Hilfe. Opladen: Leske + Budrich

Hüttermann, Jörg (2000): Polizeiliche Alltagspraxis im Spannungsfeld von Etablierten und Außenseitern. In: Heitmeyer, Wilhelm/Anhut, Reimund (2000): 497-548

Marcuse, Peter (1998): Ethnische Enklaven und rassische Ghettos in der postfordistischen Stadt. In: Heitmeyer, Wilhelm/Dollase, Rainer/Backes, Otto (1998): 176-193

Merton, Robert K. [1949] (1995): Soziologische Theorie und soziale Struktur, Berlin u. a.: de Gruyter

Münz, Rainer (1997): Phasen und Formen der europäischen Migration. In Angenendt, Steffen (1997): 34-47

Oerter, Rolf/Hofling, Siegfried (Hrsg.) (2001): Mitwirkung und Teilhabe von Kindern und Jugendlichen. München: Juventa

Pfeiffer, Christian/Wetzels, Peter/Enzmann, Dirk (1999): Innerfamiliäre Gewalt gegen Kinder und Jugendliche und ihre Auswirkungen. KFN-Forschungsberichte Nr. 80. Hannover

Pfeiffer, Christian/Wetzels, Peter (2001): Zur Struktur und Entwicklung der Jugendgewalt in Deutschland: Ein Thesenpapier auf Basis aktueller Forschungsbefunde. In: Oerter, Rolf/Hofling, Siegfried (2001): 108-141

Polizeipräsidium Duisburg (2003): Kriminalitätsbericht Duisburg 2002. Duisburg

Puskeppeleit, Jürgen/Thränhardt, Dietrich (1990): Vom betreuten Ausländer zum gleichberechtigten Bürger. Freiburg: Lambertus

Reich, Kerstin/Weitekamp, Elmar G. M./Kerner, Hans-Jürgen (1999): Jugendliche Aussiedler. Probleme und Chancen im Integrationsprozess. In: Bewährungshilfe 46. 1999. 335-359

Rommelspacher, Thomas/Rülcker, Christoph/Schulz-Kleyenstüber, Ansgar/Zander, Uwe (1998): „Marxloh". Ansichten über einen Duisburger Stadtteil. Duisburg: Duisburger Beiträge zur soziologischen Forschung

Rottacker, Jens/Akdeniz, Yücel (2000): Lebe du meinen Traum. Hannover: Linden-Dr.-Verlagsgesellschaft

Thiele, Gisela/Taylor, Charles S. (1998): Jugendkulturen und Gangs. Berlin: VWB Verlag

Treibel, Annette (2003): Migration in modernen Gesellschaften. München: Juventa

Whyte, William Foote (1996): Die Street Corner Society. Die Sozialstruktur eines Italienerviertels. Berlin: de Gruyter

Zdun, Steffen (2007): Dynamic strategies to legitimise deviant behaviour of street culture youth. In: The Internet Journal of Criminology

Zentrum für Türkeistudien (2000): Die Lebenssituation und Partizipation türkischer Migranten in Nordrhein-Westfalen. Essen

Die Obdachlosen

Hermann Strasser und Henning van den Brink

Obdachlose Menschen führen dauerhaft ein mehr oder weniger öffentliches Leben. Wer keine Wohnung hat, dem mangelt es nicht nur an einem eigenen Dach, das ihn vor Nässe und Kälte schützt – ihm fehlen auch sämtliche Rückzugsmöglichkeiten, die uns selbstverständlich sind. Essen und Trinken, Schlafen und Körperpflege, das alles erledigen Obdachlose nicht selten in der Öffentlichkeit. Sie übernachten bei Freunden, in Obdachlosenheimen oder leben tagein, tagaus auf der Straße – „Platte machen", wie sie es nennen.

Die Wege in die Obdachlosigkeit sind vielfältig. Doch die meisten beginnen mit Arbeitslosigkeit, Scheidung, psychischen oder physischen Erkrankungen. Hinzu kommen oft Alkoholsucht, Tablettenabhängigkeit und illegale Drogen. Die kumulierten Probleme erschweren die Rückkehr in ein bürgerliches Leben, programmieren gewissermaßen eine Existenz am Rande der Gesellschaft vor. Es gibt aber auch Obdachlose, die dieses Leben ganz bewusst gewählt und sich gegen bürgerliche Werte, gegen geregelte Arbeit, Konsum und Familie entschieden haben.

Obwohl sich Obdachlose viel in der Öffentlichkeit aufhalten, werden sie kaum wahrgenommen. Sie sitzen an Bahnhöfen, in Fußgängerzonen und in Parkanlagen und sind doch im wahrsten Sinne Randgestalten der Gesellschaft. Der Kontakt mit Bürgern beschränkt sich meist auf Begegnungen, die kaum länger als wenige Sekunden dauern. Man geht ihnen aus dem Weg, wirft höchstens mal eine Münze in einen Hut oder kauft vielleicht eine Obdachlosenzeitung. Doch sonst gilt: möglichst kein Kontakt und bloß nicht denen nahe kommen, die in der gesellschaftlichen Hierarchie ganz unten stehen.

Als Vertreter staatlicher Ordnungsmacht kommen Polizisten unweigerlich mit den Obdachlosen in Berührung. Wie aber sehen diese Kontakte aus? Welche Besonderheiten weisen diese Kontakte auf? Welche Handlungsstrategien entwickeln Wohnungslose für die Gestaltung ihres Alltags und für den Umgang mit den Ordnungshütern? Und welches Bild haben Wohnungslose schließlich von der Polizei? Um diese Fragen zu beantworten, wurden insgesamt zwanzig Leitfaden gestützte Interviews mit Wohnungslosen und Mitarbeitern der Wohnungslosenhilfe in Duisburg geführt, die die empirische Grundlage für dieses Kapitel bilden.[1]

Was ist ein Wohnungsloser?

In Deutschland gehören Obdach- oder Wohnungslose zu den zwei bis drei Prozent der Bevölkerung, die am ehesten Gefahr laufen, nicht nur vorübergehend unter die Armutsgrenze zu fallen, sondern dauerhaft in Armut zu leben (vgl. Geißler 2002: 256ff.). Die Ursachen für Wohnungslosigkeit sind vielschichtig, denn sie treten häufig in sich gegenseitig verstärkender Art und Weise im individuellen Lebenslauf auf. Dementsprechend handelt es sich bei den Wohnungslosen um eine heterogene Gruppe mit unterschiedlichen Lebensentwürfen und -verläufen. Mal sind sie ihre Existenz romantisierende Außenseiter, die sich allen gesellschaftlichen Konventionen widersetzen, mal sind sie desozialisierte Randständige, die durch Betreuung wieder in die Gesellschaft reintegriert werden, mal sind sie mutmaßliche Störer der öffentlichen Ordnung, die ins Visier ordnungspolitischer und polizeilicher Maßnahmen geraten (vgl. Ludwig-Mayerhofer et al. 1997: 1).

In der Forschung und Wohnungslosenhilfe wird unterschieden zwischen „manifest Obdachlosen", die in Notunterkünften leben, „latent Obdachlosen", die in unzureichenden Wohnverhältnissen leben und direkt von Wohnungslosigkeit bedroht sind, und „Nichtsesshaften", die ordnungsrechtlich als Personen ohne festen Wohnsitz bezeichnet werden und im Freien leben und nächtigen (vgl. Angele 1989: 19ff.). Der Begriff des Wohnungslosen wird in einem weiteren Sinne gebraucht, zum Beispiel auch von der Bundesarbeitsgemeinschaft Wohnungslosenhilfe e.V. (BAG), und schließt die manifesten und latenten Obdachlosen mit ein (vgl. Geißler 2002: 256). Dieser weite Begriff wird auch dieser Arbeit zugrunde gelegt.

Als einziges Flächenland verfügt Nordrhein-Westfalen neben dem Saarland über eine Obdachlosenstatistik. Darin sind aber nur jene Personen erfasst, die von Wohnungslosigkeit betroffen oder bedroht und aufgrund ordnungsbehördlicher Verfügung in Einrichtungen für Obdachlose untergebracht sind. In die Obdachlosenerhebung nicht einbezogen werden Nichtsesshafte ebenso wie Asylbewerberinnen und Asylbewerber oder vorübergehend untergebrachte Aussiedlerinnen und Aussiedler (vgl. MAGS 2007: 252). Die offiziellen Obdachlosenzahlen sind seit Jahren rückläufig. Lebten 1996 noch rund 52.200 ordnungrechtlich

---

[1]   Es handelt sich hierbei um eine aktualisierte, gekürzte und überarbeitete Version eines früheren Aufsatzes (Strasser/van den Brink 2003).

untergebrachte Obdachlose in Nordrhein-Westfalen, waren es 2006 nur noch rund 15.100. Die Obdachlosenquote (Zahl der Obdachlosen je 1.000 Einwohner) sank in diesem Zeitraum von 2,9 auf 0,8. Während die Zahl der obdachlosen Mehrpersonenhaushalte stark zurückging, reduzierte sich die Zahl der obdachlosen Einpersonenhaushalte allerdings nur geringfügig, sodass inzwischen zwei Drittel der Obdachlosenhaushalte Single-Haushalte sind (vgl. MAGS NRW 2007: 252).

Wegen der mangelhaften statistischen Erfassung von Wohnungslosigkeit in Deutschland können allenfalls Schätzungen grobe Anhaltspunkte für das wahre Ausmaß von Wohnungslosigkeit liefern. Nach Schätzungen der Bundesarbeitsgemeinschaft Wohnungslosenhilfe e.V. lebten im Jahr 2004 rund 345.000 Wohnungslose in Deutschland. Davon sind etwas mehr als die Hälfte Männer und jeweils ein knappes Viertel Frauen bzw. Kinder und Jugendliche. Frauen sind aber nicht nur zahlenmäßig unterrepräsentiert, sondern in der Öffentlichkeit auch weitaus weniger als wohnungslos identifizierbar (vgl. Enders-Dragässer et al. 1999: 94ff.; Nahr/Orth 1999: 115). Wohnungslosigkeit stellt sich objektiv wie subjektiv als vorrangig männliche Erscheinung dar.

Kommunen zwischen Fürsorge und Ordnung

Wohnungslosigkeit ist ein Problem, dessen Lösung den Städten und Gemeinden als Aufgabe zufällt. Das sieht die kommunale Selbstverwaltung vor, wobei die Behebung der Wohnungslosigkeit als staatliches Aufgabenfeld zwischen Ordnungs- und Sozialleistungsrecht steht. Als Teil eines struktur- und arbeitsmarktpolitischen Gesamtproblems stehen die Kommunen mit der Wohnungslosigkeit vor erheblichen Schwierigkeiten, denn ihnen stehen die dafür erforderlichen wirtschafts- und arbeitsmarktpolitischen Instrumentarien nicht zur Verfügung (vgl. Wolf 1999: 11). Die Erfüllung der Aufgaben fürsorgender und ordnender Art bringen aber in der Praxis wegen der unterschiedlichen Interessenslagen nicht unerhebliche Schwierigkeiten mit sich.

In Deutschland ist inzwischen ein differenziertes Hilfeangebot für Wohnungslose entstanden. Neben der Verwaltung engagieren sich die Kirchen und ihre Wohlfahrtsverbände sowie freie Träger in der Wohnungslosenhilfe. Mittlerweile sind die großen stationären Einrichtungen durch ein Netz von ambulanten und teilstationären Einrichtungen (Fachberatungsstellen, Tagestreffs, Betreute Wohnformen, Beschäftigungsprojekte, Notschlafstellen, Sleep-Ins etc.) mit präventiver, reintegrativer oder therapeutischer Ausrichtung ergänzt worden (vgl. Rohden 2000: 107).

Mitarbeiter der Wohnungslosenhilfe arbeiten häufig eng mit kommunalen Behörden, mit der Straffälligen- und Bewährungshilfe, mit Drogenberatungs- und Therapieeinrichtungen sowie mit der Polizei zusammen. Sie wenden sich beispielsweise an die Polizei, um Unterstützung beim Vollzug der Unterbringungsanordnung zu bekommen oder damit sie „Platte machende" Wohnungslose bei Krankheit oder sonstiger Gefährdung der Gesundheit in Gewahrsam nimmt. Umgekehrt informiert die Polizei „street worker" über den Aufenthalt von Wohnungslosen und setzt damit „street work" oftmals überhaupt erst in Gang (vgl. Herzog 2000: 145).

Die Wahrscheinlichkeit, dass ein Wohnungsloser in Kontakt mit der Polizei kommt, ist relativ hoch. Schließlich sind Wohnungslose vielen kriminogenen und kriminalisierenden Einflüssen ausgesetzt. Dazu gehören die Präsenz im öffentlichen Raum (fehlende Privatsphäre), die Opfersituation (hohes Viktimisierungsrisiko und geringe Wehrhaftigkeit), der Mangel an finanziellen Ressourcen und sozialen Netzwerken sowie der schlechte Gesundheitszustand auf Grund physischer und psychischer Erkrankungen (vgl. Müller/von Paulgerg-Muschiol 2001: 168ff.). Die Lebensweise vieler Wohnungsloser erhöht die Wahrscheinlichkeit, nicht nur Ordnungswidrigkeiten und Straftaten zu begehen,[2] sondern dabei auch von der Polizei entdeckt zu werden. Wohnungslose verfügen kaum über finanzielle Ressourcen, um Geldstrafen oder gar die Kosten für professionelle Rechtsberatung begleichen zu können. Deswegen ziehen Straftaten häufig Ersatzfreiheitsstrafen gemäß § 43 Strafgesetzbuch (StGB) nach sich. Folglich kommt ein Großteil der Wohnungslosen auch mit dem Strafvollzug in Berührung, und Wechselwirkungen zwischen Wohnungslosigkeit, Kriminalität und Strafvollzug bleiben nicht aus.

Neben der Verfolgung von Verstößen gegen das Ordnungswidrigkeiten-, Betäubungsmittel- oder Strafgesetz und dem Vollzug ordnungsrechtlicher Zwangsmaßnahmen wie Zwangsräumung oder Wiedereinweisung in die gekündigte Wohnung kommt ein relativ neuer Berührungspunkt zwischen Polizei und Wohnungslosen hinzu: Wohnungslose und sonstige „urbane Bummelanten" sind vermehrt in die ordnungspolitische Diskussion geraten, wenn es um die Gestaltung von Nutzungsrechten im Innenstadtbereich geht. Innenstädte üben eine erhebliche Sogwirkung auf Wohnungslose aus, wo sie wiederum auf Grund der zentralen Lage und Sichtbarkeit stark ins Bewusstsein der Öffentlichkeit rücken (vgl. Görgens 2000: 169; Ludwig-Mayerhofer et al. 2000: 235). Einzelhändler

---

[2]   Z.B. im Strafgesetzbuch (StGB): § 113 (Widerstand gegen Vollstreckungsbeamte), § 185 (Beleidigung), § 240 (Nötigung), § 241 (Bedrohung), § 242 (Diebstahl), § 248a (Diebstahl geringwertiger Gegenstände), § 303 (Sachbeschädigung); im Ordnungswidrigkeitengesetz (OWiG): § 117 (unzulässiger Lärm), § 118 (Belästigung der Allgemeinheit), § 119 (grob anstößige und belästigende Handlungen), § 121 (Halten gefährlicher Tiere), § 122 (Vollrausch).

beklagen sich über die angeblich geschäftsschädigende Ansammlung von Wohnungslosen in den Einkaufsstraßen. Und Bürger fühlen sich von Wohnungslosen, die sich auf öffentlichen Plätzen aufhalten, belästigt und in ihren Rechten auf die Nutzung des öffentlichen Raumes beschnitten.

Aufgrund des wachsenden Drucks, den die verschiedenen Interessengruppen aufbauen, greifen manche Städte und Gemeinden auf polizei- und ordnungsrechtliche Maßnahmen zurück, um den Aufenthalt von Wohnungslosen an bestimmten Orten zu beenden oder sie dauerhaft „zu vertreiben". Zur „Rückeroberung der Allmende" (Volkmann 2000) werden Sondernutzungssatzungen und Gefahrenabwehrverordnungen erlassen, mit deren Hilfe die Kommunen typische Verhaltensweisen von Wohnungslosen (öffentlicher Alkoholkonsum, Betteln, „Platte machen", „Herumlungern" usw.) als ordnungswidrig definieren. Viele dieser kommunalen Satzungen sind aus materiellen und formellen Gründen nicht mit dem geltenden Recht vereinbar, bestehen aber bis zu ihrer gerichtlichen Aufhebung nach einer erfolgreichen Normenkontrollklage fort (vgl. Simon 2001; Stolleis/Kohl 1990; Wolf 1999). Flankiert werden diese Ordnungs- und Kontrollmaßnahmen von Privatisierungs- und Präventionsstrategien, die häufig auf die Abschiebung von Wohnungslosen aus der Innenstadt abzielen (vgl. ILS 2001; Volkmann 2000; Wolf 1999: 18ff.).

Nicht nur Wohnungslose, auch Polizeibeamte geraten zwischen die Fronten, denn sie sollen für die Einhaltung dieser rechtlich fragwürdigen, aber politisch gewollten kommunalen Satzungen sorgen. Diese Aufgabe übernehmen sie nur sehr widerwillig. Auf der einen Seite erkennen die Polizisten die Sinnlosigkeit vieler Zwangsmaßnahmen, „wenn sie immer wieder dieselben Personen wegen derselben Vergehen an denselben Orten aufgreifen müssen" (Monzer 1995: 146), und wollen sich nicht von den wohl organisierten Partikularinteressen des Einzelhandels oder von kalkulierten parteipolitischen Interessen instrumentalisieren lassen. Auf der anderen Seite will natürlich die Polizei nicht ihre gesellschaftliche Akzeptanz verlieren (vgl. Behrendes 1998: 44f.).

Auch die Kontakte zwischen Polizei und Wohnungslosenhilfe, die sich überwiegend aus Sozialarbeitern und Sozialpädagogen, aber auch aus ehrenamtlichen Mitarbeitern rekrutiert, sind inzwischen intensiver geworden. In kommunalen Präventionsgremien kooperieren sie häufiger und entwickeln gemeinsam Präventionsprogramme, um den Problemen, die mit dem Aufenthalt von Wohnungslosen im Innenstadtbereich verbunden sind, wirksam zu begegnen (vgl. Behrendes 1998: 45ff.; Simon 1999: 40). Auch wenn sich Polizisten und Sozialarbeiter inzwischen bewusst sind, dass sie durchaus „Doppelmandate" innehaben, zumal auch Sozialarbeiter „weiche Kontrolle" ausüben, und Polizisten sich nicht nur als „crime fighter" sehen, sondern auch als „Freund und Helfer" (vgl. Fiedler 2001: 13ff.; Schweer/Strasser 2003).

Dennoch begegnen sie sich immer noch mit erheblichen Vorbehalten (vgl. Simon 1999: 45f.). Vor allem Sozialarbeiter geben zu bedenken, dass trotz der inzwischen akzeptierten und auch praktizierten Kooperation mit der Polizei eine scharfe Trennlinie zwischen Polizei- und Sozialarbeit notwendig sei. Eine zu offensichtliche und enge Zusammenarbeit mit der Polizei würde das Vertrauen ihrer Klientel verringern, neue Schwellenängste produzieren und damit ihre Arbeit erheblich erschweren. Auch würden sich die Sozialarbeiter dem Verdacht aussetzen, als „weiche Kontrolleure" (Simon 1999: 40) und nicht mehr als Anwälte ihrer Klientel zu fungieren.

Wie Wohnungslose Polizisten sehen

In unseren Interviews berichteten Wohnungslose von unterschiedlichen Begegnungen mit Polizisten, von Festnahmen, Ausweiskontrollen, Vernehmungen, gerichtlichen Vorladungen und vom Gewahrsam in der Ausnüchterungszelle. Die meisten Begegnungen mit Polizisten verliefen aus der Sicht der Wohnungslosen unspektakulär und „normal", wie sie sagten. Gravierende Defizite bei polizeilichen Einsätzen – also Verstöße gegen Dienstvorschriften – kommen in den Schilderungen der Wohnungslosen kaum vor. Im Gegenteil, die meisten Wohnungslosen heben das sachlich korrekte Verhalten der Polizeibeamten hervor. Voreingenommenheit, Ungleichbehandlung, Willkür, Handgreiflichkeiten, Aggressivität etc. seitens der Polizei werden überwiegend verneint und wenn sie vorkommen, dann nur bei einzelnen „Hardlinern" unter den Polizisten oder sie werden als Antworten auf provozierendes Verhalten interpretiert. Die Wohnungslosen bringen zwar auch punktuelle Kritik am Vorgehen der Polizisten vor, jedoch ohne negative Erfahrungen zu pauschalisieren.

Ältere Polizisten werden als diplomatisch, verständnisvoll oder natürlich beschrieben – nicht selten im Gegensatz zu ihren jüngeren, unerfahrenen Kollegen. Die Erfahrung von älteren Beamten wirkt sich offenbar positiv auf ihr Verhalten gegenüber Wohnungslosen aus. Auch das Vorgehen der uniformierten Streifenpolizisten wird – im Vergleich zu Zivilfahndern – von den befragten Wohnungslosen positiver beurteilt.

Überhaupt haben Polizisten nach Einschätzung der befragten Wohnungslosen weitaus weniger Vorurteile ihnen gegenüber als die meisten Bürger. Das hänge mit ihrer Berufserfahrung, mit der daraus gewonnenen Menschenkenntnis und dem regelmäßigen Umgang mit Wohnungslosen zusammen, glauben die Wohnungslosen. Für die Arbeit der Polizisten zeigen sie durchaus Verständnis, auch dann, wenn sie aufgefordert wurden, bestimmte Schlafplätze am Bahnhof zu verlassen.

Dieses anscheinend tolerante Verhalten der Polizisten gegenüber Wohnungslosen kann aber auch in eine Gleichgültigkeit umschlagen, und zwar dann, wenn Straftaten gegen Wohnungslose oder innerhalb ihres Milieus begangen werden. So berichtet eine Wohnungslose von der passiven Haltung der Polizisten in solchen Fällen. Es wurde aber auch deutlich, dass sich Wohnungslose häufig nicht ernst genommen fühlen, sobald sie eine andere Rolle übernehmen als die einer kontrollierten Person, beispielsweise Zeugen sind oder Anzeige erstatten. Wenn sie sich in solchen Fällen an die Polizei wenden, fühlen sich die Wohnungslosen teilweise als Bürger zweiter Klasse behandelt.

Eine Erklärung für die Skepsis von Polizisten gegenüber der vermeintlich ungewohnten Rolle eines Wohnungslosen könnte die häufige Alkoholisierung von Wohnungslosen sein, sodass die Polizisten den Aussagen keinen Wahrheitsgehalt beimessen. Insbesondere die Asymmetrie in der Kommunikation zwischen Polizisten und Wohnungslosen verärgert die Wohnungslosen. So erwarten ausgerechnet diejenigen Polizeibeamten, die die Wohnungslosen duzen, dass sie selbst gesiezt werden.

Die Konfliktlinien zwischen Polizisten und Wohnungslosen verlaufen weniger dort, wo man es vielleicht erwartet hätte – beispielsweise bei als willkürlich wahrgenommenen Kontrollen. Die Konflikte offenbaren sich weniger beim polizeilichen Handeln selbst, sondern eher an der distanzierten Haltung vieler Beamten gegenüber den Wohnungslosen. Diese Distanz wird kommunikativ und nicht durch ein härteres Vorgehen hergestellt, wie man das bei häufigen Ausweiskontrollen mit Leibesvisitation oder einer rigorosen Verfolgung von geringfügigen Ordnungsverstößen vermuten könnte.

Die Schutz- und Wehrlosigkeit von Wohnungslosen

Wohnungslose sind auch bevorzugte Opfer von Kriminalität. Sie können ihr geringes Hab und Gut nicht durch eine abschließbare Unterkunft schützen. Aus Angst, bestohlen zu werden, gehen einige Wohnungslose nicht in Notunterkünfte, wo es nicht nur zu Diebstählen, sondern auch häufig zu tätlichen Auseinandersetzungen unter den Wohnungslosen kommt. Außerdem sind viele Wohnungslose in ihrer Selbstverteidigung durch gesundheitliche Beeinträchtigungen (z.B. Alkoholismus, Behinderungen), die nicht selten der Auslöser ihrer Wohnungslosigkeit gewesen sind, stark eingeschränkt.

Die Gemeinschaft der Wohnungslosen bietet nur eingeschränkt Schutz vor Übergriffen. Das, was nach außen als geschlossene Gemeinschaft sichtbar wird, entpuppt sich häufig als reine Zweckgemeinschaft. Statt des erwarteten Zusammengehörigkeitsgefühls existieren starke Differenzierungen und Hierarchisie-

rungen unter den Wohnungslosen. Allenfalls gegen Übergriffe, die sich von außen gegen Wohnungslose richten, biete eine Gruppe Schutz, berichtet ein Wohnungsloser. Viel größer sei aber die Gefahr vor Übergriffen innerhalb der Gruppe. Allerdings stellt die Gruppe häufig den einzigen sozialen Bezugspunkt im
Leben von Wohnungslosen dar, so dass diese Gefahr meist in Kauf genommen
wird.

Je wehrloser aber eine wohnungslose Person ist und je mehr sie auf sich al-
lein gestellt ist, desto mehr ist sie auf den Schutz durch die Polizei angewiesen.
Es ist also anzunehmen, dass sich ein Wohnungsloser, der sich in einer solchen
Situation befindet, etwa bei Ausweiskontrollen unterwürfiger gegenüber den
Polizisten verhalten wird als jemand, der nicht unbedingt auf ihren Schutz ange-
wiesen ist. Er wird auch vermeiden, schlecht über Polizisten zu reden.

Das Interaktionsfeld zwischen Obdachlosen und Polizei

Wohnungslose unterscheiden daher nicht nur zwischen verschiedenen Arten von
Polizisten, sondern auch zwischen verschiedenen Kategorien polizeilichen Handelns. Freilich hängt das konkrete Vorgehen gegenüber Wohnungslosen nicht
allein von den persönlichen Merkmalen des Beamten ab. Vielmehr kommen Eigenschaften und Verhalten des polizeilichen Gegenübers, der Grund des Einsatzes und die Situation am Einsatzort ins Spiel. Nicht nur die Polizisten kennen
ihre „Pappenheimer", auch umgekehrt stellen sich die Wohnungslosen auf die
Eigenarten der einzelnen Beamten ein. Das kann dazu führen, dass Wohnungslose ständig Ausschau nach Polizisten halten und sich je nach der Person des
Polizisten entscheiden, den Kontakt zu suchen, abzuwarten oder zu vermeiden.
Eine andere Strategie ist, sich nicht als Wohnungsloser zu erkennen zu geben.
Man meidet dann die Orte, die als Treffpunkte von Wohnungslosen bekannt
sind, und auch die Kontakte zu anderen Wohnungslosen. Voraussetzung für eine
solche „Verschleierungstaktik" ist ein Habitus, der eine gewisse „äußerliche Normalität" wahrt. Dieses Verhalten dient aber nicht nur dazu, Kontakt mit der Polizei zu vermeiden; es wird auch praktiziert, um von anderen Bürgern nicht als gesellschaftlicher Außenseiter angesehen und behandelt zu werden.

Mit der Zeit stellt sich zwischen Polizisten und jenen Wohnungslosen, die
sich in der Innenstadt aufhalten, ein gewisser „Gewöhnungseffekt" ein. Die
Grenzen sind nach einer Weile austariert. Die Polizeibeamten beobachten die
Wohnungslosenszene zwar weiterhin, verzichten aber weitgehend auf Kontrollen, solange sich die Wohnungslosen ihrerseits „ruhig" verhalten. Man kommt
sozusagen zu einem stillschweigenden Übereinkommen: Die Polizisten sehen

von täglichen Kontrollen ab, und die Wohnungslosen achten darauf, dass keiner aus ihrer Gruppe allzu sehr „über die Stränge schlägt".

Die Handlungsstrategien, die Wohnungslose anwenden, variieren also je nach Situation und Lebensführung. Von entscheidender Bedeutung sind die Erfahrungen, die die Wohnungslosen mit einzelnen Beamten in früheren Begegnungen gemacht haben. Die Gestaltung oder Vermeidung von Interaktionen mit Polizisten hängt davon ab, ob und wie lange sich die Wohnungslosen und Polizisten schon kennen und was für ein Verhältnis sie zueinander entwickelt haben. Ebenso wie Neulinge in der Wohnungslosenszene am Anfang häufiger kontrolliert werden, reagieren die Wohnungslosen auf Polizeibeamte, die sie nicht kennen, vorsichtig oder gehen ihnen aus dem Weg.

Das polizeiliche Vorgehen wird entscheidend dadurch beeinflusst, wie stark die Situation vor Ort schon „außer Kontrolle" geraten ist. Wenn Wohnungslose unter Alkohol- bzw. Drogeneinfluss stehen und andere Interventionsinstanzen (z.B. Sozialarbeiter, private Sicherheitsdienste) zuvor keine Deeskalation herbeiführen können, gestaltet sich der Einsatz für die Polizeibeamten schwieriger – unabhängig davon, ob es sich von vornherein um einen „schweren Fall" handelt oder ein „leichter Fall" eskaliert ist. Nicht selten verschärfen sich Situationen aber durch das Eingreifen privater Sicherheitsdienste, bevor die Polizei eintrifft.

Das bedeutet für die Polizei auch, dass der Einsatz privater Wachleute nicht nur quantitativ, durch vermehrte Anzeige von Bagatelldelikten, sondern auch qualitativ den polizeilichen Arbeitsaufwand steigern kann. In eine bereits eskalierte Situation einzugreifen, verlangt von den Beamten mehr (physischen) Einsatz und erfordert gegebenenfalls personelle Verstärkung. Auf der anderen Seite können nicht-polizeiliche Interventionsinstanzen die Arbeit der Polizisten erleichtern, indem sie Konflikte schon im Vorfeld lösen.

Das Vorgehen von Polizei und privaten Sicherheitsdiensten findet in den meisten Fällen unkoordiniert statt. Beide Seiten haben unterschiedliche, teilweise sogar zuwiderlaufende Zielsetzungen, Interessen und Kompetenzen. Während privaten Wachleuten nur die „Jedermannsrechte" sowie übertragene Haus- und Eigentümerrechte des privaten Auftraggebers zustehen, verfügen Polizisten über weitergehende Rechte.[3] Die Wohnungslosen haben es also mit zwei unterschiedlichen Instanzen sozialer Kontrolle zu tun, die ihnen mit unterschiedlichen Hand-

---

[3] Z.B. Identitätsfeststellung und sonstige erkennungsdienstliche Maßnahmen (§§ 12, 14 PolG NW), Durchsuchung von Personen, Sachen und Wohnungen (§§ 39, 40, 41 PolG NW), Platzverweisung (§ 34 PolG NW) und Gewahrsam (§ 35 PolG NW). Zu den Jedermannsrechten zählen Notwehr und Nothilfe (§§ 53 StGB, 227 BGB, 11 OWiG), Notstand (§§ 54 StGB, 228, 904 BGB, 12 OWiG), Selbsthilfe (§§ 229, 561, 859, 860 BGB) und vorläufige Festnahme (§ 127 Abs. 1 StPO, 229, 230 Abs. 2 BGB). Zu den übertragenen Rechten gehören weiter das Selbsthilferecht (§§ 229ff., 859, 860 BGB) sowie Eigentums- und Besitzschutz (§§ 859f., 867, 1005 BGB) (vgl. den Überblick bei Bülow 2000: 108; detailliert bei Tischbein 2001: 111ff.).

lungsanforderungen begegnen und unterschiedliche Rechte auf sehr unterschiedliche Art und Weise ausüben können.

Dieser „staatlich-private Kontrollmix" (Ronneberger et al. 1999: 150) mit unklaren rechtlichen Normierungen und Zuständigkeiten erzeugt bei den Wohnungslosen Unsicherheit: Was von der einen Seite toleriert wird, wird von der anderen sanktioniert. Außerdem erweckt die teils martialische Uniformierung von privaten Sicherheitsdiensten den Eindruck, sie seien in staatlichem Auftrag unterwegs, was aber – im Wege der Verwaltungshilfe oder Beleihung – nur für eine Minderheit zutrifft. Diese oftmals bewusst herbeigeführten „Suggestiveffekte" führen bei Wohnungslosen zu Verunsicherung und bestärken sie eher in ihren Vermeidungs- als in ihren Konfliktlösungsstrategien.

Die Randgruppenarbeit mit Wohnungslosen läuft nach Aussagen der befragten Sozialarbeiter weitaus unspektakulärer ab, als gemeinhin angenommen wird. Tätliche Angriffe von Wohnungslosen auf Mitarbeiter bilden die Ausnahme. Trotzdem müssen die Mitarbeiter der Wohnungslosenhilfe hin und wieder die Polizei rufen, wenn z. B. eigene Interventionsversuche bei Personen, die sich nicht an die Hausregeln ihrer Einrichtung halten, erfolglos bleiben. Das Vorgehen der herbeigerufenen Polizeibeamten wird in solchen Fällen fast durchgehend positiv bewertet.

Häufig ist Alkohol der Auslöser dafür, dass ein polizeiliches Einschreiten gegen Wohnungslose notwendig wird. Wenn Wohnungslose unter Alkohol- bzw. Drogeneinfluss stehen, was angesichts des hohen Prozentsatzes von Alkoholikern und Drogenabhängigen unter den Wohnungslosen eher den Regel- als den Ausnahmefall darstellt, ist die Wahrscheinlichkeit am höchsten, dass die Situation eskaliert. Erschwerend kommt hinzu, dass vielen Wohnungslosen die straf- oder ordnungsrechtlichen Konsequenzen ihres Handelns ziemlich gleichgültig sind, da sie „nichts zu verlieren haben". Ob sie nun auf der Straße schlafen oder in eine Ausnüchterungszelle gesperrt werden, macht für sie keinen großen Unterschied. Geldstrafen können sie ohnehin nicht bezahlen, weshalb sie häufig Ersatzfreiheitsstrafen verbüßen müssen. Diese Faktoren können sich bei solchen Einsätzen zu einem nicht zu unterschätzenden Eskalationspotenzial addieren.

Die operativen Kräfte müssen dann entscheiden, ob der aufgegriffene Wohnungslose, der erkennbar unter Alkohol- bzw. Drogeneinfluss steht, ein Fall für die Ausnüchterungszelle oder das Krankenhaus ist. Sie müssen das gegebenenfalls mit dem Notarzt vor Ort aushandeln. Im Krankenhaus sind die in einem derartigen Zustand eingelieferten Patienten wiederum „ungeliebte Gäste", da sie meistens eigenmächtig und ohne Identifikation das Krankenhaus wieder verlassen. Die Polizei will sie aber ebenso wenig, weil es wahrscheinlich ist, dass der Betroffene auf der Wache entweder randaliert oder sich sein Gesundheitszustand verschlechtert und der Notarzt erneut alarmiert werden muss.

Die geringe Beschwerdemacht, die mit der sozialen Situation der Wohnungslosen zusammenhängt, zieht in der Regel auch eine geringe Anzeigebereitschaft nach sich. Konflikte werden häufig untereinander auf informellem Weg gelöst. Die Vermeidungsstrategien sind Teil dieser informellen Konfliktlösungen in der Gruppe der Wohnungslosen.

Mitarbeiter der Wohnungslosenhilfe schätzen das Verhältnis zwischen Polizei und Wohnungslosen durchaus unterschiedlich ein. Nicht selten wird die Polizei als „natürlicher Feind" der Wohnungslosen beschrieben, von anderen wird diese Beschreibung wieder zurückgewiesen. Ein Grund für diese Divergenz könnte die Art der Klientel sein, die unterschiedlich oft und intensiv mit der Polizei in Konflikt gerät. Denn die Einrichtungen, die die interviewten Mitarbeiter vertreten, sind unterschiedlich konzipiert und auf verschiedene Gruppen von Wohnungslosen zugeschnitten. Somit erfolgt die Wahrnehmung der Mitarbeiter selektiv, was den meisten Sozialarbeitern auch bewusst ist. Außerdem muss berücksichtigt werden, dass die Sozialarbeiter eher selten die Interaktionen von Polizeibeamten und Wohnungslosen unmittelbar miterleben, sondern auf Informationen aus zweiter Hand angewiesen sind (durch Polizisten, Kollegen, Presse, Wohnungslose), sodass die Wahrnehmung diversen Filtern und Verzerrungen unterliegt. Ungeachtet der verschiedenen Einschätzungen attestieren aber die Mitarbeiter der Wohnungslosenhilfe – wie die Wohnungslosen – den „altgedienten Hasen" der Polizei tendenziell ein „ruhigeres Händchen" im Umgang mit Wohnungslosen und „einen guten Draht" zu den Wohnungslosen. Auch sie betonen die Bedeutung, welche allein die sprachlichen Umgangsformen für das Verhältnis zwischen Wohnungslosen und Polizisten haben.

Schlussfolgerungen

Im Ergebnis lässt sich festhalten, dass das Verhältnis der Wohnungslosenhilfe zur Polizei sich als vergleichsweise entspannt darstellte. Die Mitarbeiter der Wohnungslosenhilfe bestätigen einige Einschätzungen der Wohnungslosen, was ihre Beziehung zur Polizei anbelangt. Sie weisen auf das „Fingerspitzengefühl" der Polizeibeamten hin, das in Anbetracht des Eskalationspotenzials von Interaktionen mit Wohnungslosen sicherlich ebenso notwendig ist wie physisches Durchsetzungsvermögen. Positive wie negative Erfahrungen mit Polizisten machte beinahe jeder Wohnungslose. Dabei scheint vor allem die Kommunikation zwischen Ordnungshütern und Wohnungslosen die entscheidende Stellgröße beim Schüren und auch beim Vermeiden von Konflikten zu sein, denn „der Ton macht die Musik".

Literatur

Althoff, Martina/Cremer-Schäfer, Helga/Löschper, Gabriele/Reinke, Herbert/Smaus, Gerlinda (Hrsg.) (2001): Integration und Ausschließung. Kriminalpolitik und Kriminalität in Zeiten gesellschaftlicher Transformation. Baden-Baden: Nomos

Angele, Gebhard (1989): Obdachlosigkeit – Herausforderung an Pädagogik, Soziologie und Politik. Weinheim: Dt. Studien-Verlag

Behrendes, Udo (1998): Kooperation zwischen Polizei und Sozialarbeit in Sicherheits- und Ordnungspartnerschaften. In: Wohnungslos 40. 1998. 41-48

Bülow, Wolfgang (2000): Zusammenwirken zwischen Polizei und privaten Sicherheitsdiensten. In: Pitschas, Rainer/Stober, Rolf (2000): 103-117

Enders-Dragässer, Uta/Sellach, Brigitte/Feig, Antje/Jung, Marie-Luise/Roscher, Sabine (1996): Frauen ohne Wohnung. Handbuch für die ambulante Wohnungslosenhilfe für Frauen. Stuttgart u. a.: Kohlhammer

Fiedler, Anja (2001): Polizeiliches Handeln in Einsatzsituationen des privaten Konfliktes – die Definitionslast der „verunsicherten Sicherheitsexperten". Eine qualitative Annährung an polizeiliche Handlungsmuster. Diplomarbeit an der Universität Hamburg

Geißler, Rainer (2002): Die Sozialstruktur Deutschlands. Die gesellschaftliche Entwicklung vor und nach der Vereinigung, 3. grundlegend überarbeitete Auflage. Wiesbaden: Westdeutscher Verlag

Görgens, Barbara (2000): Kriminalprävention in und mit den Kommunen. In: Bewährungshilfe 47. 2000. 169-180

Groenemeyer, Axel/Mansel, Jürgen (Hrsg.) (2003): Die Ethnisierung von Alltagskonflikten. Opladen: Leske + Budrich

Herzog, Frank (2000): Beispiel München: Streetwork der Teestube „Komm". In: Hinz, Peter/Simon, Titus/Wollschläger, Theo (2000): 136-149

Hinz, Peter/Simon, Titus/Wollschläger, Theo (Hrsg.) (2000): Streetwork in der Wohnungslosenhilfe. Baltmannsweiler: Schneider

ILS (Institut für Landes- und Stadtentwicklungsforschung des Landes Nordrhein-Westfalen) (Hrsg.) (2001): Im Mittelpunkt der Städte. Sicherheit und Aufenthaltsqualität – Strategien für den Erfolg urbaner Zentren. Dortmund: ILS

Ludwig-Mayerhofer, Wolfgang/Müller, Marion/Paulgerg-Muschiol, Larissa von (1997): Lebensweisen Wohnungsloser – zwischen Autonomie und Restriktion. Arbeitspapier Nr. 1 des Forschungsprojekts „Wohnungslosigkeit und Strafvollzug". Vortrag auf der Tagung „Strukturen und Aspekte von Armut" DGS-Sektion „Soziale Ungleichheit und Sozialstrukturanalyse" in Hamburg am 21./22. März 1997

Ludwig-Mayerhofer, Wolfgang/Müller, Marion/Paulgerg-Muschiol, Larissa von (2000): Rechtliche Sozialkontrolle von Wohnungslosen. In: Rottleuthner, Hubert (2000): 227-243

MAGS NRW (Ministerium für Arbeit, Gesundheit und Soziales des Landes Nordrhein-Westfalen) (Hrsg.) (2007): Sozialbericht NRW 2007. Armuts- und Reichtumsbericht. Düsseldorf

Monzer, Michael (1995): Umgang mit den stark abgebauten Alkoholikern unter den Wohnungslosen. In: Wohnungslos 37. 1995. 146-149

Müller, Marion/Paulgerg-Muschiol, Larissa von, (2001): Wohnungslosigkeit und Straffäl-
ligkeit – erklärt die Situation alles? In: Althoff, Martina/Cremer-Schäfer, Hel-
ga/Löschper, Gabriele/Reinke, Herbert/Smaus, Gerlinda (2001): 160-182
Nahr, Heinrich/Orth, Verena (1999): Die statistische Erfassung von Obdachlosigkeit: ein
Thema ohne Ende? In: Wohnungslos 41. 1999. 113-118
Pitschas, Rainer/Stober, Rolf (Hrsg.) (2000): Kriminalprävention durch Sicherheitspart-
nerschaften. Köln [u.a.]: Heymanns
Rohden, Gerhard (2000): Streetwork in der Hilfe für alleinstehende Wohnungslose im Di-
özesan-Caritasverband. In: Hinz, Peter/Simon, Titus/Wollschläger, Theo (2000):
106-117
Ronneberger, Klaus/Lanz, Stephan/Jahn, Walther (1999): Die Stadt als Beute. Bonn:
Dietz
Rottleuthner, Hubert (Hrsg.) (2000): Armer Rechtsstaat. Baden-Baden: Nomos
Schweer, Thomas/Strasser, Hermann (2003): „Die Polizei – dein Freund und Helfer?"
Duisburger Polizisten im Konflikt mit ethnischen Minderheiten und sozialen Rand-
gruppen. In: Groenemeyer, Axel/Mansel, Jürgen (2003): 229-260
Simon, Titus (1999): Sozialarbeit und Polizei. Neue Aufgaben, Gemeinsamkeiten und
notwendige Grenzen. In: Bürgerrechte & Polizei/CILIP 63. 1999. 39-48
Simon, Titus (2001): Wem gehört der öffentliche Raum? Zum Umgang mit Armen und
Randgruppen in Deutschlands Städten. Opladen: Leske + Budrich
Stolleis, Michael/Kohl, Wolfgang (1999): Rechtsgutachten über die Zulässigkeit ordnungsrechtlicher Maßnahmen gegen Nichtsesshafte in den Städten, insbesondere
durch Alkoholverbote auf Grund straßenrechtlicher Sondernutzungssatzungen. In:
Gefährdetenhilfe 32. 1999. 55-62
Strasser, Hermann/van den Brink, Henning (2003): Von Wegschließern und Ausgeschlos-
senen. Ergebnisse einer Studie über Obdachlose und die Polizei in Duisburg. In: So-
ziale Probleme 14. 2003. 162-186
Tischbein, Markus (2000): Zusammenstellung einiger Aspekte der rechtlichen Behandlung privater Sicherheitsunternehmen. Dissertation an der Universität Trier
Volkmann, Uwe (2000): Die Rückeroberung der Allmende. In: Neue Zeitschrift für Ver-
waltungsrecht 19. 2000. 361-368
Wolf, Joachim (1999): Das Recht des Lebens auf der Straße. Ein Rechtsgutachten zur
Privatisierung öffentlicher Flächen und zum Grundrechtsschutz wohnungsloser
Menschen, Institut für Landes- und Stadtentwicklungsforschung des Landes Nord-
rhein-Westfalen. Dortmund: ILS

Die Drogenabhängigen[1]

Thomas Schweer

Drogenabhängige in Duisburg

Jeder vierte Bundesbürger zwischen 18 und 59 Jahren hat schon mindestens einmal in seinem Leben eine illegale Droge konsumiert (vgl. Kraus/Augustin 2005: 22). Ein derartig hoher Anteil an Drogenerfahrenen innerhalb der bundesdeutschen Bevölkerung war vor 25 Jahren noch nicht denkbar. Dass von dieser gesellschaftlichen Entwicklung auch die Polizei nicht unberührt bleibt, zeigt sich allein darin, dass in der von der Forschungsgruppe durchgeführten Beamtenbefragung mit 12,5% immerhin jeder Zehnte zugab, selbst schon einmal mit illegalen Drogen experimentiert zu haben.

Lediglich eine Minderheit der Drogenkonsumenten ist dem klassischen Drogenmilieu zuzuordnen. Obwohl es sich also bei den meisten Konsumenten verbotener Substanzen um integere Bürger handelt, prägt der „heruntergekommene Junkie" in den Einkaufspassagen und Bahnhofsvorplätzen unserer Großstädte wie kaum ein anderer das öffentliche und mediale Bild vom typischen *Drogen*konsumenten. Kemmesies (1995) kritisiert deshalb zu Recht, dass der Begriff „offene Drogenszene" mit einigen Unschärfen behaftet ist.

> „Versuchen wir eine Näherung an den Begriffsinhalt, so ist zunächst das Missverhältnis zwischen der Selbstverständlichkeit der Begriffsbenutzung und der begrifflichen Unschärfen zu konstatieren: Wer gehört zur offenen Drogenszene? Auch der obdachlose Alkoholiker oder der etablierte Wochenendkonsument, der sich auf der ‚Szene' mit Heroin oder Kokain versorgt? Ab welcher Größenordnung ist von einer offenen Drogenszene zu sprechen? Ist all das beobachtbare Verhalten auf offenen Szenen wirklich drogengebrauchsbezogen und sind wirklich drogengebrauchsbezogene Verhaltensweisen das entscheidende Definitionskriterium? (...) Der marginalisierte Junkie, wie auch das Sozialgefüge ‚offene Drogenszene' beschreibt nur einen Ausschnitt – wenn auch stark das öffentliche Bewusstsein prägend – einer mannigfaltigen Drogengebrauchskultur."

---

[1] Die hier präsentierten Daten beziehen sich auf eine teilstandardisierte Befragung von 39 (ehemaligen) Drogenabhängigen, einem Experteninterview mit einem Mitarbeiter einer Drogenberatungsstelle in Duisburg sowie einer teilstandardisierten Befragung von 243 Beamten unterschiedlicher Organisationseinheiten des Polizeipräsidiums Duisburg.

Braun et al. (2001: 171f.) zählen zur *sichtbaren Drogenszene* „alle Konsumenten harter Drogen (…), welche Einrichtungen der Drogenhilfe aufsuchen und/oder sich an öffentlichen Szenetreffpunkten aufhalten". Personen, die harte Drogen nur im privaten Rahmen gebrauchten und Einrichtungen der Drogenhilfe nicht in Anspruch nähmen, gehörten nicht dazu. Bless et al. (1995, zit. in: Waal 2004: 4) fassen wiederum den Begriff der „Drogenszene" neutraler und verstehen darunter „all situations where citizens are publicly confronted with drug use and drug dealing".

Die Konsummuster der offenen Drogenszene sind im Kern durch zwei Charakteristika geprägt: Zum einen werden im Wesentlichen illegale Substanzen konsumiert, zum anderen wird ein Mischkonsum verschiedener Drogen betrieben (vgl. Kemmesies 2002: 49; Kreuzer et al. 1991: 173ff.). Der klassische Junkie zeichnet sich durch ein polyvalentes Konsummuster aus, d.h. der Abhängige missbraucht verschiedene Suchtmittel.

2002, im Jahr der vorliegenden Studie, registrierte die Duisburger Polizei 1.532 Rauschgiftdelikte. Damit machte die Rauschgiftkriminalität 3,4% der Gesamtkriminalität aus. Von den 1.532 Delikten konnten 1.427, also 93% aufgeklärt werden (vgl. Kriminalitätsbericht Duisburg 2002). Die hohe Aufklärungsquote ist für diesen Deliktbereich nicht ungewöhnlich, handelt es sich bei der Rauschgiftkriminalität doch um ein klassisches Kontrolldelikt: Jede entdeckte Tat ist quasi eine aufgeklärte Tat.

Eine „offene Szene", wie wir sie aus Großstädten wie Berlin, Hamburg oder Frankfurt am Main kennen, gibt es in Duisburg nicht. Zwar existieren Treffpunkte (Königstraße vor dem Amtsgericht, Averdunk-Zentrum, Wiese vor der Mercatorhalle bzw. jetzt City Palais, Bahnhof), an denen Dealer und Junkies erkennbar auftreten, doch sind diese im Verhältnis zu anderen Großstädten eher klein. Früher gab es auch in den Duisburger Stadtteilen Neumühl, Walsum und Meiderich allgemein bekannte Orte, an denen sich Drogenabhängige mit „Stoff" versorgten. Diese wurden aber aufgrund von Bürgerbeschwerden von der Polizei aufgelöst. Das hatte nach Aussage des befragten Sozialarbeiters zur Folge, dass sich die Szenemitglieder mehr und mehr in den privaten Bereich zurückzogen. Dass die Rauschgiftkriminalität für das subjektive Sicherheitsempfinden der Duisburger Bürger von marginaler Bedeutung ist, belegt eine im Rahmen des Projekts durchgeführte repräsentative Bevölkerungsumfrage. Gefragt nach den drei z. Zt. größten Problemen in Duisburg entfielen von 1.507 Nennungen nur 2,7% auf „Kriminalität/mangelndes Sicherheitsgefühl". Lediglich 0,7% thematisierten konkret die „Drogenkriminalität".

In Duisburg gibt es nach Auskunft des Sozialarbeiters 2.500 bis 3.000 Konsumenten harter Drogen, von denen zwischen 600 und 700 Klienten seien. Hauptsächlich werde Heroin konsumiert, aber auch Kokain und Amphetamine.

Während in Frankfurt am Main mittlerweile Crack das Schwarzmarktgeschehen bestimmt (vgl. Kemmesies 2002: 49f.), spielt das Kokainderivat auf dem Duisburger Drogenmarkt keine nennenswerte Rolle.

Kriminalität und soziale Verelendung in der Straßenszene

Polizeibeamte kommen in der Regel mit Angehörigen der Straßenszene in Kontakt, während ihnen das „bürgerliche Drogenmilieu" weitgehend verschlossen bleibt. Das liegt u.a. daran, dass es sich bei einem Rauschgiftdelikt, wie erwähnt, um ein Kontrolldelikt handelt, die Beamten also Zugang zum Milieu bekommen müssen. Während die Straßenszene „sichtbar" ist, verfügen gut situierte und sozial etablierte User über „diskretere" Möglichkeiten, ihren Konsum zu befriedigen bzw. ihre Sucht zu verbergen.

Selbstberichtete Delinquenz der befragten Drogenabhängigen (in %)

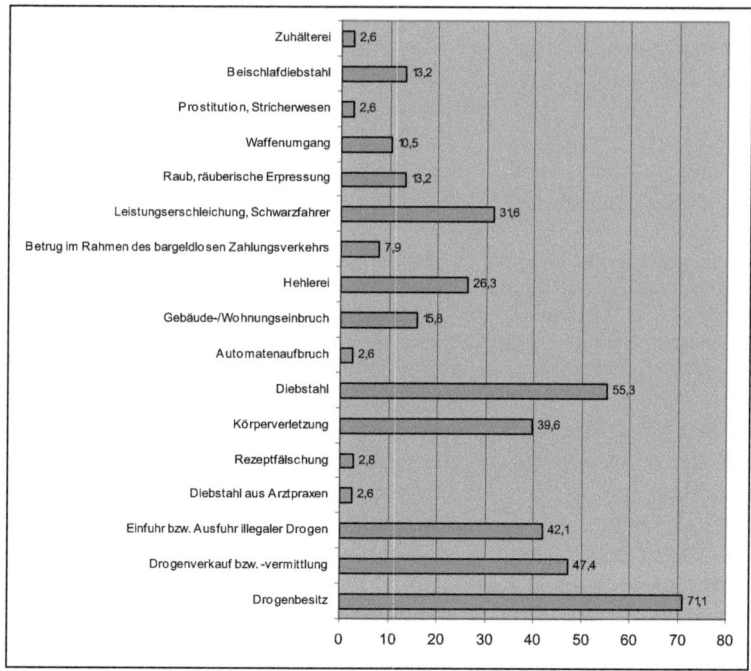

n=33
Quelle: Eigene Berechnungen auf Grund eigener Befragungen

Diese Möglichkeiten lassen sich am Beispiel des Kokainkonsums aufzeigen, als spätestens in den 1970er Jahren Kokain in den Vereinigten Staaten von Amerika und in der Bundesrepublik zur Modedroge („upper class high") wurde. Darauf verweisen nicht nur viele Berichte, einschließlich Biografien, aus dem Showbusiness, sondern auch die mit der starken Verbreitung von Kokain und Crack in den 80er und 90er Jahren drastisch ansteigenden Mengen von beschlagnahmtem Kokain (vgl. Schweer/Strasser 1994a: 105ff.; Schweer/Strasser 1994b, 1995a, 1995b). So führt der Kriminalitätsbericht der Duisburger Polizei aus, dass

> „die soziale Lage der Abhängigen (…) sich zumeist (…) durch Arbeitslosigkeit, Verwahrlosungstendenzen bis hin zur sozialen Entwurzelung und natürlich durch begleitende Kriminalität [auszeichnet], da in aller Regel Drogenabhängige die erforderlichen Mittel zur Finanzierung ihres Drogenkonsums kaum auf legalem Weg erhalten können". (Kriminalitätsbericht Duisburg 2002: 9).

Die finanzielle Situation des Großteils der der Polizei bekannten „Junkies" ist schon aufgrund ihrer sozialen Lage prekär und wird durch die Sucht noch verstärkt. So verursacht allein der tägliche Konsum bedeutende Kosten, denen die Betroffenen oft nicht auf legalem Wege nachkommen können. Das ist in Duisburg nicht anders als in anderen Großstädten. So verwundert es nicht, dass nach Angaben des dortigen Polizeipräsidiums 2002 jeder zehnte Tatverdächtige ein Konsument harter Drogen war (vgl. Kriminalitätsbericht Duisburg 2002: 17). Im Hinblick auf die Menge und Art der von den Drogenabhängigen verübten Delikte konstatiert Kemmesies (2002: 51), dass

> „zu den gängigsten Deliktbereichen ‚Betrug' (zumeist im Rahmen von Drogengeschäften), ‚physische Gewalt' und ‚Diebstahl' [gehören]. Die in der Regel stärker strafbewehrten Delikte ‚Körperverletzung', ‚Raub' und ‚sexuelle Gewalt' nehmen die hinteren Rangplätze ein. Diese Rangfolgen gelten sowohl für selbst erfahrene wie selbst verübte kriminelle und gewalttätige Handlungen."

Bei den befragten Drogenabhängigen verhielt es sich ähnlich. Im Rahmen der selbstberichteten Delinquenz wurden vornehmlich Versorgungsdelikte wie Drogenbesitz, -verkauf und -handel sowie Folgedelikte wie Diebstahl und Körperverletzung genannt.

Mitglieder der offenen Drogenszene kommen im Laufe ihrer Drogenkarriere nahezu zwangsläufig als Tatverdächtige oder Beschuldigte in Kontakt mit der Polizei. Aber nicht jede Straftat, insbesondere was den Besitz kleinerer Drogenmengen zum Eigenkonsum anbelangt, wird zur Anzeige gebracht. Wie ein Drogenabhängiger der Forschungsgruppe berichtete, würden im Umgang mit den „Junkies" gelegentlich informelle Lösungsstrategien praktiziert: „,Nimm deinen

Kram und hau ab ... Für dieses Mal haste Glück gehabt. Wir haben besseres zu tun, als für so'n Scheiß 'nen Bericht zu schreiben. Beim nächsten Mal gibste uns 'nen Namen, sonst biste dran.'" Eine solche Vorgehensweise folgt nach Aussage eines Beamten in der Regel kriminal-präventiven Überlegungen. „Ich nehm' dem Typen den Stoff ab, und der hat Druck, Suchtdruck. Ich produzier' ja geradezu Beschaffungskriminalität. Der braucht Geld für neuen Stoff, also klaut er ein Radio, um das zu Geld zu machen und sich Drogen zu besorgen." Das Absehen von einer Anzeige diene überdies der Gewinnung von Informationen, insbesondere über die Hintermänner des Drogenhandels. Natürlich würden gelegentlich anstelle von repressiven Maßnahmen auch „erzieherische Töne" angeschlagen, um beim polizeilichen Gegenüber eine Einsicht in das Fehlverhalten zu bewirken.

Auszug aus dem Feldtagebuch

Im Rahmen der Nachtschicht kontrollieren die Beamten einer Funkstreife einen Pkw, der mit vier türkischen Jungerwachsenen besetzt ist. Der Pkw ist abgeparkt auf einem dunklen, schwer einsehbaren Gelände, ein Indiz für die Beamten, dass „die wohl einen durchziehen wollen". Nachdem die Beamten dem Fahrzeugführer „die Kelle" gezeigt haben, werden die Insassen aufgefordert, sich auszuweisen. Während der eine Beamte die Personalien überprüft, beginnt der zweite mit der Durchsuchung. Nacheinander wird jeder der jungen Türken aufgefordert, auszusteigen, seine Taschen zu entleeren und den Inhalt auf das Wagendach zu legen. Während der Durchsuchung fragt der Beamte, ob sie schon einmal mit der Polizei zu tun hatten bzw. ob sie ab und zu eine rauchen würden (gemeint ist der Konsum von Marihuana bzw. Haschisch). Ein junger Türke antwortet, er würde ab und zu rauchen, die anderen verneinen die Frage. Während der Durchsuchung fällt dem Beamten auf, dass eine noch im Auto befindliche Person versucht, eine zusammengeknüllte Zigarettenschachtel verschwinden zu lassen. Energisch fordert er die betreffende Person auf, ihm unverzüglich die Zigarettenschachtel auszuhändigen. Anfangs schaltet der junge Türke auf „dumm" und fragt, „welche Zigarettenschachtel?". Der Beamte wird zusehends ungehalten und sagt: „Du weißt genau, welche Zigarettenschachtel ich meine. Rück' sie sofort raus." Nach kurzem Zögern überreicht der junge Mann dem Beamten die Schachtel, in dem sich eine geringe Menge Marihuana befindet. Die drei anderen Personen werden daraufhin aufgefordert, sich in den Wagen zu setzen, der Besitzer der weichen Drogen wird dagegen zum Polizeiauto zitiert. Dort werden ihm mit väterlicher Strenge die Leviten gelesen. (Der zweite Beamte, der die Personalien überprüft hat, durchsucht derweil das Fahrzeug). „Was soll der Scheiß? Möchtest du dir dein Leben kaputtmachen?" Während der Standpauke schüttet der Beamte das Marihuana auf den Parkplatz aus. Hastig fährt der junge Mann mit

dem Fuß über das ausgeschüttete „Dope", wohl nicht zuletzt deshalb, um seine Einsicht in die polizeiliche Maßnahme zu dokumentieren. Er bedankt sich
bei den Beamten und kehrt zu seinen Freunden zurück. Kurz darauf verlässt
der Pkw den Parkplatz mit unbekanntem Ziel.

Informelle Lösungsstrategien werden nach Aussage der Drogenabhängigen allerdings vornehmlich von Zivilfahndern praktiziert. Das überrascht freilich nicht,
befassen sich Beamte des Wach- und Wechseldienstes und der Einsatzhundert-
schaften doch nur punktuell mit dem Drogenproblem. Dagegen ist für Zivilfahn-
der – hierbei handelt es sich in erster Linie um Mitarbeiter von Kriminalkommis-
sariaten zur Bekämpfung der Rauschgiftkriminalität und Mitarbeiter von Einsatztrupps zur Bekämpfung der Straßenkriminalität – die Verfolgung der
Rauschgiftkriminalität ein essentieller Bestandteil ihrer täglichen Arbeit. Sie sind
mit dem Elend in der Drogenszene vertraut, auch wenn sie ihre Arbeit und die
Anwendung repressiver Maßnahmen in diesem Deliktbereich gelegentlich als
sinnlos erachten.

Gegenseitige Wahrnehmung von Polizei und Drogenabhängigen

Bei wem Beamte „ein Auge zudrücken", ist nicht abhängig vom Geschlecht des
polizeilichen Gegenübers. So werden informelle Lösungsstrategien gleichermaßen bei weiblichen und männlichen Drogenabhängigen angewandt. Was den
Migrationshintergrund anbelangt, meinte ein ausländischer Drogenabhängiger:
„Frauen werden zwar nicht anders behandelt als Männer, aber Ausländer anders
als Deutsche". Ein anderer antwortete auf die Frage, ob es Unterschiede bei der
Behandlung von Drogenabhängigen durch die Polizei gebe: „Durchweg alle
gleich unfair". Ein weiterer kritisierte den häufig herablassenden Umgangston:
„Oft muss man sich Sprüche anhören, wie z. B. ‚Junkiepack' oder ‚20 Jahre
wären noch zu wenig für Euch, am besten alle wegsperren'." Nahezu einig waren
sich die befragten Drogenabhängigen darin, dass ältere Beamte besonner han-
delten als jüngere, die „am schlimmsten" seien. Auch die weit verbreitete Ansicht, weibliche Beamte seien netter und träten nicht so rüde auf wie ihre männlichen Kollegen, wurde längst nicht von jedem Probanden geteilt. Ganz im Gegenteil wurde von einigen Befragten hervorgehoben, dass männliche Beamte insbesondere weiblichen Abhängigen gegenüber freundlicher aufträten: „Männliche
Polizisten behandeln weibliche Abhängige meist besser. Polizistinnen sind meist
aggressiver den Abhängigen gegenüber." Ein anderer ergänzte: „Männer sind

teils zu Frauen weniger grob. Frauen gegenüber Frauen allerdings härter. Öfter wird eine Frau jedoch von männlichen Beamten als ‚Nutte' behandelt."

Was Polizisten über Drogenabhängige denken – Ansichten der Konsumenten (in %)

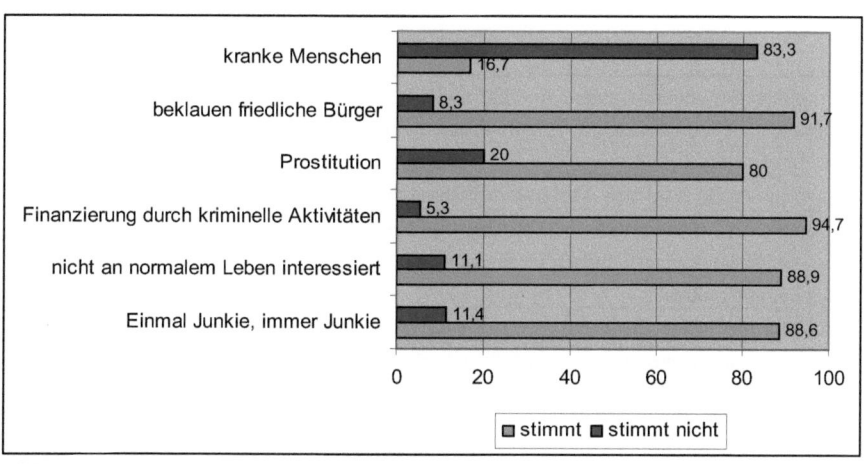

n=36

Abgefragte Statements:

Polizisten halten Drogenabhängige für kranke Menschen und nicht für Kriminelle.

Polizisten glauben, Drogenabhängige lungern auf der Straße herum und beklauen friedliche Bürger.

Polizisten glauben, dass Drogenabhängige sich zur Finanzierung ihres Drogenkonsums prostituieren.

Polizisten glauben, Drogenabhängige finanzieren ihren Drogenkonsum fast ausschließlich durch kriminelle Aktivitäten.

Polizisten glauben, dass die meisten Drogenabhängigen gar nicht an einem „normalen" Leben interessiert sind, sonst würden sie ihre Sucht bekämpfen.

Polizisten glauben, einmal Junkie, immer Junkie.

Quelle: Eigene Berechnungen auf Grund eigener Befragungen

Der Großteil der Befragten vertrat allerdings auch die Ansicht, dass die Art der Behandlung stark vom Verhalten des Kontrollierten abhänge, wobei es einen Unterschied mache, ob man persönlich bekannt sei („Wenn man selber bekannt ist, geht die Polizei ganz anders mit einem um. Allerdings so wie man in den Wald ruft, so schallt es auch raus.") bzw. mit der Polizei zusammenarbeite („Wir werden alle gleich behandelt; außer die, die mit der Polizei zusammenarbeiten.").

Drogenabhängige glauben, Polizisten sähen in ihnen durchwegs Kriminelle, die an einem normalen Leben nicht interessiert seien und von ihrer Sucht nicht lassen könnten. Deshalb wende man sich nur selten an die Polizei, selbst wenn man Opfer einer Straftat geworden ist. „Weil man Angst hat, es wird eh nichts getan. Bis was Schwerwiegendes passiert, und wenn die Person erfährt, man war bei der Polizei und hat Anzeige gemacht, kriegt man erst recht die Fresse dick."

Zustimmung und Ablehnung ausgewählter Stereotypen zu Drogenabhängigen – Beamtenbefragung (in %)

	Vorurteil	*kein Vorurteil*
Die meisten Drogenabhängigen sind gar nicht an einem „normalen" Leben interessiert, sonst würden sie ihre Sucht bekämpfen.	24,9	50,3
Der Drogenmarkt wird von Ausländern beherrscht.	45,2	28,1
Drogensüchtige sind verwahrlost, dreckig und finanzieren ihren Drogenkonsum, indem sie bevorzugt ältere Menschen ausrauben.	35,1	88,5
Einmal Junkie, immer Junkie.	25,6	89,3

* Die Kategorien „überhaupt kein Vorurteil" und „eher kein Vorurteil" bzw. „überwiegend ein Vorurteil" und „ganz und gar ein Vorurteil" wurden dichotomisiert und zu den Kategorien „kein Vorurteil" und „Vorurteil" zusammengefasst.
n=241
Quelle: Eigene Berechnungen auf Grund eigener Befragungen

Die Ergebnisse der Befragung von Polizisten, wie sie Drogenabhängige beurteilten, verdeutlichen jedoch, dass die Mehrzahl der im Rahmen des Projekts befragten Beamten davon ausgeht, dass Drogensüchtige ein normales Leben führen möchten und versuchten, gegen ihre Sucht anzukämpfen. Auch dass es kein Zurück aus der Drogensucht gebe, gilt vielen Beamten als Vorurteil. Weitgehend einig waren sich die Beamten aber darin, dass der Drogenmarkt von Ausländern beherrscht werde. Generell assoziieren Polizisten mit „Junkies" negative Merkmale, so ein ungepflegtes Äußeres, Faulheit, Hilfsbedürftigkeit und Unbeherrschtheit, wobei sich in der Beurteilung weibliche und männliche Beamte nicht sonderlich voneinander unterscheiden.

Die Eindrücke aus den teilnehmenden Beobachtungen polizeilicher Arbeit lassen überdies den Schluss zu, dass Polizeibeamte zwischen dem gesetzestreuen türkischen Mitbürger und dem türkischen Dealer durchaus zu unterscheiden wissen. So wie es auf der einen Seite unsinnig ist, zu glauben, dass jeder Bürger dunkler Hautfarbe für die Polizei ein Drogendealer ist, so unsinnig ist es auf der anderen Seite, anzunehmen, der Anteil der Ausländer am Drogenhandel und -schmuggel ist minimal.

Ähnlich wie das Verhältnis der Drogenabhängigen zur Polizei ist auch der Umgang der Drogenabhängigen untereinander von Misstrauen geprägt. „Alles dreht sich nur um Stoff. Jeder denkt nur an sich", gab ein Konsument zu. Ein anderer thematisierte die Einsamkeit auf der Szene: „Man ist ziemlich alleine, nur die Droge zählt." Noch drastischer formulierte es ein dritter Leidensgenosse: „Man hat keine Freunde, wenn man Drogen nimmt."

Polaritätsprofil – Wie Polizisten „Junkies" beurteilen

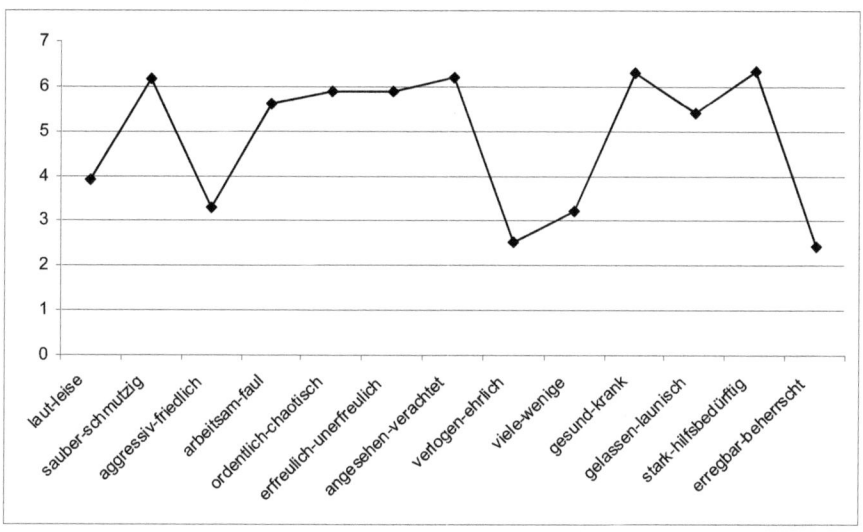

n=235
Quelle: Eigene Berechnungen auf Grund eigener Befragungen

Trotz des alltäglichen Elends in der Szene übt die polizeiliche Bekämpfung der Rauschgiftkriminalität auf viele Beamte einen gewissen Reiz aus. So empfanden von 142 befragten Polizisten, auf die dieser Aufgabenbereich mehr oder weniger zutraf, lediglich 21,8% diese Tätigkeit als unangenehm, wogegen 50% angaben, sie würden diese Aufgabe gerne machen. In diesem Zusammenhang sei erwähnt, dass in den persönlichen Gesprächen mit den Beamten betont wurde, dass nicht der konsumierende Kleindealer im Vordergrund stehe, sondern dass man versuche, an die Drahtzieher des Drogenhandels zu kommen. Im Visier der Beamten scheinen dabei vornehmlich männliche Tatverdächtige zu stehen. Das hängt wohl damit zusammen, dass der Straßenhandel vornehmlich eine männliche Domäne ist.

Der alltägliche Umgang der Beamten mit immer wieder denselben Akteuren fördert auch eine besondere Form der Empathie: Man „kennt sich untereinander" oder, wie es ein Polizist süffisant formulierte „man wird mit seiner Klientel alt".

Die ständigen Überprüfungen von Personen nehmen schon rituelle Züge an, zumal Drogenabhängige beim Auftauchen „der Zivilen" nahezu unaufgefordert den Inhalt ihrer Taschen auf den Kühlerhauben der Fahrzeuge ausbreiten und sich bereitwillig einer Leibesvisitation unterziehen. Werden Drogen gefunden, wird auf der Wache eine Anzeige gefertigt, die Drogen sichergestellt und der Beschuldigte entlassen. Kurze Zeit später sieht man den Drogenabhängigen wieder auf der Szene und „das Spiel" beginnt von Neuem. Dass bei dieser Alltagsroutine auch unbescholtene Bürger ins Visier der Fahnder geraten können, dokumentiert folgender Auszug aus dem Feldtagebuch, der eine Situation beschreibt, in der die Wahrnehmung bestimmter Schlüsselreize, kombiniert mit verfestigten Stereotypen, die Kontrolle auslöste.

Auszug aus dem Feldtagebuch
Im Rahmen der Spätschicht fahren wir durch Marxloh. Ein Beamter wird auf einen Schwarzafrikaner aufmerksam, der uns entgegen kommt. „Den halten wir mal an." Der Schwarzafrikaner wird nach seinen Ausweispapieren gefragt. Wie aus den Dokumenten hervorgeht, handelt es sich um einen Asylbewerber. Während ein Beamter die Personalien überprüft, durchsucht der andere den jungen Mann. Er vermutet bei dem Schwarzafrikaner illegale Drogen, wird aber nicht fündig. Sein Kollege steigt kurze Zeit später aus dem Fahrzeug und überreicht dem Asylbewerber seine Papiere. „Alles klar. Tschüss."
Im Wagen fragt der Beamte, der die Durchsuchung vorgenommen hatte: „Und, hatte der Erkenntnisse?" „Nein", erwidert sein Kollege. „Wie nein! Keine Erkenntnisse? Das kann doch gar nicht sein." „Doch, der war absolut negativ." „Wirklich negativ?" Der Kollege, schon ein wenig genervt: „Ja, negativ. Wie der Name schon sagt: negertief!" (Schallendes Gelächter).

Fazit

Die Polizei in Duisburg setzt nicht nur auf Repression. Was die Zusammenarbeit mit den Hilfseinrichtungen für Drogenabhängige anbelangt, funktioniert sie nach Aussagen des Sozialarbeiters relativ gut. Es bestünden Vereinbarungen, die für beide Seiten von Vorteil seien. So betreten die Polizeibeamten die Räumlichkeiten der Beratungsstellen nicht und durchsuchen auch keine Klienten vor dem Gebäude bzw. in der näheren Umgebung. Im Gegenzug achten die Beratungsstellen darauf, dass in und vor ihren Räumlichkeiten keine illegalen Drogen konsumiert und verkauft werden.

Trotz aller staatlichen Bemühungen ist die Nachfrage nach illegalen Drogen in den vergangenen Jahren kontinuierlich gestiegen und sie wird weiter zunehmen. Längst hat sich der Konsum in Teilen der Bevölkerung etabliert. Davon werden vor allem kriminelle Organisationen profitieren. Ob und inwieweit drogenpolitische Maßnahmen hieran etwas ändern können, ist heute mehr denn je fraglich – ein Urteil, das nicht zuletzt der verpuffte *war on drugs* in den USA, aber auch die einschlägige Literatur seit Jahren bestätigt.

So betonte Reuband (1995: 24) schon mehrfach in den 90er Jahren, dass in der Drogenprävalenz „in Europa jene Länder nicht nennenswert differieren, die sich in ihrer Drogenpolitik grundsätzlich unterscheiden". Daher komme den sozialen und kulturellen Faktoren bei der Karriere des (illegalen) Drogenkonsums eine häufig unterschätzte Bedeutung zu, d.h. dass milieu- und schichtspezifische Normen die Verbote erfolgreich unterlaufen. Auch Braun et al. (2001) heben hervor, dass repressive Maßnahmen nicht nur kostenintensiv seien, sondern oft auch nicht die gewünschten Effekte zeigten.

Das ist jedoch für die Beamten, die alltäglich mit der Drogenszene zu tun haben, von untergeordneter Bedeutung. Sie als Normdurchsetzer haben dem Gesetz Geltung zu verschaffen. Manch einer mag sich dabei fühlen wie Don Quichote in seinem Kampf gegen Windmühlen.

Literatur

Bless, Ruud/Korf, Dirk J./Freeman, Marielle (1995): Open Drug Scenes: A Cross-National Comparison of Concepts and Urban Strategies. In: European Addiction Research 1. 1995. 128-138

Borchert, Manfred/Erlei, Matthias (Hrsg.) (1995): Mit dem Markt gegen Drogen: Lösungsansätze für das Drogenproblem aus ökonomischer Sicht. Stuttgart: Schäffer-Pöschel

Bourgois, Philippe (1998): Crackdealer in East Harlem: Widerstand und Selbstzerstörung unter amerikanischer Apartheid. In: Paul, Bettina/Schmidt-Semisch, Hans (1998): 167-181

Braun, Norman/Nydegger Lory, Bruno/Berger,Roger/Zahner, Claudia (2001): Illegale Märkte für Heroin und Kokain. Bern, Stuttgart, Wien: Haupt Verlag

Kemmesies, Uwe E. (1995): Szenebefragung Frankfurt/M. 1995: Die „offene Drogenszene" und das Gesundheitsraumangebot in FaM – ein erster „Erfahrungsbericht. Abschlussbericht im Auftrag der Stadt Frankfurt/Dezernat Frauen und Gesundheit – Drogenreferat. Frankfurt/M.

Kemmesies, Uwe E. (2002): Die offene Drogenszene in Frankfurt am Main. MoSyD Forschungsmodul IV – Szenestudie. Frankfurt am Main

Kemmesies, Uwe E. (2004): Zwischen Rausch und Realität. Drogenkonsum im bürgerlichen Milieu. Wiesbaden: VS Verlag

Kraus, Ludwig/Augustin, Rita (2005): Repräsentativerhebung zum Gebrauch und Missbrauch psychoaktiver Substanzen bei Erwachsenen in Deutschland. Epidemiologischer Suchtsurvey 2003. In: Sucht, Sonderheft 1.

Kreuzer, Arthur/Römer-Klees, Ruth/Schneider, Hans (1991): Beschaffungskriminalität Drogenabhängiger. BKA-Forschungsreihe. Band 24. Wiesbaden

Polizeipräsidium Duisburg (2003): Kriminalitätsbericht Duisburg 2002. Duisburg

Paul, Bettina/Schmidt-Semisch, Hans (Hrsg.) (1998): Drogendealer: Ansichten eines verrufenen Gewerbes. Freiburg im Breisgau: Lambertus

Reuband, Karl-Heinz (1995): Drogenkonsum und Drogenpolitik in Westeuropa. Epidemiologische Befunde im Vergleich. In: Aus Politik und Zeitgeschichte 9. 1995. 22-31

Schweer, Thomas/Strasser, Hermann (1994a): Cocas Fluch: Die gesellschaftliche Karriere des Kokains. Opladen: Westdeutscher Verlag

Schweer, Thomas/Strasser, Hermann (1994b): Die Straßendroge Crack: Eine erste Bestandsaufnahme. In: Sucht 2. 1994. 121-126

Schweer, Thomas/Strasser, Hermann (1995a): Drogenmarkt Deutschland: Die Szene im Wandel. In: Aus Politik und Zeitgeschichte 9. 1995. 3-12

Schweer, Thomas/Strasser, Hermann (1995b): Die Ökonomie des Untergrunds: Drogenhandel und Organisierte Kriminalität. In: Borchert, Manfred/Erlei, Matthias (1995): 135-160

Waal, Helge (2004): Comparative overview of public nuisance features with regard to open drug scenes and different approaches taken by European Countries to address them. Paper prepared to Pomidou group meeting. Strasbourg, November 18th-19th 2004

Ausblick:
Auf dem Weg in die Präventionsgesellschaft?

Hermann Strasser und Thomas Schweer

An der Wirtschaftsfront scheinen die Meldungen noch immer gut zu sein, nicht so bei der Kriminalität. Die Drogenkonsumenten werden immer jünger, die Aufklärungsquote stagniert, Terror, Jugendgewalt und Amokläufe verunsichern die Welt, die subjektive Angst vor Kriminalität steigt. Kein Wunder, möchte man meinen, dass in der öffentlichen Diskussion Kriminalität ausschließlich als Problem auftaucht, das bekämpft werden müsse.

Neben den polizeilichen Mitteln der Bekämpfung von Kriminalität durch Strafverfolgung und Gefahrenabwehr mausert sich die kommunale Kriminalprävention zum Leitbild für eine neue Sicherheitsordnung. Dass Prävention eine gesellschaftliche Aufgabe sei, ist inzwischen in aller Munde – und nicht nur, wenn es um Kriminalität geht. Ob in der öffentlichen Debatte über die Schulreform, das Gesundheitssystem, den Sport, die Alterssicherung, das Sexualverhalten, die Stadtplanung, den Feinstaub, den Katastrophen- oder Virenschutz – überall ist von Prävention die Rede, d.h. von Früherziehung, Prophylaxe, Altersvorsorge, Verhütung, Monitoring, Transparenz, Frühwarnsystemen, ja von Prävention in allen Lebenslagen. Vielleicht stehen demnächst Konzerne wie RWE und Siemens, Fusionen, Weltjugendtage und Fußball-Weltmeisterschaften unter FIFA-Regie auf der Präventionsagenda.

So z.B. ging der Innovationspreis 2005 der Initiative Mittelstand an die Firma Panda-Software in Duisburg: Sie erhielt ihn für ihre Antiviren-Lösung „Truprevent Technologies". Nähern wir uns also mit der Prävention vielleicht sogar der Erlösung von der Sisyphosarbeit des ewigen Reagierens? Oder gehen wir mit Wolfgang Schäuble der großen Illusion entgegen, die in der Klage ihren metaphorischen Ausdruck findet, dass die Gesundheitsvorsorge nicht gesund, sondern krank mache, erst Krankheiten erzeuge, weil sie sie definiere oder gar erst erfinde.

In den Städten und Gemeinden wird eifrig „drauflos präveniert", in Duisburg ebenso wie anderswo: So genannte Kriminalpräventive Räte werden gegründet, Ordnungspartnerschaften eingerichtet, Gefahrenabwehrverordnungen erlassen, private Sicherheitsdienste engagiert, Videoüberwachungskameras installiert und Bürger auf Streife geschickt. In Bayern sind Bürger im Rahmen der Sicherheitswacht als „Hilfspolizisten" unterwegs, in Brandenburg agieren von

Bürgerversammlungen legitimierte Bürger als Sicherheitspartner, in Hessen gibt es eine freiwillige Polizeireserve, in Nordrhein-Westfalen arbeiten Ordnungsamt und Polizei in Ordnungspartnerschaften zusammen (vgl. Beiträge in van Elsbergen 2003, van den Brink 2005: 27ff.)

Eine Präventionskultur breitet sich aus, die im öffentlichen Raum operiert. Der Präventionsdiskurs bewegt sich von mobiler Jugendarbeit und Mitternachtsbasketball über Null-Toleranz gegenüber Kleinkriminellen und Aufenthaltsverbote für Obdachlose bis hin zum überwachten Bürger im Antiterror-Kampf. Prävention scheint immer weit reichender und droht, damit immer beliebiger zu werden. Sie erfreut sich jedenfalls zunehmender Beliebtheit bei Polizei und Verwaltung, Politik und Bürgerschaft. Die Polizeipräsidien verfügen inzwischen über ein Kommissariat Vorbeugung, die meisten Städte haben ein oder mehrere kriminalpräventive Gremien ins Leben gerufen, die Politik erweitert die polizeilichen Präventionsbefugnisse und die Bürger engagieren sich im Rahmen kommunaler Präventionsaktivitäten.

Dem Begriff der Prävention haftet eine selbst legitimierende Eigenschaft an: Wer will schon bestreiten, dass es besser sei zu handeln, bevor das Kind in den Brunnen gefallen ist? Und doch müssen wir uns fragen, was es mit Kriminalität und Prävention auf sich hat. Schließen die beiden Phänomene einander aus oder bedingen sie sich sogar, jedenfalls bis zu einem gewissen Grad? Gibt es dafür Hinweise in unseren Studien zu den einzelnen Minderheiten und Randgruppen?

Die positive Seite der Kriminalität

Dass Kriminalität schlecht für unsere Gesellschaft ist, ist eigentlich selbstverständlich, jedenfalls würde man sich mit offiziellen Ordnungshütern, den selbsternannten Moralaposteln und erzürnten Gemütern, die schon einmal Opfer eines Verbrechens geworden sind, anlegen, behauptete man das Gegenteil. Und doch scheint ein genauer Blick auf die Ursache-Wirkungs-Kette von Kriminalität und ihrer Verhinderung die Frage nahe zu legen, woher wir als Bürger und woher Kommunalpolitiker, Polizeipräsidenten, Sozialarbeiter und Bürgerinitiativen die Gewissheit nehmen, dass Kriminalität schlecht sei für unsere Gesellschaft. Bei dieser Überlegung geht es freilich nicht um Individuen, um Täter und Opfer von Kriminalität; sondern um die *Wirkung* von Kriminalität auf das Zusammenleben der Menschen. Und die ist es nicht nur Wert, sozialwissenschaftlich unter die

Lupe genommen zu werden, sondern auch in manchen Situationen des Alltags, vor allem in denen der Polizei, mit bedacht zu werden.[1]

Schon Ende des 19. Jahrhunderts hatte sich Emile Durkheim (1976) dazu Gedanken gemacht, zu einer Zeit, in der die Industrialisierung gesellschaftliche Umwälzungen großen Ausmaßes nach sich zog. Diese Umwälzungen ließen befürchten, dass die Ordnung schaffenden Normen abhanden kämen, also Normlosigkeit, Anomie entstünde. Dieser Wandel ist durchaus vergleichbar mit den Veränderungen durch die Globalisierung und den Wanderungsbewegungen im Zuge der EU-Erweiterung. Auch heute bewegt die Gemüter in den EU-Stammländern nicht nur die Konkurrenz, sondern auch die Angst vor steigender Kriminalität, die aus dem Osten und dem Süden kommt.

Durkheim aber hielt Kriminalität für normal, ja geradezu notwendig für die gesellschaftliche Entwicklung. So waren für ihn Kleinkriminelle und Kapitalverbrecher keine Fremdkörper in der Gesellschaft, sondern reguläre Tatsachen, d.h. integraler Bestandteil des sozialen Lebens. Die moderne Gesellschaft existiere nicht *obwohl*, sondern *weil* es Kriminalität gebe. Denn eine Gesellschaft ohne Verhaltensregeln sei keine Gesellschaft. Deshalb müssten, wie Durkheim betont, die dem Individuum gezogenen Grenzen immer von Neuem – in neu entstandenen Situationen, wie das durch die Globalisierung in vermehrtem Maße der Fall ist, erst recht – gezogen und demonstriert werden. Genau das geschieht durch Kriminalität, jedenfalls durch abweichendes Verhalten, weil es Tabus bricht und dabei Grenzen überschreitet und sie zugleich deutlich macht, so leidvoll manchmal die Folgen für die beteiligten Individuen auch sein mögen (vgl. Strasser/van den Brink 2004).

Kriminalität löst also Sanktionen aus, mit deren Hilfe gesellschaftliche Normen symbolisch verdeutlicht werden. An der Härte der Sanktion offenbart sich gewöhnlich die Bedeutung der Regel für die Gesellschaft. Die Bestrafung sorgt dafür, dass die Norm, die durch die kriminelle Handlung verletzt worden ist, „sichtbar" bleibt. Oder wie der Strafrechtslehrer Franz von Liszt schon vor 100 Jahren definierte: „Die Strafe ist Prävention durch Repression." „Die Definition dessen, was innerhalb der Gruppe als normal gilt," so brachte es Lewis A. Coser (1979: 24) auf den Punkt, „erfolgt also in Bezug auf das, was als abweichend angesehen wird; der Inhalt der Moral wird angegeben durch das, was nicht erlaubt ist."

---

[1] Man kommt so auch der Vorstellung am nächsten, wie der Soziologe die Welt sieht. Denn, wie schon der Philosoph Arthur Schopenhauer zu Recht bemerkte, der Jurist sehe den Menschen in seiner ganzen Schlechtigkeit, der Theologe in seiner ganzen Dummheit und der Arzt in seiner ganzen Schwäche. Der Soziologe aber sieht den Menschen in seiner Schwäche und Stärke, seiner strukturellen Einbettung ebenso wie in seiner individuellen Anpassungsfähigkeit.

Gerade Migranten und Jugendliche, aber auch Menschen, die am Rande der Gesellschaft, manchmal in der Illegalität leben, zeigen uns tagtäglich, dass wir es mit einer Gesellschaft zu tun haben, in der Vieles möglich ist und alternative Lebensentwürfe „normal" geworden sind. In diese Gesellschaft sind nicht nur Menschen aus aller Herren Länder gekommen, sondern aus ihrer oft starren Klassenstruktur haben sich viele Milieus mit unterschiedlichen Werten herausgelöst. In sie ist eine neue Unübersichtlichkeit von Geltung und Verbindlichkeit, von Normalität und Konformität eingekehrt. In der Gesellschaft von heute schreiten Veränderungen schneller voran als je zuvor, und wir müssen uns immer öfter an neue Situationen anpassen. In dieser ebenso individualisierten wie globalisierten Gesellschaft wird die Bestimmung eines gemeinsamen, milieuübergreifenden Moralkonsens immer schwieriger.

Darüber, wo die Grenze verläuft zwischen legaler, aber illegitimer *und* illegaler, aber legitimer Sozialhilfebetrügerei, Verkehrsgefährdung, Steuerhinterziehung und Korruption herrschen unterschiedliche Auffassungen. Nicht zuletzt hat die zunehmende Verrechtlichung und Regulierung unseres Alltagslebens dazu geführt, dass die Kluft zwischen formalem Recht und Volksempfinden, zwischen Staats- und Volksmoral größer geworden ist – und damit die Verbindung zwischen kriminellen Angeboten und gesellschaftlicher Nachfrage enger, wie u. a. der stark geregelte Arbeits-, Wohnungs- und Heiratsmarkt für Migranten zeigt.

Gesellschaftliche Nachfrage speist kriminelles Angebot

Die Diskrepanz zwischen subkulturellen Normen und kodifiziertem Recht stellt eine wichtige, wenn auch nicht die alleinige Ursache für die Entstehung und Verfestigung krimineller Strukturen, auch der Organisierten Kriminalität, dar. Es ist verfehlt zu glauben, dass Organisierte Kriminalität in erster Linie eine von außen kommende Gefahr sei. Organisierte Kriminalität muss vielmehr als Folge der Existenz illegaler Märkte begriffen werden, auf denen Güter und Dienste von vielen Gesellschaftsmitgliedern *nachgefragt* werden. In einer Studie über Organisierte Kriminalität mit dem bezeichnenden Titel *Der Kunde ist König* heißt es unmissverständlich: „Illegale Märkte leben davon, dass sich Bürger in einer Grauzone zwischen Legalität und Illegalität bewegen, sei es als Freier, Drogenkonsumenten oder Abnehmer gefälschter und gestohlener Markenprodukte. Somit steht die Entwicklung der illegalen Märkte in einem direkten Zusammenhang mit der Rechtstreue der Bürger. Ein Anstieg der Verbreitung von Alltagskriminalität hat zwangsläufig einen Anstieg der Organisierten Kriminalität zur Folge" (Schweer 2003: 87).

Angesichts dieses Tatbestands können wir uns die Frage nicht verkneifen, wie es unsere Gesellschaft und die politisch Verantwortlichen schafften, die Bürger als „Gesetzestreue" bei der Stange zu halten. Ob internationaler Rauschgifthandel oder illegaler Handel mit legalen Drogen wie Zigaretten, Alkohol und Psychopharmaka, es ist immer das gleiche Bild: Von der Nachfrage nach illegalen Zigaretten profitieren nicht nur die Organisierte Kriminalität und die Konsumenten, sondern auch die Tabakindustrie, ganz zu schweigen davon, dass auch hier nicht selten eine „unselige Allianz zwischen Politik und Organisierter Kriminalität" zum Vorschein kommt. So müssen wir uns weiter fragen, in welcher Gesellschaft wir eigentlich leben, wenn so manche kriminelle Handlung aus der sich weitenden *Kluft* zwischen Volksmoral und Staatsmoral erwächst. Die Crux besteht in der *Legitimität* illegaler Handlungen als Teil der Leitkultur. Oder wie sollte man beispielsweise die ständige Delegitimierung von Verfassungsorganen bezeichnen, wenn die Bundesregierung Haushalte beschließt, die nicht verfassungskonform sind und nicht nur im politischen Raum Regelverletzungen durch Aufmerksamkeitsgewinn ständig belohnt werden?

Deswegen ist es umso wichtiger, dass die Grenze zwischen Staatsmoral, die etwas als illegal definiert, und Volksmoral, die aber dieselbe Handlung legitimiert, immer wieder demonstriert wird, bevor sich solche mehr oder minder milieuspezifischen Differenzen auf weitere Verhaltensweisen ausbreiten – und damit am moralischen Ast weiter gesägt wird, auf dem wir alle sitzen. Das ist freilich die Schattenseite der Funktionalität kriminellen Handelns, wenn es nicht zum Zusammenrücken der „Anständigen", sondern zum Auseinanderdriften der Menschen als Optionisten führt.

Die normative Dynamik der Kriminalität

Kriminalität lässt im Normalfall auch die Mitglieder der modernen Gesellschaft, die sonst unterschiedliche Interessen verfolgen, zusammenrücken gegen jene, die die gesellschaftlichen Regeln nicht einhalten. Die kollektive Bestrafung „im Namen des Volkes" vermittelt den „anständigen Bürgern" das Gefühl von Solidarität, von Zusammenhalt und letztlich von Sinn, denn Regeln leiten sich aus Werthaltungen ab. Stößt der Gesetzesbrecher nicht auf Ablehnung bei den Gesetzestreuen, ist allenthalben Verunsicherung die Folge und die Gesellschaftsmitglieder übernehmen irgendwann die Normen dieser „schweigenden Mehrheit". Das Systemvertrauen schwindet und wird durch andere Mechanismen ersetzt.

Dieses Phänomen kennen wir nicht zuletzt von einem Teil der jungen russlanddeutschen und türkischen Ecksteher, die sich oft an die Normen des eigenen Milieus stärker gebunden fühlen als an die der Mehrheitsgesellschaft und in diesem Sinne kriminell werden. Die Gesellschaft zerfällt dann in viele kleine Gesellschaften, wie es in Teilen des Balkans und in vielen afrikanischen Ländern, aber auch in Afghanistan und Russland besonders deutlich zu beobachten ist. Auch die multikulturelle Gesellschaft des Westens ist in Gefahr, dass sich Subkulturen zu Kontrakulturen oder Parallelgesellschaften mausern, wie Ehrenmorde und Importbräute oder das Verhältnis vieler jugendlicher Spätaussiedler zu Gewalt und Polizei in Deutschland veranschaulichen.

Doch damit nicht genug. Verbrechen und Strafe verdeutlichen und konservieren nicht nur die Normen, indem sie Solidarität stiften. Sie verändern diese Normen auch. So wahren sie die Anpassungsfähigkeit der Normen an den gesellschaftlichen Wandel, der immer auch ein moralischer Wandel ist, wie Jean-Paul Sartres weiser Ausspruch demonstriert: „Jugend will, dass man ihr befiehlt, damit sie die Möglichkeit hat, nicht zu gehorchen." Wie überhaupt unser Leben ein ständiger Anpassungsprozess ist, nicht erst seit den Tagen der Globalisierung. Denn Globalisierung bedeutet zuallererst, wie erwähnt, dass wir uns immer öfter an neue Situationen gewöhnen müssen.

Das lässt sich auch an Beispielen aus unserem Alltag demonstrieren. In jeder Gesellschaft gibt es kulturell definierte Ziele wie Erfolg. Geld als das allgemeinste Mittel, mit dessen Hilfe man Erfolg misst und sich gesellschaftlich Wünschenswertes leisten kann, beweist auch, dass nicht jeder Zugang hat zu den institutionalisierten Mitteln der Bildung und des Berufs, d.h. der institutionalisierten Wege des Gelderwerbs, um die erwünschten Ziele zu erreichen. Ob es nun ein diskriminierendes Hindernis, die schlechte Leistung, eine nachteilige Herkunft oder einfach nur Faulheit ist, was den Zugang zu diesen Mitteln verwehrt, kriminelle Handlungen in der Gestalt von Diebstahl, Betrug, Mord oder Bestechung können diese Hindernisse – wenigstens teilweise oder zeitweise – beseitigen helfen und den Weg zum ersehnten Erfolgsziel der Gesellschaft freimachen. Besonders dann, wenn sich diese Art von Kriminalität nicht auf Einzelfälle beschränkt, weisen sie auf einen Defekt dieser Gesellschaft hin. Robert K. Merton (1968) spricht in diesem Falle von gesellschaftlichen *Innovatoren*, aber nicht weil ihr Handeln gut ist, sondern weil sie verstopfte Leitungen im gesellschaftlichen System von institutionalisierten Mitteln und kulturell definierten Zielen kenntlich machen – und die Chancen und Risiken der Kriminalprävention erst aufzeigen.

Kriminalprävention – Lektion für die Zukunft?

In diesem Sinne können die ungewöhnlichen, weil ungewohnten Verhaltensweisen vieler ethnischer Minderheiten und sozialer Randgruppen in Duisburg und anderswo, auch und gerade in den Begegnungen mit Polizisten, eine „heilsame

Wirkung" haben, wie auch die Einsichten und Schlussfolgerungen des Projekts „Polizisten im Alltagskonflikt" zeigen, die in Fortbildungskonzepte für die Polizei eingegangen sind.

So wurden in einem *Fortbildungsseminar* „Interkulturelle Kompetenz" für operative Kräfte der Polizei Probleme im Umgang mit ethnischen Minderheiten und sozialen Randgruppen dargestellt und gemeinsame Bewältigungsstrategien erarbeitet. Die Polizeibeamten sollten erfahren, wie ihr eigenes Handeln nicht selten durch Vorurteile beeinflusst werde und welche Ursachen dafür verantwortlich seien.

Dabei wird anhand von Daten zum Eigen- und Fremdbild nachgewiesen, dass Vorbehalte gegenüber Randgruppen auch Eingang in polizeiliche Handlungsmuster finden, wie es z.B. bei den „Jägern" der Polizei, den Einsatztrupps zur Bekämpfung der Straßenkriminalität, der Fall ist. Die Aktivitäten der Einsatztrupps werden nur zu einem geringen Anteil von außen veranlasst. Sie sind daher auch stärker als Mitarbeiter anderer Organisationseinheiten auf ihre berufliche Erfahrung bzw. auf Informationen aus dem Milieu angewiesen. Ihre „üblichen Verdächtigen" – Junkies, Kleindealer, Asylanten, Illegale, Prostituierte und Kleinkriminelle – sind in der Regel stigmatisiert, was eine selektive Kontrollpraxis begünstigt. Auf der einen Seite bedienen die im Einsatz gemachten Erfahrungen ein gängiges Stereotyp (beispielsweise „Schwarze sind Drogendealer"), auf der anderen Seite bestimmt das Stereotyp das polizeiliche Handeln (an stadtbekannten Treffpunkten der Szene werden Schwarze häufiger kontrolliert) (vgl. Schweer/Zdun 2005: 72f.).

Vorrangiges Ziel dieser Seminare war es daher, die sozialen, kommunikativen und interkulturellen Kompetenzen der Beamten zu stärken und sie in die Lage zu versetzen, aus einer Vielzahl von Handlungsoptionen effektive Strategien für die Bewältigung konkreter Einsatzsituationen zu wählen. Das ist umso bedeutsamer, als im polizeilichen Handeln nicht nur Stressfaktoren auf Grund des „persönlichen Risikos bei polizeilichen Einsätzen", sondern auch die „ständige Konfrontation mit sozialen Problemen" und der Stress „in Folge des Umgangs mit ausländischen Tatverdächtigen bzw. Straftätern" sich nachweislich negativ auf die berufliche Belastbarkeit der Beamten auswirken.

Die Sensibilisierung für das polizeiliche Gegenüber erweist sich daher als Schlüssel zur Lösung von Problemen, wie auch der Umgang mit *russlanddeutschen Jugendlichen* zeigt, bei denen männliche Muttersprachler am ehesten etwas erreichen. Denn sowohl die Polizei hat gewöhnlich ein negatives Bild von den Aussiedlern als auch die jugendlichen Spätaussiedler sehen die deutsche Polizei durch die Linse ihres Bildes von einer korrupten, eher brutalen Polizei ihres Herkunftslandes.[2] Personenkontrollen entpuppen sich auf diese Weise eher als Störung der Freizeit und als unrechtmäßige Verdächtigung. Eher das Gegenteil ist bei den *Asylbewerbern* der Fall, denn hier leiden Vertrauen in die Polizei und die Bereitschaft, sie in Anspruch zu nehmen, darunter, dass man oft zu lange warten muss, bis die Polizei kommt. Auch die *Prostituierten* fühlen sich von der Polizei als Bürgerinnen zweiter Klasse behandelt, nicht zuletzt, wenn sie bei Anzeigen als Opfer nicht ernst genommen und vor allem von Polizistinnen schlecht behandelt werden. Hier wird ein fester Kontakt zur Polizei gewünscht, wodurch die Kooperationsbereitschaft zunehmen und die Kriminalität im Milieu gering gehalten werden kann.

Ähnliches gilt übrigens auch für die Obdachlosen, wo sich die Kommunikation zwischen den Ordnungshütern und dem Wohnungslosen als entscheidende Stellgröße entpuppt hat, wenn es um die Vermeidung von Konflikten geht. Auch hier macht der Ton die Musik, wenn Obdachlose von Polizisten geduzt werden, aber umgekehrt das Sie erwartet wird. Sie fühlen sich als nicht ernst genommen, besonders dann, wenn sie Anzeige erstatten oder als Zeugen aussagen. Als Randständige stigmatisiert gelten sie oft nicht als glaubhaft. Kriminalprävention kann dann zum Problem werden, wenn Polizisten bei einem Regelverstoß sowohl in die Rolle der „crime fighter" als auch in die des sozialarbeiterischen Freundes und Helfers gedrängt werden. Das ist aber kaum zu vermeiden, wenn Polizisten mit der prekären Situation der Obdachlosen konfrontiert werden. Nicht immer muss aus der unklaren Trennung von Polizei- und Sozialarbeit auch schon die Gefahr einer Verringerung des Vertrauens der Obdachlosen in die Sozialarbeit entstehen.

Eine Reihe von Lektionen wurden auch aus den Konflikten zwischen Polizei und Drogenkonsumenten gezogen – sowohl was den Drogenkonsum von jungen Autofahrern als auch was die Vermeidung von Risikoverhalten bei Konsum von Rauschmitteln bei Jugendlichen und jungen Erwachsenen anbelangt. Im ersten Fall ging es 2004/05 in einem Kooperationsprojekt „Junge Fahrer und Drogenkonsum", an dem neben dem Rhein-Ruhr-Institut für Sozialforschung und Politikberatung der Universität Duisburg-Essen das Polizeipräsidium Oberhausen und die Interventionsstelle Oberhausen (INTOB) beteiligt waren, um die Zielgruppe der 18- bis 24-jährigen Autofahrer. Dabei kamen sowohl repressive Maßnahmen – u. a. verstärkte Verkehrskontrollen in Problembezirken durch die Polizei – als auch präventive Instrumente – Sensibilisierung der Fahrzeuginsas-

---

[2]   Nicht zuletzt durch diese Einsichten ermutigt, führt die Forschungsgruppe von Dezember 2007 bis November 2009 ein Mediatorenprogramm zur Gewaltprävention bei türkischen, arabischen und russlanddeutschen Jugendlichen in Duisburg durch – ein Projekt, das vom Bundesamt für Migration und Flüchtlinge (BAMF) in Nürnberg, das dem Bundesinnenministerium untersteht, finanziert wird („Medi.Peer – Mediation durch *peer groups*").

sen für Fahren unter Alkohol- und Drogeneinfluss durch Beratungsgespräche mit ausgebildeten Studierenden – zum Einsatz.

Das zweite Projekt „Take CAR E" wurde in Kooperation mit dem Polizeipräsidium Oberhausen und der Interventionsstelle Oberhausen durchgeführt. Studierende suchten nach dem Prinzip „peers to peers" die jeweiligen Zielgruppen vor Ort auf und warben für eine Teilnahme an der Kampagne, indem Beratungen durchgeführt, Hilfsangebote erläutert und Vergünstigungen wie verbilligte alkoholfreie Getränke angeboten wurden. Dadurch wurde die Zielgruppe animiert, Veranstaltungsorte in kleinen Gruppen aufzusuchen, wobei eine von der Gruppe bestimmte Person für den jeweiligen Abend die „Verantwortung" für den Transport und das Verhalten der Gruppe übernahm. Diese Methode verlieh auch der Kampagne ihren Namen: „Take CAR E". Immerhin brachte die wissenschaftliche Begleitstudie das ermutigende Ergebnis zu Tage, dass die Zahl der Unfälle unter Drogen- und Alkoholeinfluss bei der Zielgruppe im untersuchten Stadtgebiet allein von 2005 auf 2006 um fast die Hälfte zurückgegangen war.

Das Verbrechen von heute, die Moral von morgen?

Diese Erfahrungen, in denen nicht Kulturrelativismus und Hinnahme, sondern Verstehen und konsequentes Handeln im Vordergrund stehen, hat es freilich schon immer gegeben, wenn wir an Beispiele für den normativen Wandel durch abweichendes Verhalten denken, die in die Geschichte eingegangen sind: Nicht nur in den Augen der römischen Besatzer war Jesus von Nazareth ein Revolutionär, ein Irrlehrer und ein Verbrecher, weil er sich für die Armen und Ausgestoßenen einsetzte. Denken wir aber auch an die Unabhängigkeit des Denkens von Sokrates, die Vorstellung von der heliozentrischen Welt von Galileo Galilei, den Widerstand Martin Luthers gegen den Papst, die Ketzer und die Hexen oder die Forderungen nach gleicher Behandlung von Weißen und Schwarzen durch Martin Luther King bis hin zum Ruf nach dem Frauenwahlrecht oder der Selbstbestimmung der Frau über den eigenen Körper. Oder denken wir an die Diskussion über die Zulassung von Frauen zum Priesteramt in der Katholischen Kirche. In der Anglikanischen Kirche gibt es seit einem guten Jahrzehnt Priesterinnen. Vor kurzem hat die anglikanische Episkopalkirche in den USA erstmals eine Frau als Bischöfin an ihre Spitze berufen – freilich nicht ohne Widerstand und Auseinandersetzungen.

Überall und immer war das, was als Abweichung oder gar als Verbrechen angesehen und geahndet wurde, der erste Schritt, das Vorspiel für manchmal überfällige Reformen von Traditionen, die nicht mehr mit den aktuellen Existenzbedingungen der Menschen übereinstimmten. Das Verbrechen von gestern ist also nicht selten die Moral von heute. Wo gestern Homosexualität und Abtreibung strafbare Handlungen waren, gehören heute Toleranz und Selbstinszenierung von Homosexuellen, nicht nur beim Christopher Street Day, fast schon zum guten Ton, gilt ein „best gay friend" als schick – nicht nur in der neuen Frauenliteratur und in manchen politischen Kreisen. Plötzlich werden aus Tabubrechern Querdenker.[3]

Das schließt freilich den umgekehrten Weg nicht aus, wie die Schmiergelder beweisen, die noch bis vor kurzem bei Auslandsaufträgen in Deutschland steuerlich absetzbar waren – und heute unter den Korruptionsparagrafen fallen und aus den Köpfen mancher Konzernmanager als Geschäftsstrategie noch heute nicht verschwunden sind. Ähnliches gilt für Kreuzzüge als traditionelle Kulturkämpfe, für die Folter als Mittel der Wahrheitsfindung, für die Todesstrafe oder die Steinigung von Ehebrecherinnen als Mittel der Sühne und Abschreckung. Ähnliches gilt schließlich für Freiheitshelden wie Andreas Hofer oder Fidel Castro oder Kriegshelden wie die kroatischen Generäle Janko Bobetko und Ante Gotovina, die in ihrer Heimat als nationale Größen gefeiert und sogar von der Katholischen Kirche geschützt werden, von den jeweiligen Besatzern oder der so genannten Staatengemeinschaft aber als Verbrecher verfolgt werden. Das alles macht freilich Hans Filbinger, den ehemaligen Ministerpräsidenten von Baden-Württemberg, noch nicht zum Gegner des NS-Regimes oder sein Zitat von 1978 überzeugender, als er zum *Spiegel* sagte: „Was damals rechtens war, kann heute nicht Unrecht sein." Auch Bertold Brecht konnte in der „Dreigroschenoper" den Einbrecher Macheath noch unbemerkt klagen lassen: „Was ist ein Dietrich gegen eine Aktie? Was ist ein Einbruch in eine Bank gegen die Gründung einer Bank?" Schließlich, so müsste man hinzufügen, wäre das Christentum schon längst am Ende, wenn es den Teufel nicht gäbe.

Immerhin finden es heute fast alle ungerecht und empörend, wenn ein Konzernmanager wieder einmal das Lebenseinkommen eines Normalverdieners als Prämie dafür einsackt, dass er durch massenweise Entlassungen die Rendite ge-

---

[3] Auch für eine politische Partei wie die CDU scheinen die kulturell-lebensweltlichen Dämme, die sie gegen die Kulturrevolte, die Ganztagsschule, die Vorstellung von Deutschland als Einwanderungsland, den Hedonismus und den libertären Postmaterialismus errichtet hatte, endgültig gebrochen. Nicht nur der demografische Wandel und die Globalisierung, sondern auch ein schwuler Bürgermeister, eine geschiedene Bundeskanzlerin oder Bischöfin, ein die Ehefrau verlassender Ministerpräsident usw. zwingen förmlich die christdemokratische Parteielite, ihre traditionellen Waffen gegen den Zeitgeist zu strecken. Und im Falle der Abtreibung müssen sich Frauen heutzutage nicht nur im akademischen Milieu manchmal sogar rechtfertigen, wenn sie nicht abtreiben und damit z. T. tatsächlich, z. T. vermeintlich ihre Karriere aufs Spiel setzen (vgl. Strasser/van den Brink 2005a, 2005b).

steigert hat oder einfach nur das Handtuch geworfen hat gegen eine stattliche Abfindung.[4]

Wir müssen uns daher fragen, wie unsere Gesellschaft heute aussähe, wenn es nicht nur „kriminelle" Geister wie Sokrates und Jesus von Nazareth, Martin Luther und Galileo Galilei oder „abweichendes Verhalten" wie die Musik der Beatles oder die Kunst von Andy Warhol nicht gegeben hätte, und Fremde, Abweichler und stellenweise auch Kriminelle unter den Migranten, aber auch den Obdachlosen und Drogenkonsumenten nicht gäbe? Zugegeben, es würde so mancher Ärger wegfallen und so mancher öffentliche Haushalt besser dastehen; die Gesellschaft würde aber auch weniger offen sein, die ethnischen Minderheiten, Asylbewerber eingeschlossen, von der Aufnahmegesellschaft noch mehr abgekapselt und die sozialen Randgruppen noch weniger auffindbar sein, als dies in manchen Fällen, z. B. bei den Obdachlosen, wieder verstärkt der Fall ist.

Vertrauen ist gut, Misstrauen auch

Angesichts der Normalität von Kriminalität scheint Kriminalprävention von vornherein zum Scheitern verurteilt zu sein. Wie die Kriminalität und der Skandal nimmt sie aber im Lichte ihrer gesellschaftlichen Funktionalität eine neue Gestalt an. Überspitzt formuliert könnte man sagen, dass Kriminalprävention ebenso wenig nur produktiv wie Kriminalität nur kontraproduktiv ist. Kriminalprävention ist stellenweise mit der Feuerwehr vergleichbar, die manchmal an Orten ein schützendes Feuer entfacht, die von einem größeren Feuer bedroht sind – durchaus vergleichbar mit dem Schutz von Menschenrechten, bei dem zivile Opfer zu beklagen sind. Nach der philosophischen „Doktrin des Doppeleffekts" dürfen Übel, so genannte Kollateralschäden, in Kauf genommen werden, wenn „höhere Zwecke" angestrebt werden und die Schäden weder beabsichtigt noch vermeidbar sind (vgl. Hinsch/Janssen 2007). Man denke nur an Polizisten, die im Amt Strafe vereiteln, um gravierende Formen von Kriminalität zu vermeiden: Nicht nur im Frankfurter Bahnhofsviertel soll sich die Praxis herausgebildet haben, die Junkies in Ruhe zu lassen, um Ärgeres zu verhindern.

Es reicht aber nicht aus, dass Kriminalität existiert. Damit eine Straftat überhaupt kriminalisiert wird, muss sie entdeckt, ein Übeltäter gefunden und aus dem viel zitierten Dunkelfeld ans Tageslicht gezerrt werden. Weil die Entdeckung und Aufklärung von Straftaten zum Großteil durch die Anzeige von Bür-

---

[4]   Das hält in Zeiten des globalen Stresses der Unternehmen andere Spitzenmanager von der gleichen Handlungsweise keineswegs ab. Im Gegenteil, wie uns Franz Müntefering vor kurzem lehrte, als er als Arbeitsminister und Vizekanzler die Heuschrecken von vor zwei, drei Jahren bereits als bedrohte Tierart schützen wollte.

gern stattfindet, die die Täter häufig gleich „mitliefern", zählt die Erhöhung der Anzeigebereitschaft zu den vorrangigen Aufgaben der polizeilichen Präventionsarbeit. Nur so kommt die staatliche Maschinerie der Normverdeutlichung ins Rollen. Und nur so können Polizei, Justiz und Strafvollzug ihre Handlungsfähigkeit demonstrieren und Rechtsvertrauen schaffen.

Das ist z.B. bei jungen Russlanddeutschen, die mit ihren Eltern aus der ehemaligen Sowjetunion nach Deutschland kamen, gar nicht so leicht. Denn für viele von ihnen ist Schweigen über eine Straftat noch immer eine Frage der Ehre. Man regelt seine Konflikte selbst, ohne die Polizei, und für manche von ihnen fungiert Gewalt als Ersatzsprache, wie wir in den empirischen Studien von Russlanddeutschen nicht nur in Duisburg, sondern auch in Frankfurt/M. herausgefunden haben (Strasser/Zdun 2005; Zdun 2004, 2007).

Kriminalpräventive Maßnahmen können außerdem eine breitere Aufmerksamkeit auf sich ziehen, als die meisten Strafrechtsurteile das vermögen – ob berichtet wird über die Installation von Videokameras in einem Park, über die gemeinsamen Streifengänge von Polizei und Ordnungsamt, über einen Sicherheitsdienst für Frauen in innerstädtischen Parkhäusern oder die Merkmale von potenziellen Terroristen. Die Verurteilung eines Diebes oder Hehlers schafft es selten auf die erste Seite des Lokalteils der örtlichen Zeitung. Die öffentliche Ankündigung der Präventionsmaßnahmen bestätigt aber die Geltung der Normen, denn die Geltung von Gesetzen und das Befolgen von Verhaltensregeln setzen Vertrauen in das System voraus.

Weil angesichts von Abweichung und Kriminalität Vertrauen immer riskant ist, erfordert es auch Misstrauen. Und dazu sind Institutionen wie die Schuldner-Register und die Stiftung Warentest, die Justiz und die Medien da. Sie funktionieren, indem sie Verfehlungen aufdecken und die Grenzen von Recht und Moral öffentlich demonstrieren. Frei nach dem Motto: Je mehr Skandale, desto besser! Denken wir nur an die Wett- und Spielmanipulationen, die Affären um Doping, Spenden und Gammelfleisch, die Reisespäße von Aufsichts- und Betriebsräten oder die Korruptionsaffären von den Müllentsorgern bis Siemens. Oder: Erinnern wir uns z.B. an den Jahresbericht 2005 von *amnesty international*, in dem vor allem die USA angeprangert wurden. Wäre das sonst von maßgeblicher Seite überhaupt zur Kenntnis genommen worden? Man müsste den amerikanischen GIs, die im Irak gefoltert haben, fast schon dankbar sein, denn sonst wäre das Folterthema nicht auf die politische Tagesordnung gekommen. Denn Folter in einem *diktatorischen* Regime ist mehr oder weniger normal, medial kaum von Interesse, jedenfalls kein Skandal.

Eine weitere Diskussion hat der „Präventivkrieg des Weltpolizisten USA" und der ihn begleitende Medienrummel angestoßen: Darf oder muss man sich gar „böser" Mittel bedienen, um das Böse, das größere Übel wirksam bekämpfen und beseitigen zu können? Zerstören nicht Demokratien, die auf solche Mittel zurückgreifen, die Werte, für die sie stehen? Das wurde einer breiten Öffentlichkeit in Deutschland exemplarisch vor Augen geführt nach der Folterandrohung der Frankfurter Polizei bzw. Staatsanwaltschaft und deren Konsequenzen in Zusammenhang mit dem verschwundenen Frankfurter Bankierssohn Jakob von Metzler. Auch beim G-8-Gipfel in Heiligendamm stellte sich die Frage, ob das frühzeitige „In-Gewahrsam-nehmen" gewaltbereiter Protestierer das Vertrauen in die Institutionen stärkt oder das Gegenteil bewirkt, weil damit das eigentliche Anliegen des Protests, nämlich für eine menschenwürdige Globalisierung einzutreten, aus dem Blickfeld gerät.

Offenbar gilt es, einen Weg zu finden zwischen strikter Orientierung an rechtsstaatlichen Regeln auf der einen Seite und dem Überbordwerfen rechtsstaatlicher Normen auf der anderen Seite, zwischen dem Risiko der Kriminalität und der Sicherheit der Kriminalprävention. Es ist ein Weg zwischen Scylla und Charibdis, denn Ersteres gibt möglicherweise den Terroristen zu viel Spielraum; Letzteres kommt unter Umständen einem Verrat an den wichtigsten Institutionen unserer Gesellschaft gleich. Die Frage ist daher nicht, ob wir uns krimineller Mittel bedienen sollten. Die Frage ist vielmehr, ob die Legitimationswirkung ihrer Präventionsprognose stark genug ist, das geringere Übel unter der Kontrolle freier Institutionen zu halten, wie z.B. Michael Ignatieff (2005) argumentiert.

Gegen den gemeinsamen Feind

Mit Prävention werde ein zusätzlicher „Kommunikationskanal" geschaffen, der das Rechtsbewusstsein der Gesellschaftsmitglieder schärfe und sensibilisiere, meint der Strafrechtslehrer Kai-Detlef Bussmann (2000). So kann man auch der oft kritisierten Blickfeldverengung kriminalpräventiver Projekte auf Bagatell- und Jugendkriminalität positive Seiten abgewinnen. Dadurch gelangen auch Normverletzungen geringeren Unrechtgehalts wie Graffiti, Schwarzfahren oder Ladendiebstahl ins öffentliche Bewusstsein. Gerade das verhindert ein allmähliches Erodieren des alltäglichen Normenbestands von seinen Rändern her.

Früher waren jugendliches Rowdytum, die Prügelei auf dem Schulhof, auf dem Sportplatz und beim Schützenfest, das Sich-Betrinken in der Öffentlichkeit und andere fast ausschließlich männliche Dominanzrituale keine Fälle für die Polizei. *Heute* reagieren Polizei, Bürger und Presse weitaus sensibler auf solche Vorkommnisse. Es wird ein neuer Handlungsbedarf postuliert, der nicht nur eine konsequente Intervention, sondern auch eine wirkungsvolle Prävention mit einschließt.

Ein Blick über die Grenzen zeigt aber auch, wie unterschiedlich die Maßnahmen ausfallen können: So sprach sich vor kurzem der iranische Präsident
Achmadinejad dafür aus, den verbreiteten, aber verbotenen Alkoholkonsum mit
härteren Strafen, insbesondere Hieben und Gefängnis, zu ahnden, und zwar mit
bis zu einem Jahr Gefängnis oder 74 Stockschlägen. Kaum ausgesprochen,
machte auch schon der Spruch die Runde: „Früher wurde draußen gesoffen und
drinnen gebetet, heute wird draußen gebetet und drinnen gesoffen." Die Amerikaner wollen dagegen das Eigeninteresse und die Angst vor der Haftung für den
Schaden gegenüber einem ausufernden Präventionsgedanken stärken.[5]

Kriminalprävention ist also nicht zuletzt ein soziales Bindemittel, weil sie
Sinn und Identität stiftendes Orientierungsgut für eine neue Gemeinschaftlichkeit
ins Spiel bringt. Über den Umweg der Kriminalprävention kommt es zu einem
Bündnis gegen den „gemeinsamen Feind", der Kriminalität heißt. Wenn beim
Nachbarn eingebrochen oder dessen Hauswand beschmiert wird, betrifft das
auch einen selbst. Man könnte ja der nächste sein. Das schließt die Bedrohung
durch Kleinkriminelle oder Jugendbanden ebenso ein wie die durch Terroristen
oder Amokläufer. Vor allem im sozialen Nahbereich und in Nachbarschaften
entstehen neue Kontakte und Netzwerke, wo man (wieder) aufeinander Acht gibt
und sich Staat und Bürger auf neue Weise miteinander verbinden.

Die Amerikaner nennen das „neighborhood watch", eine sozial verträgliche
Variante von Kriminalprävention im Vergleich zu den „gated communities", in
denen Leute, die sich's leisten können, sich mit Hilfe von Mauern, Videokameras und privaten Sicherheitsdiensten vor Randständigen und Kriminellen ver-
schanzen. Wo es kein solidarisches Bindemittel mehr gibt, scheint es der Markt
zur Verfügung zu stellen. Das aber forciert eher die Spaltung als den Zusammenhalt der Gesellschaft. So sind „gated communities" zu einem expandieren-
den Geschäft in den USA und vielen Feriengebieten von Florida über Ibiza bis
Südafrika geworden. Sie sind aber gleichzeitig die Vorboten einer zerfallenden
Gesellschaft, die gerade deshalb umso mehr auf die „weiche", preisgünstigste
und effektivste Kriminalprävention angewiesen ist, nämlich die informelle soziale Kontrolle der Bürger durch die Bürger. Deswegen ist es auch kein Zufall, dass
parallel zu den „gated communities" in vielen Ländern Entwürfe eines neuen
Gemeinwesens formuliert werden. Diese Vorstellungen stellen genau jenes Ver-
antwortungsbewusstsein, jenes Bürgerengagement und jenen Lokalbezug in den

---

[5]   So versteht auch die Mehrheit der Amerikaner das Recht auf Waffenbesitz als Recht des freien
       Bürgers auf Notwehr. Hätten die Piloten der Unglücksmaschinen 2001 Pistolen tragen dürfen,
       wäre al-Quaida wahrscheinlich gescheitert. Erst danach wurde der Waffenbesitz von Piloten er-
       laubt. Und doch ist diese Freiheit zur Notwehr bei den Amerikanern historisches Gepäck, das
       kulturelle Erbe des „nation building", vor allem des ländlichen Amerikas, wie uns u. a. immer
       wieder durch Western-Filme nahe gebracht wird.

Mittelpunkt, die auch bei Präventionsprogrammen eine zentrale Rolle spielen, wenn wir an „neighborhood watch programs" oder Sicherheitspartnerschaften und -wachten denken.

Aber auch auf der gesamtgesellschaftlichen Ebene vollziehen sich verschiedene Prozesse der De-, Re- und Neuregulierung, wodurch die Steuerungsfähigkeit des Staates bei der Gewährleistung innerer Sicherheit durch immer mehr nichtstaatliche Organisationen ergänzt wird. Das bleibt nicht ohne Folgen für institutionelle Handlungsstrategien und das Verhältnis der einzelnen Institutionen in der „Inneren Sicherheit" zueinander (vgl. van den Brink/Kaiser 2007).

Darin kommt auch eine zunehmende Vereinnahmung der Kriminalität und der Kriminalprävention für politische Zwecke zum Ausdruck. So kommt man nicht selten der weit verbreiteten Angst vor Kriminalität durch eine ebenso kurzfristige wie kurzschlüssige Verschärfung der Sanktionen nach, obwohl die vor allem beunruhigende Schwerstkriminalität dadurch kaum beeinflusst werden kann. So kritisierte unlängst der Bundesverfassungsrichter Udo di Fabio (2007) den „präventionstechnischen Überbietungswettbewerb" bei der Gesetzgebung, um davon abzulenken, dass Politiker sich als unfähig erwiesen, „Polizei oder Militär personell oder sachlich angemessen auszustatten". Die Verschärfung des Rechts und die gleichzeitige Kürzung von Polizeistellen könnten daher auch nicht im Interesse der Bürger sein. Unter diesem Gesichtspunkt ist auch die Kritik der Polizeigewerkschaft gegen die am 8. November 2007 von den EU-Innenministern beschlossene Öffnung der Grenzen zu Polen und Tschechien verständlich, weil mit einem massiven Anstieg der illegalen Einwanderung und der Kriminalität zu rechnen sei. Und das könnte auch nur die Spitze des Eisbergs sein, wenn man sich den dramatischen Anstieg des Bevölkerungswachstums vor allem in politisch instabilen Staaten Asiens und Afrikas vor Augen führt. Solange der Wirtschaftsboom in vielen Ländern Asiens nur den Eliten zugute kommt, dürfte das geringere Gewaltpotenzial in den alternden Gesellschaften des Westens nur ein schwacher Trost sein (vgl. Vaupel/von Kistowski 2007).

Von dieser globalen Entwicklung einmal abgesehen, sind nicht zuletzt in Deutschland differenzierte Maßnahmen, die die Ursachen bekämpfen und vor allem Familie, Schule und Jugendhilfe betreffen, weniger populär, weil sie nicht nur schwerer umzusetzen sind, sondern weil die Früchte oft erst Jahre später, d.h. von den politischen Nachfolgern, geerntet werden (Kury 2007: 37).

Hier feiert der alte Widerspruch zwischen Wissenschaft und Politik fröhliche Urständ', dass es den Intellektuellen zuallererst um Verallgemeinerung und die Deutung einzelner Tatsachen gehe, während für die Politiker die Besonderheiten wichtiger seien als das Allgemeingültige und die Theorie. Das ändert allerdings nichts an der immer wieder bestätigten Erkenntnis der kriminologischen Forschung, auch international, dass Maßnahmen der primären Prävention im Endeffekt billiger, weil *wirksamer* seien und dem straffälligen Verhalten *frühzeitig* vorbeugten (vgl. Sherman et al. 1997, Sherman et al. 2002).

Und die Moral von der G'schicht?

Wir können schlussfolgern, dass Kriminalität und Kriminalprävention sich in ihren Wirkungen wechselseitig ergänzen und verstärken – nicht zum Nachteil der Gesellschaft! Wir brauchen beides: Kriminalität, damit es weiterhin Strafen und innovative Wege für den Wandel der Gesellschaft gibt, und Kriminalprävention, damit Kriminalität und normative Grenzen weiterhin im Bewusstsein der Gesellschaft bleiben. – eingedenk der Weisheit, der nicht nur Wilhelm Busch zeitlose Gültigkeit zuschrieb, dass das Gute stets das Böse sei, das man lasse. Nur so scheint der Mensch als genialer Architekt der Gesellschaft seiner Rolle gerecht zu werden, es fertig zu bringen, sein Leben durch Sinn zu ordnen, es aber gleichzeitig für den Wandel offen zu gestalten. Nur er bringt es fertig, in den Ablauf seines Alltags kulturelle Sicherheitsventile einzubauen, die ein Dampfablassen unter zeitweiliger Aufhebung der Disziplin ermöglichen und eine Gefahr in eine Hilfe für die gesellschaftliche Integration verwandeln – wenn auch nicht immer für das individuelle Wohlergehen.

Literatur

Bussmann, Klaus-Dieter (2000): Das Ei in der Backmischung. Funktionen kommunaler Kriminalprävention in einer modernen Gesellschaft, Manuskript zum Vortrag auf dem 19. Landespräventionstag in Magdeburg, 19. Oktober 2000. URL: http://www. jura.uni-halle.de/download/bussmann/publik01.pdf (Stand: 10.08.2002)
Coser, Lewis A. (1979): Einige Funktionen abweichenden Verhaltens und normative Flexibilität. In: Sack, Fritz/König, Rene (1979): 21-37
Di Fabio, Udo (2007): Westen muss Westen bleiben. In: Die Welt vom 12. November 2007
Durkheim, Emile (1893/1976): Die Regeln der soziologischen Methode. Darmstadt: Luchterhand
Foucault, Michel (2001): Überwachen und Strafen. Frankfurt/M.: Suhrkamp Verlag
Groenemeyer, Axel/Mansel, Jürgen (Hrsg.) (2003): Die Ethnisierung von Alltagskonflikten. Opladen: Leske + Budrich
Groß, Hermann/Schmidt, Peter (Hrsg.) (2005): Empirische Polizeiforschung VI: „Innen- und Außensicht(en) der Polizei". Frankfurt/M.: Verlag für Polizeiwissenschaft
Hinsch, Wilfried/Janssen, Dieter (2007): Menschenrechte militärisch schützen. Ein Plädoyer für humanitäre Interventionen. München: C.H. Beck

Ignatieff, Michael (2005): Das kleinere Übel. Politische Moral in einem Zeitalter des Terrors. Berlin: Philo-Verlag

Kury, Helmut (2007): Mehr Sicherheit durch mehr Strafe? In: Aus Politik und Zeitgeschichte 40-41. 2007. 30-37

Merton, Robert King (1968): Social Theory and Social Structure. Enlarged Ed. New York: Free Press

Sack, Fritz/König, Rene (Hrsg.) (1979): Kriminalsoziologie, 3. unveränderte Aufl. Wiesbaden: AVG

Schweer, Thomas (2003): Der Kunde ist König: Organisierte Kriminalität in Deutschland. Frankfurt/M.: Peter Lang Verlag

Schweer, Thomas/Strasser, Hermann (2003): „Die Polizei – dein Freund und Helfer?" Duisburger Polizisten im Konflikt mit ethnischen Minderheiten und sozialen Randgruppen. In: Groenemeyer, Axel/Mansel, Jürgen (2003): 229-260

Schweer, Thomas/Zdun, Steffen (2005): Gegenseitige Wahrnehmung von Polizei und Bevölkerung. Polizisten im Konflikt mit ethnischen Minderheiten und sozialen Randgruppen. In: Groß, Hermann/Schmidt, Peter (2005): 65-90

Sherman, Lawrence W./Gottfredson, Denise/MacKenzie, Doris/Eck, John/Reuter, Peter/Bushway, Shawn (1997): Preventing Crime: What Works, What Doesn't, What's Promising. Washington, D.C.: Diane Pub Co

Sherman, Lawrence W./Farrington, David P./Welsh, Brandon C./Layton MacKenzie, Doris (Hrsg.) (2002): Evidence-Based Crime Prevention. London: Routledge

Strasser, Hermann/van den Brink, Henning (2004): Kriminalität im Dienste der Gesellschaft. Oder: Was Emile Durkheim zur kommunalen Kriminalprävention gesagt hätte. In: Zeitschrift für Rechtssoziologie 25. 2004. 241-254

Strasser, Hermann/van den Brink, Henning (2005a): Auf dem Weg in die Präventionsgesellschaft? In: Aus Politik und Zeitgeschichte 46. 2005. 3-7

Strasser, Hermann/van den Brink, Henning (2005b): Warum es ohne Kriminalität nicht geht. Wir brauchen Kriminalität und müssen sie doch zugleich verhindern: Ein modernes Paradoxon? In: Neue Kriminalpolitik 17. 2005. 117-119

Strasser, Hermann/Zdun, Steffen (2003): Ehrenwerte Männer – Jugendliche Russlanddeutsche und die deutsche Polizei. In: Zeitschrift für Jugendkriminalrecht und Jugendhilfe 1. 2003. 266-271

Strasser, Hermann/Zdun, Steffen (2005): Gewalt ist (k)eine Antwort! Zur Bedeutung der Ehre für abweichendes Verhalten russlanddeutscher Jugendlicher. In: Soziale Probleme 16. 2005. 5-24

van Elsbergen, Gisbert (Hrsg.) (2003): Wachen, kontrollieren, patrouillieren – Kustodialisierung der Inneren Sicherheit. Wiesbaden: VS Verlag

van den Brink, Henning (2005): Kommunale Kriminalprävention. Mehr Sicherheit in der Stadt? Frankfurt/M.: Verlag für Polizeiwissenschaft

van den Brink Henning/Kaiser, André (2007): Kommunale Sicherheitspolitik zwischen Expansion, Delegation und Kooperation. In: Aus Politik und Zeitgeschichte 12. 2007. 4-11

Vaupel, James W./von Kistowski, Kristin G. (2007): Die Plastizität menschlicher Lebenserwartung und ihre Konsequenzen. In: Gruss, Peter (Hrsg.) Die Zukunft des Alterns: Die Antwort der Wissenschaft. München: C.H. Beck.

Zdun, Steffen (2004): Russlanddeutsche und die Polizei in Duisburg: Zum Vertrauen russlanddeutscher Spätaussiedler in die Polizei. Duisburg: Duisburger Beiträge zur soziologischen Forschung
Zdun, Steffen (2007): Ablauf, Funktion und Prävention von Gewalt. Eine soziologische Analyse gewalttätiger Verhaltensweisen in Cliquen junger Russlanddeutscher. Frankfurt/M.: Peter Lang Verlag

Das Autorenteam

Celikbas, Güler, geb. 1975, Diplom-Sozialwissenschaftlerin mit dem Schwerpunkt Soziologie.
Veröffentlichung: Das türkische Eckstehermilieu: Kontrakultur durch fehlende Integration? Diplomarbeit, Universität Duisburg-Essen 2005.
Mail: guecel@aol.com

Lillig, Marion, geb. 1955, Diplom-Soziologin, Lehrbeauftragte an der Hochschule Vechta.
Veröffentlichungen u.a.: Überleben im deutschen Exil. Zur Lage und über die Handlungsmöglichkeiten von Asylbewerbern. Frankfurt am Main 2004. „Aufgeben nur Pakete und Briefe, nicht und nie mich." Identitätskonstruktionen von Exilantinnen. Promotionsarbeit. Oldenburg, CvO Universität 2007.
Forschungsschwerpunkte: Migrationsforschung, Exilantinnen.
Mail: marion.lillig@t-online.de

Scherer, Natalie A., geb. 1970, Diplom-Sozialwissenschaftlerin mit dem Schwerpunkt Politikwissenschaft.
Veröffentlichung: Soziale Kontrolle am Rande der Gesellschaft: Polizisten und Prostituierte in Duisburg. In: Nollmann, Gerd (Hrsg.): Sozialstruktur und Gesellschaftsanalyse. Sozialwissenschaftliche Forschung zwischen Daten, Methoden und Begriffen. Wiesbaden 2007: 304-332 (mit T. Schweer).
Mail: nataliescherer@yahoo.de

Schweer, Thomas, geb. 1961, Dr. soc. pol., Leiter der Projektgruppe "Abweichendes Verhalten und soziale Kontrolle" am Rhein-Ruhr-Institut für Sozialforschung und Politikberatung e.V. der Universität Duisburg-Essen.
Veröffentlichungen u.a.: Soziale Kontrolle am Rande der Gesellschaft. Polizisten und Prostituierte in Duisburg. In: Nollmann, Gerd (Hrsg.): Sozialstruktur- und Gesellschaftsanalyse. Sozialwissenschaftliche Forschung zwischen Daten und Fakten. Wiesbaden 2007: 304-332 (mit N. Scherer). Gegenseitige Wahrnehmung von Polizei und Bevölkerung. Polizisten im Konflikt mit ethnischen Minderheiten und sozialen Randgruppen. In: Groß, Hermann/Schmidt, Peter (Hrsg.): Empi-

rische Polizeiforschung VI: Innen- und Außensicht(en) der Polizei, Frankfurt am
Main 2005 (mit S. Zdun). Der Kunde ist König: Organisierte Kriminalität in
Deutschland. Frankfurt am Main 2003. "Die Polizei dein Freund und Helfer?!"
Duisburger Polizisten im Konflikt mit ethnischen Minderheiten und sozialen
Randgruppen. In: Groenemeyer, Axel/Mansel, Jürgen (Hrsg.): Die Ethnisierung
von Alltagskonflikten, Opladen 2003 (mit H. Strasser). Cocas Fluch: Die gesell-
schaftliche Karriere des Kokains. Opladen/Wiesbaden 1994 (mit H. Strasser).
Forschungsschwerpunkte: Empirische Polizeiforschung, Organisierte Kriminali-
tät, Extremismus/Terrorismus, Rauschgiftkriminalität.
Mail: thomas.schweer@uni-duisburg-essen.de

Strasser, Hermann, geb. 1941, Dr. rer. oec., PhD; emeritierter Professor für Soziologie an der Universität Duisburg-Essen. Leiter der Forschungsgruppe Sozial-
kapital.
Veröffentlichungen u.a.: Die Analyse sozialer Ungleichheit: Kontinuität, Erneue-
rung, Innovation. Opladen/Wiesbaden 1985 (hrsg. mit John H. Goldthorpe). Das
Ende der Klassengesellschaft? Eine empirische Studie zu Sozialstruktur und
Bewußtsein in der Bundesrepublik. Regensburg 1990 (mit B. Erbslöh u.a.). Arbeitslos in Duisburg: Evaluation von Modellmaßnahmen zur Bekämpfung der
Langzeitarbeitslosigkeit. Duisburg 1996 (mit Gabriele Klein u.a.). Modern Ger-
many. New York 2000 (mit H. Kerbo). Globalisierungswelten. Köln 2003 (hrsg.
mit Markus S. Kleiner). Das individualisierte Ich in der modernen Gesellschaft.
Frankfurt am Main 2004 (hrsg. mit Gerd Nollmann). Endstation Amerika?
Wiesbaden 2005 (hrsg. mit Gerd Nollmann). Woran glauben? Essen 2007 (hrsg.
mit Gerd Nollmann).
Forschungsschwerpunkte: Soziologische Theorie, soziale Ungleichheit, sozialer
Wandel (Globalisierung, Arbeitslosigkeit, Drogenkonsum, Wertschätzung, Sozi-
alkapital, Kriminalität).
Mail: hermann.strasser@uni-due.de

van den Brink, Henning, geb. 1975, Dipl.-Soz.-Wiss., wiss. Mitarbeiter am Institut für Soziologie der Universität Duisburg-Essen.
Veröffentlichungen u.a.: Kommunale Sicherheitspolitik zwischen Expansion,
Delegation und Kooperation. In: Aus Politik und Zeitgeschichte 12. 2007: 4-11
(mit A. Kaiser). Political Culture as a Basis for Local Security and Crime Prevention. In: German Policy Studies 1. 2006: 47-79 (mit V. Schulze). Kommunale
Kriminalprävention – Mehr Sicherheit in der Stadt? Eine qualitative Studie über
kommunale Präventionsgremien. Frankfurt am Main 2005. Kriminalität im

Dienste der Gesellschaft. In: Zeitschrift für Rechtssoziologie 2. 2004: 241-254 (mit H. Strasser).
Forschungsschwerpunkte: Kommunale Kriminalprävention, Polizeiwissenschaft, Stadtsoziologie, Sozialstrukturanalyse, Evaluation.
Mail: henning.vandenbrink@uni-due.de

Zdun, Steffen, geb. 1975, Dr. soc. pol., wiss. Mitarbeiter am Institut für interdisziplinäre Konflikt- und Gewaltforschung (IKG) an der Universität Bielefeld. Veröffentlichungen u.a.: Gewalt ist (k)eine Antwort! Zur Bedeutung der Ehre für abweichendes Verhalten russlanddeutscher Jugendlicher. In: Soziale Probleme 16. 2005: 5-24 (mit H. Strasser). Ablauf, Funktion und Prävention von Gewalt. Eine soziologische Analyse gewalttätiger Verhaltensweisen in Cliquen junger Russlanddeutscher. Frankfurt am Main 2007. Die weibliche Seite der Gewalt – Junge Aussiedlerinnen in der Straßenkultur. In: Soziale Probleme 18. 2007: 42-65. Dynamic strategies to legitimise deviant behaviour of street culture youth. In: The Internet Journal of Criminology 2007. Violence in the street culture – the relevance of the male ethos and crime. In: New Directions for Youth Development. Special Issue: Youth and violence. Alienation, anomia, and disintegration. 2008 (in Druck).
Forschungsschwerpunkte: Gewalt, Straßenkultur, Migration, Russlanddeutsche.
Mail: steffen.zdun@uni-bielefeld.de

Theorie

Dirk Baecker (Hrsg.)
**Schlüsselwerke
der Systemtheorie**
2005. 352 S. Geb. EUR 24,90
ISBN 978-3-531-14084-1

Ralf Dahrendorf
Homo Sociologicus
Ein Versuch zur Geschichte,
Bedeutung und Kritik der Kategorie
der sozialen Rolle
16. Aufl. 2006. 126 S. Br. EUR 14,90
ISBN 978-3-531-31122-7

Shmuel N. Eisenstadt
**Die großen Revolutionen und
die Kulturen der Moderne**
2006. 250 S. Br. EUR 34,90
ISBN 978-3-531-14993-6

Shmuel N. Eisenstadt
Theorie und Moderne
Soziologische Essays
2006. 607 S. Geb. EUR 49,90
ISBN 978-3-531-14565-5

Rainer Greshoff / Uwe Schimank (Hrsg.)
**Integrative Sozialtheorie?
Esser – Luhmann – Weber**
2006. 582 S. Geb. EUR 39,90
ISBN 978-3-531-14354-5

Axel Honneth /
Institut für Sozialforschung (Hrsg.)
**Schlüsseltexte der
Kritischen Theorie**
2006. 414 S. Geb. EUR 29,90
ISBN 978-3-531-14108-4

Niklas Luhmann
Beobachtungen der Moderne
2. Aufl. 2006. 220 S. Br. EUR 24,90
ISBN 978-3-531-32263-6

Uwe Schimank
**Differenzierung und Integration
der modernen Gesellschaft**
Beiträge zur akteurzentrierten
Differenzierungstheorie 1
2005. 297 S. Br. EUR 27,90
ISBN 978-3-531-14683-6

Uwe Schimank
**Teilsystemische Autonomie
und politische Gesellschafts-
steuerung**
Beiträge zur akteurzentrierten
Differenzierungstheorie 2
2006. 307 S. Br. EUR 29,90
ISBN 978-3-531-14684-3

Erhältlich im Buchhandel oder beim Verlag.
Änderungen vorbehalten. Stand: Juli 2007.

www.vs-verlag.de

VS VERLAG FÜR SOZIALWISSENSCHAFTEN

Abraham-Lincoln-Straße 46
65189 Wiesbaden
Tel. 0611.7878-722
Fax 0611.7878-400

Neu im Programm Soziologie